입력이 다르면?
결과물도 다르다!

제미나이 CLI
완벽 가이드

김진환 지음

✦ 바이브 코딩 시대, 여러분에게

오픈AI의 창업 멤버인 안드레이 카르파티^{Andrej Karpathy}가 던진 바이브 코딩이라는 용어는 개발자 세계에 충격을 주었습니다. 장인처럼 코드를 한 줄 한 줄 짜는 대신 AI에게 명령을 내려 귀찮고 복잡한 코딩을 맡기는 겁니다. 사람은 검수와 설계를 담당하며 개발 효율을 끌어올리는 새로운 패러다임이었습니다. 이 방식은 개발의 병목을 타파하며 개발 방식을 혁신했습니다.

> **Andrej Karpathy** @karpathy
>
> There's a new kind of coding I call "vibe coding", where you fully give the vibes, embrace exponentials, and forget that the code even exi It's possible because the LLMs (e.g. Cursor Composer w Sonnet) a getting too good. Also I just talk to Composer with SuperWhisper s barely even touch the keyboard. I ask for the dumbest things like "decrease the padding on the sidebar by half" because I'm too lazy find it. I "Accept All" always, I don't read the diffs anymore. When I g error messages I just copy paste them in with no comment, usually fixes it. The code grows beyond my usual comprehension, I'd have really read through it for a while. Sometimes the LLMs can't fix a b just work around it or ask for random changes until it goes away. It too bad for throwaway weekend projects, but still quite amusing. I' building a project or webapp, but it's not really coding - I just s say stuff, run stuff, and copy paste stuff, and it mostly works.

> "바이브 코딩"이라고 부르는 새로운 코딩 방식이 있어요. 그냥 완전히 느낌에 맡기고, 지수적 성장을 받아들이고, 코드가 존재한다는 것조차 잊어버리는 거죠. LLM들이 너무 좋아져서 할 수 있는 일이에요.
> …생략…
> 항상 "모두 승인"하고, 이제 차이점도 안 읽어요. 에러 메시지가 나오면 그냥 아무 말 없이 복붙하는데, 보통 LLM이 알아서 고쳐요. 그러면 코드의 양은 엄청나게 불어나는데, 이해하려면 한참 읽어봐야 할 거예요. 가끔 LLM이 버그를 못 고치면 그냥 우회하거나 아무 변경이나 요청해서 없어질 때까지 해봐요.
> …생략…
> 프로젝트나 웹 애플리케이션을 만들고 있지만, 실제로는 코딩이 아니에요. 그냥 뭔가 보고, 뭔가 말하고, 뭔가 실행하고, 뭔가 복붙하면 대부분 작동해요.

이제는 여기서 멈추지 않습니다. **AI 기술이 코딩을 넘어 업무 전체로 확장되었기 때문입니다.** 바이브 코딩이 아닌 바이브 워킹의 시대가 다가옵니다. 개발자가 아니더라도 기획, 보고서 작성, 대용량 자료 요약, 파일 관리, 마케팅 전략 수립 등 모든 종류의 사무 작업을 AI와 대화하며 자동화하고 업무 수행 방식을 혁신해야 합니다.

이 거대한 물결 앞에서 '나는 개발자가 아니니까'라고 말할 수 있는 시대는 끝났습니다. AI가 여러분의 업무를 순식간에 처리하는 시대입니다. AI를 활용하지 않는 것은 곧 생산성 경쟁에서 밀려남을 의미합니다. 우리는 모두 AI를 통해 업무 시스템을 확장하고 최적화하는 설계자가 될 수 있습니다.

✦ 먼저 읽은 독자의 인사이트를 확인하세요

바이브 코딩, 정말 누구나 공부할 수 있을까요? 다양한 분야에서 바이브 코딩을 공부한 독자들의 이야기를 들어보시죠!

> AI의 역량이 빠르게 성장하면서 AI 활용 능력이 너무나도 중요해졌음을 느낍니다. 문제는 중요도에 비해 좋은 공부 자료를 구하기 어렵다는 겁니다. 이 책은 구체적인 활용법과 노하우를 알려줍니다. 생산성과 업무 효율에 관심이 있다면 반드시 읽어보세요. **반복적인 작업을 자동화하고 창의적인 문제 해결에 더 많은 시간을 사용할 수 있습니다.** 단순한 명령 창이 가장 든든한 파트너로 변하는 과정을 지켜보세요.
>
> **고재민**, 삼성전자 MX 사업부

> 제미나이 CLI가 원래 개발자를 위한 프로그램이라 정보가 적습니다. 공식 문서를 봐도 단편적이고 친절하지 않아 어려웠습니다. 이 책은 제미나이 CLI의 설치 방법, 세세한 기능, 활용 프로젝트까지 하나씩 겪어볼 좋은 기회입니다. **특히 생소한 프로그램 경험과 실생활 밀접 프로젝트를 동시에 접하는 점이 인상 깊습니다.** 실습 결과물을 확인하며 앞부분을 이해할 수 있을 때의 성취감이 좋습니다.
>
> **한빛**, 대전대학교 산학협력단

> **기대 이상입니다. 물 흐르듯 끊김이 없이 읽었습니다.** 읽어 나갈수록 저자가 정말 많이 고민하고, 공부하고, 최대한 자신의 노하우를 녹여내려고 애쓴 느낌이 짙습니다. 예제도 다른 책을 따라가려 한 것이 아니라 진짜로 고민하고 도구의 모든 기능을 최대한 활용한 것이 느껴집니다. 개인적으로는 블로그 관련 예제가 제일 맘에 들었습니다. 제미나이 CLI가 아닌 다른 바이브 코딩 도구를 사용하더라도 참고할 부분이 많아 가치가 있는 책입니다.
>
> **신충의**, 개발자

> 구글의 AI 서비스는 다른 AI의 성능을 능가함에도 덜 알려졌습니다. 제미나이의 새로운 기능과 성능은 선입견을 극복할 정도로 훌륭합니다. 문제는 진입 장벽입니다. 개발자가 아니라면 설치와 구독부터 난관일 정도로 친절하지 않습니다. 요즘 바이브 코딩 제미나이 CLI는 친절한 책입니다. **내용도 술술 읽히고, 따라 하기 쉽고, 바이브 코딩에 관심이 있다면 꼭 읽기를 권장합니다.**
>
> **박한수**, 인프라 담당자

✦ 이 책을 미리 읽은 전문가가 말합니다

모두를 위한 바이브 코딩 길잡이

AI 기반 워크플로우는 이제 선택이 아닌 필수가 되었습니다. 하지만 어디서부터 시작해야 할지 막막한 분들이 많은 것도 사실입니다. 《요즘 바이브 코딩 제미나이 CLI 완벽 가이드》는 바로 이 지점에서 출발합니다.

AI 도구와 CLI를 처음 접하는 입문자도 바로 따라 하며 기초를 다질 수 있습니다. 충실한 실무 예제가 담겨 있어 이미 제미나이 CLI를 사용해본 경험자는 더 효율적인 작업 방식을 배울 수 있습니다. 실무에 곧바로 적용할 수 있는 예제가 충실해 실용성이 돋보입니다. 누구나 해야 하는 업무를 제미나이 CLI로 재해석하세요. 지금 바로 시도하고 즉시 성과를 체감하세요. **생산성을 끌어올리고 싶은 모든 분께 이 책을 자신 있게 추천합니다.**

 유현아, 랭체인코리아 운영진, 《JAX/Flax로 딥러닝 레벨업》 저자

급변하는 시대에서 살아남는 방법!

IT 개발 현장에서는 AI 도구가 쏟아져도 막상 실무에 어떻게 적용해야 할지 모르겠다는 소리를 자주 듣습니다. AI를 바라보는 사람들의 분위기가 변했습니다. 이제는 모두가 호기심 어린 눈으로만 바라보지 않습니다. 당장 회사에서 일하는 방법을 어떻게 바꿔야 하는지 심각하게 고민합니다.

《요즘 바이브 코딩 제미나이 CLI 완벽 가이드》는 설치와 기본 명령어부터 효율적인 활용 방법까지 꼼꼼하게 담아냅니다. 기회를 잡아 혁신을 이루는 인사이트가 필요하다면 이 책을 집으세요. AI에 관심 있는 새로운 기술을 빠르게 익혀야 하는 현업 개발자는 물론, 프로젝트 효율을 고민하는 기술 리더나 실무 담당자에게도 든든한 참고서가 되어줄 것입니다. **바이브 코딩의 새로운 가능성을 찾고 있다면 곁에 두고 자주 펼쳐 볼 책입니다.**

 김소희, 요즘 IT 매니저

누구나 할 수 있는 AI 워크플로!

AI와 함께 일하는 시대가 본격적으로 열렸습니다. 우리에게는 시대의 급류에 맞서는 실전 기술 지침서가 필요합니다. 이 책의 가장 큰 장점은 독자의 눈높이에 맞춰 차근차근 난이도를 높여간다는 점입니다. 터미널이 낯선 입문자를 위해 터미널 실행 방법과 명령어부터 알려줍니다. 조금 익숙해질 법하면 제미나이 CLI의 기능을 속속 설명합니다. 다른 소프트웨어를 연동하고 자신만의 도구도 만들어서 씁니다. 독자는 이 과정을 통해 현실적인 문제 해결 능력을 기르게 됩니다.

이제 AI 협업은 특정 직무의 전유물이 아닌 보편적인 역량입니다. 개발자나 특별한 사람만 AI를 쓰는 것이 아닙니다. 자신의 업무에 제미나이 CLI를 활용하고 싶은 모든 분께 이 책을 추천합니다.

 변성윤, 카일스쿨, Cloud GDE

배움에도 첫인상이 중요합니다!

생성형 AI 기술은 하루가 다르게 발전하고 있습니다. 기술 발전의 속도를 따라가는 것은 절대 쉽지 않습니다. 우리는 새로 배우기를 미루고 정작 필요한 순간에 활용하지 못합니다. '나중에 배워야지' 하고 미루다 보면 정작 꼭 필요한 순간에 제대로 활용하지 못하는 경우가 많습니다. 배움에 있어 무엇보다 중요한 것은 첫 학습 경험입니다.

이 책의 저자 김진환 박사님은 든든한 사람입니다. **삶과 일에 들인 첫 생성형 AI가 제미나이 CLI이며 그 가이드가 이 책이라면 좋은 출발이라 할 수 있습니다.** 자연스럽게 독자의 성장을 이끄는 구성과 실무 중심 예제가 가득합니다. 책장을 넘기다 보면 어느새 AI와 함께하는 새로운 학습 여정을 즐겁게 이어가게 될 겁니다. 이 책을 통해 AI와 더욱 가까워지고 빠르게 변화하는 시대 속에서도 자신만의 속도로 배우며 성장하는 기쁨을 누리시기를 바랍니다.

 이희은, 교수

✦ 학습 효율을 200% 극대화하는 학습 가이드

50%

● **깃허브에서 학습 자료를 살펴보세요**

예제에서 사용한 실습 코드를 제공합니다. 직접 타이핑하는 것도 좋지만 빠르게 실습하기를 원한다면 복사해서 사용하세요. 바뀌거나 업데이트된 코드를 바로 확인할 수도 있습니다.

깃허브 링크
github.com/jhk0530/Gemini-CLI-Codes

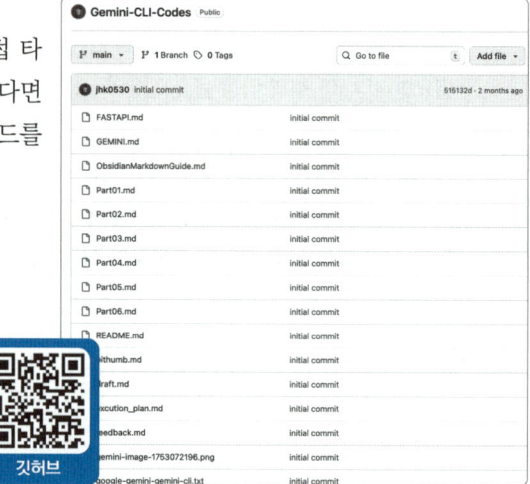

50%   **100%**

200%

최신 AI 트렌드를 확인하세요

골든래빗에서 제공하는 최신 AI 기술과 도서 정보를 받으세요. 가장 빠르고 유용하게 트렌드를 잡을 수 있는 방법입니다.

골든래빗 : goldenrabbit.co.kr
AI100 연구소 : ai100.co.kr

100%

● **커뮤니티에서 함께 공부해요**

책을 읽다가 궁금한 점이 있다면 바로 물어보세요. 저자와 함께 소통하며 공부하면 책을 완독하기도 쉽고 더 탄탄하게 배울 수 있을 거예요. 다양한 독자와 소통하며 자신만의 팁을 공유하면 더 빨리 성장할 수 있어요.

오픈카톡
https://open.kakao.com/o/ggK7EAJh

디스코드
discord.com/invite/Gk3bST7fra

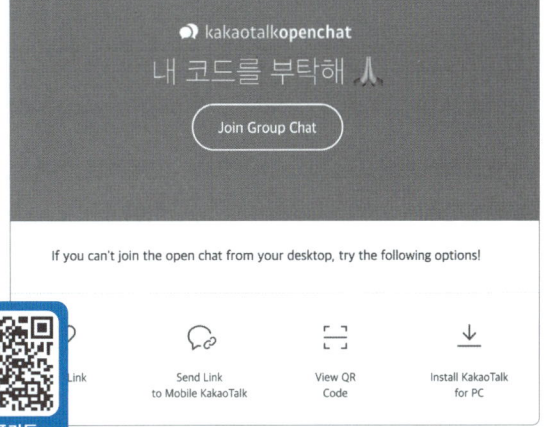

200% → **생산성 200%**

✦ 요즘 바이브 코딩 한 달 학습 계획표

[챕터 01]
제미나이와 CLI의 만남
____월____일

[챕터 02]
제미나이 CLI 알아보기
____월____일

[챕터 06]
효과적인 프롬프트 작성하기
____월____일

[챕터 07]
프로젝트 컨텍스트 작성하기
____월____일

[챕터 08]
내장 명령어 알아보기
____월____일

[챕터 12]
안전하게 작업하기
____월____일

[챕터 13]
커스텀 도구 만들기
____월____일

[챕터 14]
MCP로 제미나이 CLI 확장하기
____월____일

[챕터 18]
프로젝트 공유하기
____월____일

[챕터 19]
파일 관리 자동화하기
____월____일

[챕터 20]
체계적으로 문서 작업하기
____월____일

[챕터 24]
깃허브에 블로그 게시하기
____월____일

[챕터 25]
애플리케이션 기획하기
____월____일

[챕터 26]
비즈니스 로직 구현하기
____월____일

챕터 03	챕터 04	챕터 05
터미널 사용하기	설치와 인증하기	첫 대화 시작하기
___월 ___일	___월 ___일	___월 ___일

챕터 09	챕터 10	챕터 11
내장 도구 알아보기	깃 & 깃허브 함께 사용하기	설정 파일 알아보기
___월 ___일	___월 ___일	___월 ___일

챕터 15	챕터 16	챕터 17
확장 기능 정의하기	마크다운 업무 보고서 만들기	발표 자료 만들기
___월 ___일	___월 ___일	___월 ___일

챕터 21	챕터 22	챕터 23
프로젝트 준비하기	커스텀 도구로 워크플로 구축하기	자료 수집과 글 작성하기
___월 ___일	___월 ___일	___월 ___일

챕터 27	부록	수고하셨습니다!
웹 서비스를 애플리케이션으로 만들기	보너스 PDF	
___월 ___일	___월 ___일	

◆ 목차

제미나이 CLI 첫 만남

챕터 01 제미나이와 CLI의 만남 ·············· **18**

- 생성형 AI 시대의 개발 패러다임 **19**
- 생성형 AI란? **20**
- 생성형 AI는 어떻게 프로그래밍을 잘할까? **22**
- 왜 커맨드라인 인터페이스인가? **23**
- 제미나이와 CLI의 궁합 **24**
- 다양한 제미나이 **25**

챕터 02 제미나이 CLI 알아보기 ·············· **26**

- 제미나이 CLI의 주요 기능과 장점 **27**
- 제미나이 CLI, 클로드 코드, 코덱스 **29**

챕터 03 터미널 사용하기 ·············· **32**

- macOS 터미널 사용하기 **33**
- 윈도우 Git Bash 사용하기 **33**
- 기본적인 CLI 사용법 **35**

챕터 04 설치와 인증하기 ·············· **40**

- Node.js와 npm 설치하기 **41**
- 30초 만에 제미나이 CLI 실행하기 **45**
- 제미나이 CLI는 무료로도 충분합니다 **46**
- 구글 워크스페이스 계정으로 로그인 **48**
- 다양한 요금제 알아보기 **53**

챕터 05 첫 대화 시작하기 ·············· **56**

- 제미나이 CLI 화면 구성 **57**
- 대화 시작하기 **59**

파트 02 제미나이 CLI 제대로 써먹는 핵심 비법

챕터 06 효과적인 프롬프트 작성하기 ········· 64
- 프롬프트의 네 가지 핵심 구성요소 **65**
- AI를 내 편으로 만드는 프롬프트 작성법 **66**

챕터 07 프로젝트 컨텍스트 작성하기 ········· 73
- GEMINI.md가 뭔가요? **74**
- 좋은 컨텍스트 작성하기 **74**
- 마크다운 알아보기 **75**
- 컨텍스트 파일은 어떻게 동작하나요? **78**
- 컨텍스트 작성을 위한 꿀팁 **81**

챕터 08 내장 명령어 알아보기 ········· 84
- 슬래시 명령어가 뭔가요? **85**
- 셸 명령어를 바로 실행하는 셸 모드 **93**
- 외부 자료 참조를 위한 @ 명령어 **94**

챕터 09 내장 도구 알아보기 ········· 96
- 내장 도구 작동 단계 **97**
- 정확한 정보가 필요할 땐 검색 도구 **97**
- 파일 관리를 위한 파일 시스템 도구 **101**
- 다양한 내장 도구 **104**
- 제미나이 CLI 커맨드라인 **104**

챕터 10 깃 & 깃허브 함께 사용하기 ········· 109
- 깃과 깃허브가 뭔가요? **110**
- 첫 번째 깃 저장소 만들기 **110**

파트 03 나만의 제미나이 CLI를 만드는 AI 개인화

[챕터 11] 설정 파일 알아보기 ·· **116**

　제미나이 CLI 설정 **117**
　나를 위한 도구를 만드는 settings.json **117**
　.env에 환경 변수 설정하기 **121**

[챕터 12] 안전하게 작업하기 ·· **124**

　체크포인트가 뭔가요? **125**
　보안 강화를 위한 격리 환경, 샌드박싱 **128**

[챕터 13] 커스텀 도구 만들기 ·· **130**

　커스텀 도구 알아보기 **131**
　간단한 커스텀 도구 생성하기 **132**

[챕터 14] MCP로 제미나이 CLI 확장하기 ·· **136**

　MCP 이해하기 **137**
　옵시디언 MCP 사용하기 **139**
　다양한 MCP 기능 확인하기 **144**

[챕터 15] 확장 기능 정의하기 ·· **148**

　확장 기능의 구조와 동작 원리 **149**
　gemini-extension.json **149**
　확장 기능과 settings.json의 차이 **150**

일상과 업무를 혁신하는 생산성 레시피

[챕터 16] **마크다운 업무 보고서 만들기** 154
  자료 조사하기 **155**
  대용량 PDF 리포트에서 스테이블 코인 핵심 내용 요약하기 **159**

[챕터 17] **발표 자료 만들기** 163
  콰르토 설치하기 **164**
  콰르토로 슬라이드 만들기 **165**

[챕터 18] **프로젝트 공유하기** 167
  깃허브 저장소 준비 **168**
  깃허브 페이지 생성 **169**
  최종 결과 **171**

[챕터 19] **파일 관리 자동화하기** 172
  이미지 파일 정리하기 **173**
  키워드로 데이터 추출하기 **175**
  crontab으로 일간 뉴스 자동으로 정리하기 **179**

[챕터 20] **체계적으로 문서 작업하기** 186
  회의록 정리 및 문서 공유 **187**
  작성한 글을 목적에 맞게 다듬기 **191**
  아이디어를 구체적인 기획으로 만들기 **196**

실전 블로그 자동화 프로젝트

챕터 21 프로젝트 준비하기 ·· 202
　최종 목표 정의하기 **203**
　PRD 작성하기 **204**

챕터 22 커스텀 도구로 워크플로 구축하기 ························· 206
　블로그 작성 도구 추가하기 **207**
　이미지 생성 도구 추가하기 **210**

챕터 23 자료 수집과 글 작성하기 ·· 215
　정보 수집 및 콘텐츠 생성 **216**
　이미지 처리 및 포스팅 준비 **217**

챕터 24 깃허브에 블로그 게시하기 ······································ 220
　깃허브 리포지터리 생성 **221**
　콰르토 블로그 프로젝트 **222**
　블로그 자동화하기 **226**
　자동화는 끝이 아닌 시작 **231**

파트 06 실전 코인 모니터링 프로젝트

[챕터 25] 애플리케이션 기획하기 ········· 234
기능 명세서 작성하기 **235**
API 명세서 작성하기 **239**
실행 계획 작성하기 **242**

[챕터 26] 비즈니스 로직 구현하기 ········· 245
문서 기반으로 구현하기 **246**
웹사이트 오류 해결하기 **247**

[챕터 27] 웹 서비스를 애플리케이션으로 만들기 ········· 251
네이티브 애플리케이션이란? **252**
타우리 설치하기 **252**
타우리 빌드하기 **255**
타우리 빌드에서 오류 해결하기 **257**

찾아보기 **260**

새롭게 추가된 활용 꿀팁을
부록에서 확인하세요!

부록

요즘 바이브 코딩

파트
01

제미나이 CLI 첫 만남

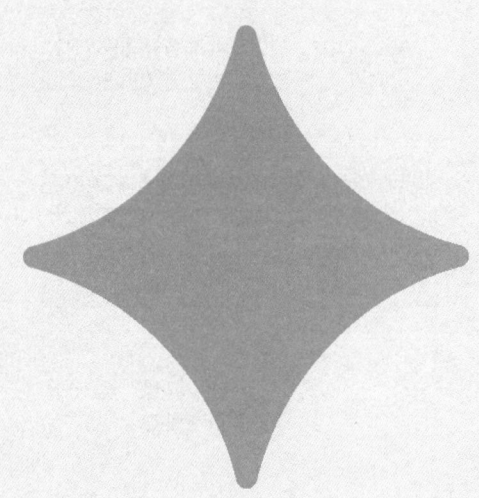

[챕터 01] 제미나이와 CLI의 만남
[챕터 02] 제미나이 CLI 알아보기
[챕터 03] 터미널 사용하기
[챕터 04] 설치와 인증하기
[챕터 05] 첫 대화 시작하기

챕터 01

제미나이와 CLI의 만남

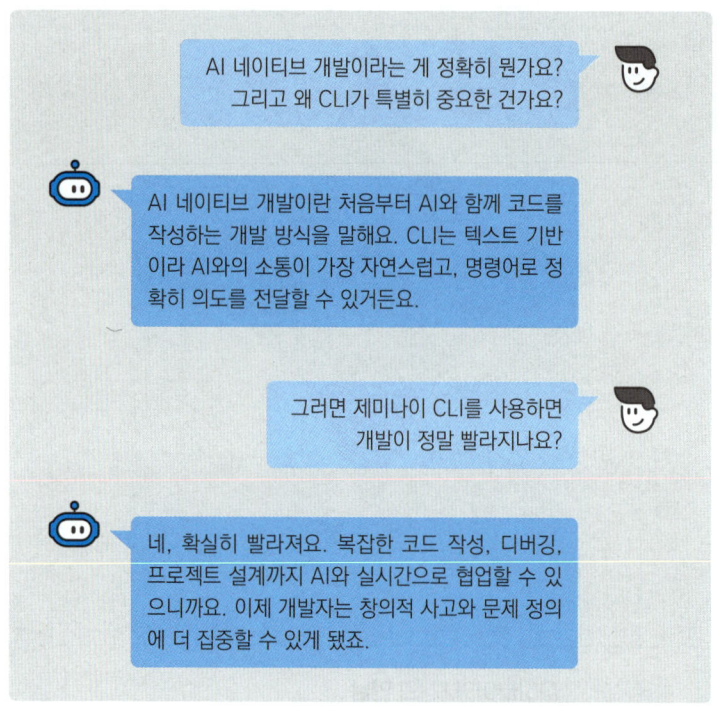

AI와 함께 코드를 작성하는 시대가 열렸습니다. **AI 네이티브 개발**이라는 새로운 패러다임의 중심에 바로 제미나이 CLI가 있습니다. 제미나이를 비롯한 생성형 AI가 가져온 개발 패러다임의 변화를 살펴보고, 왜 수많은 인터페이스 중에서도 CLI$^{Command\ Line\ Interface}$가 AI 시대의 개발자에게 가장 강력한 무기가 되는지, 그리고 제미나이 CLI는 어떤 매력적인 기능과 장점을 가졌는지 알아봅니다.

생성형 AI 시대의 개발 패러다임

생성형 AI 시대 이전의 개발 프로세스는 주로 개발자의 직접적인 코딩과 수동 작업에 크게 의존했습니다. 아이디어를 구체화하고 기능을 정의하는 기획 단계부터 설계된 내용을 기반으로 실제 코드를 작성하는 구현, 작성된 코드의 오류를 찾아 수정하는 디버깅 및 테스트, 완성된 소프트웨어를 배포하는 과정까지 모든 단계가 개발자의 숙련도와 노력에 의해 좌우되었습니다. 이런 개발 과정은 프로젝트의 특성과 조직의 문화에 따라 다양한 방법론을 따랐습니다. 대표적으로 워터폴과 애자일 방법론이 유명합니다. 다음은 워터폴과 애자일을 그림으로 비유한 겁니다.

워터폴은 순차적으로 자동차를 만들어가는 모습이고 애자일은 간단한 형태부터 점점 구체화하여 목표를 향해 가는 모습을 보여줍니다. 두 방법을 조금 더 구체적으로 알아볼까요?

순차적으로 진행하는 워터폴 방법론

워터폴Waterfall 방법론은 기획, 설계, 구현, 테스트, 배포 등 각 단계를 폭포수처럼 순차적으로 진행하는 방식이었습니다. 각 단계가 완료되어야 다음 단계로 넘어갈 수 있었기에 초기 요구사항 정의가 매우 중요했고 중간에 변경 사항이 발생하면 큰 비용과 시간이 소요되는 단점이 있었습니다.

변화에 유연한 애자일 방법론

반면 애자일Agile 방법론은 변화에 유연하게 대응하고 고객과의 지속적인 소통을 강조하며 짧은 주기로 개발과 피드백을 반복하는 방식을 채택했습니다. 스크럼Scrum이나 칸반Kanban과 같은 구체적인 프랙티스를 통해 팀의 협업과 빠른 반복을 통한 점진적인 개선을 목표로 했습니다.

> **NOTE** 스크럼은 소프트웨어 개발에서 사용하는 애자일 방법론입니다. 1-4주 단위의 짧은 스프린트로 나누어 개발하고, 매일 팀원들이 모여 진행 상황을 공유하며, 각 스프린트 끝에 결과물을 검토하고 개선점을 찾는 방식으로 진행됩니다. 변화하는 요구사항에 빠르게 대응하고 지속적으로 개선할 수 있는 것이 특징입니다.

두 방법론은 모두 개발 과정의 형태는 달랐지만 개발자가 복잡한 로직을 직접 설계하고, 방대한 양의 코드를 한 줄씩 타이핑하며, 사소한 오타나 구문 오류 하나까지 직접 찾아내야 하는 건 같았습니다. 또 새로운 라이브러리나 프레임워크를 적용할 때마다 해당 문서를 꼼꼼히 읽고 학습하여 수동으로 통합해야 했죠. 이는 상당한 시간과 노력을 요구했습니다. 이런 개발 과정은 효율성 측면에서 한계가 명확합니다. 특히 복잡하고 규모가 큰 프로젝트일수록 개발 비용과 시간이 기하급수적으로 증가하는 경향이 있었습니다.

AI 도구가 등장한 시대는?

요즘은 어떨까요? 과거의 개발이 정해진 규칙과 알고리즘을 코드로 옮기는 과정이었다면 이제는 AI와 대화하고 협업하며 최적의 결과물을 만들어가는 과정으로 진화하고 있습니다. 개발자는 모든 코드를 한 글자씩 타이핑하는 노동에서 벗어나 문제 해결의 본질에 집중하고 창의적인 아이디어를 구현하는 설계자이자 지휘자의 역할을 맡게 됩니다.

생성형 AI란?

생성형 AI$^{Generative\ AI}$는 기존의 데이터를 학습하여 새롭고 독창적인 콘텐츠를 만들어내는 인공지능 모델을 의미합니다. 단순히 데이터를 분석하거나 분류하는 것을 넘어, 학습된 지식을 바탕으로 글, 사진, 음악, 동영상, 프로그래밍 코드까지 다양한 형태의 결과물을 생성할 수 있습니다. 예를 들어 특정 스타일의 그림을 그리거나 주어진 주제에 맞춰 글을 씁니다. 개발자의 요청에 따라 코드를 작성하는 것도 모두 생성형 AI의 능력입니다.

생성형 AI의 개념 자체는 오래되었지만 오늘날의 파급력을 갖게 된 것은 최근의 일입니다. 1966년, 정해진 규칙에 따라 대답을 하는 초기 자연어 처리 프로그램인 엘리자^{ELIZA}가 개발되었습니다. 80, 90년대에는 전문가 시스템이 지식 기반 추론을 통해 제한적인 생성을 시도하기도 했습니다. 그러나 진정한 의미의 생성 능력을 보여주기 시작한 것은 2010년대 중반입니다. GAN$^{Generative\ Adversarial\ Networks}$

과 VAE$^{\text{Variational Autoencoders}}$는 딥러닝 기술을 사용하여 실제와 구분하기 어려운 이미지나 데이터를 생성하는 능력을 보여주었습니다.

2017년 구글이 발표한 트랜스포머^{Transformer}는 혁신을 가져왔습니다. 거대 언어 모델, LLM$^{\text{Large Language Model}}$이 출현할 수 있었던 이유이기 때문이죠. LLM은 방대한 텍스트 데이터를 학습하여 자연스러운 글을 쓰고 복잡한 질문에 답하며 다양한 창작 활동을 지원했습니다. 2022년 말 챗GPT의 공개는 생성형 AI의 가능성을 널리 알려 폭발적인 관심을 불러일으켰습니다.

생성형 AI는 어떻게 프로그래밍을 잘할까?

2025년 현재, AI는 하루가 다르게 발전하고 있습니다. 처음 챗GPT가 공개되었을 때와 비교할 수 없을 만큼 말이죠. 프로젝트 규모가 작다면 AI가 숙련된 개발자만큼이나 코딩을 잘합니다. 생성형 AI가 프로그래밍 분야에서 특히 뛰어날 수밖에 없는 이유가 있습니다.

이유 01 대규모 데이터 학습

대규모 데이터 학습은 핵심적인 이유입니다. AI는 수십억 줄의 공개된 코드와 기술 문서를 학습합니다. 이 과정에서 다양한 프로그래밍 언어의 문법, 관용적인 표현, 설계 패턴, 흔히 사용되는 라이브러리와 프레임워크의 사용법까지 숙달합니다. 그래서 AI는 단순 문법을 넘어 코드의 의미와 맥락을 이해할 수 있습니다.

이유 02 패턴 인식과 추론 능력

프로그래밍 코드는 본질적으로 논리적인 규칙과 반복되는 패턴의 집합입니다. AI는 학습한 데이터를 통해 코드에 숨겨진 패턴을 인식합니다. 요구사항에 맞는 새로운 코드를 생성하거나 기존 코드를 수정할 때 이런 패턴을 효과적으로 적용할 수 있습니다. AI에게 자연어로 설명하더라도, 개발자의 의도를 파악하여 결과물을 만들어내는 능력이 있습니다.

이유 03 AI 모델의 발전

AI 모델은 구조적으로도 눈부신 발전을 이루었습니다. 특히 자연어 처리 분야에서 혁신을 가져온 트랜스포머와 같은 딥러닝 아키텍처는 긴 문맥을 이해하고 복잡한 의존성을 모델링하는 데 탁월합니다. 지금도 더 뛰어난 AI 모델을 만들기 위한 연구가 활발히 진행 중입니다.

이유 04 피드백 루프

많은 생성형 AI 모델은 실제 개발 환경에 투입되어 생성한 코드에 대한 피드백을 받는 등 강화 학습Reinforcement Learning으로 성능을 개선합니다. 피드백을 받은 AI는 더 정확하고 효율적인 코드를 생성하는 모델로 진화합니다.

> 제가 도와드릴까요? 사용 중인 운영체제(Windows, Mac, Linux)를 알려주시면, 터미널에서 바로 제미나이를 사용할 수 있도록 간단한 **설정 방법**이나 **오픈소스 도구**를 추천해 드릴 수 있습니다.

피드백을 주면 AI가 더 똑똑해집니다

왜 커맨드라인 인터페이스인가?

우리는 컴퓨터를 사용할 때 멋지게 디자인된 화면을 보고 마우스로 조작할 수 있습니다. 이것을 그래픽 사용자 인터페이스, GUI^{Graphical User Interface}라고 합니다. 반대로 그래픽 요소 없이 명령어만 사용해 컴퓨터를 다루는 예전의 방식이 CLI^{Command Line Interface}입니다. 우리에겐 GUI가 익숙하고 편리하지만 숙련된 개발자들이 여전히 글자로만 이루어진 CLI를 고집하는 이유는 명확합니다. CLI는 개발 작업의 본질인 텍스트를 가장 효율적으로 다룰 수 있는 환경입니다. 텍스트만 사용해서 컴퓨터를 조작하기 때문에 반복적인 작업을 자동화하고 여러 도구를 유기적으로 연결하여 강력한 파이프라인을 구축하는 데 최적화되어 있습니다. CLI와 GUI의 사용자 경험을 비교한 연구가 다양하게 존재하며 각 뚜렷한 장단점을 강조합니다.

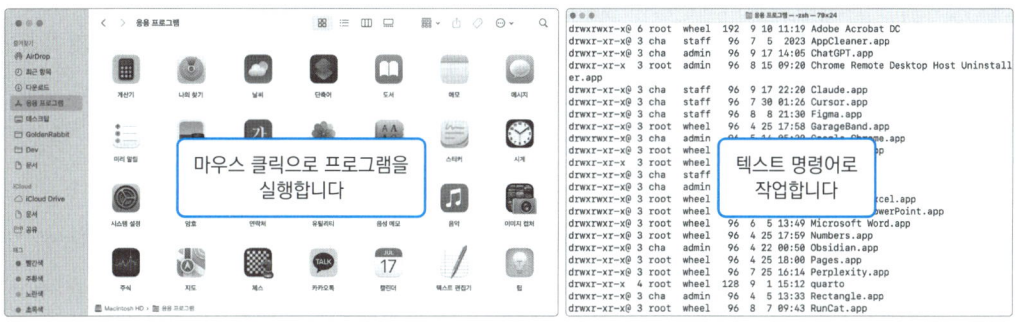

마우스 클릭으로 프로그램을 실행합니다 / 텍스트 명령어로 작업합니다

CLI는 복잡한 작업을 반복적으로 수행하거나 자동화할 때 명령어 입력만으로 작업을 처리할 수 있습니다. 스크립트 작성을 통해 반복 작업을 자동화할 수도 있습니다. 또한 시스템에 대한 더 깊은 제어와 개인화가 가능해 GUI로 할 수 없는 작업을 수행할 수 있습니다.

물론 단점도 가지고 있습니다. **가장 큰 단점은 높은 진입 장벽입니다.** 명령어를 직접 입력해야 하므로 초보 사용자에게는 수많은 명령어를 암기하고 정확한 구문을 입력해야 합니다. 학습 곡선이 높아 사용하기 꺼려집니다. 또한 그래픽이 없어 파일 구조나 프로세스 진행 상황 등을 한눈에 파악하기 어렵습니다. 명령어를 잘못 입력했을 때 예상치 못한 결과나 오류가 발생하기도 쉽습니다.

결론적으로 CLI와 GUI 중 어느 것이 더 효율적이고 작업 성능이 우수하다고 단정하기는 어렵습니다. 이는 사용자의 숙련도, 수행하려는 작업의 종류, 시스템 환경에 따라 달라집니다. 간단하고 직관적인 작업에는 GUI가 유리하고 반복적이고 복잡하며 자동화가 필요한 작업에는 CLI가 유리합니다. **전문가들은 두 환경의 장점을 모두 활용하는 것이 가장 효율적이라고 말합니다.**

제미나이와 CLI의 궁합

제미나이와 같은 생성형 AI가 CLI 환경에서 특히 강력한 효과를 발휘하는 이유는 AI의 본질적인 특성과 CLI의 개발 환경적 이점이 시너지를 내기 때문입니다.

텍스트 기반의 상호작용이 찰떡

AI가 GUI의 시각적 요소를 이해하기 위해서는 복잡한 절차가 필요합니다. 사람이 프로그램을 실행할 때는 눈으로 프로그램 아이콘을 찾아 클릭만 하면 됩니다. AI에게 똑같은 일을 시키면 해당 프로그램을 실행하는 명령어를 생성하고 실행합니다. 사용자와 AI가 바라보는 컴퓨터가 다른 상황이죠. 이 사이에서 많은 오해와 오류가 생깁니다. CLI를 사용한다는 것은 AI와 같은 것을 바라보며 같은 방식으로 작업한다는 뜻입니다. '텍스트'라는 가장 자연스러운 정보 교환 수단으로 의사소통하는 것이죠.

정교한 제어로 폭발적인 시너지

CLI에서는 GUI보다 더 정교하게 컴퓨터를 다룰 수 있습니다. AI도 CLI 환경에서 더 많은 기능을 자유롭게 사용할 수 있습니다. 제미나이 CLI는 단순한 코드 생성 도구가 아닙니다. 파일 시스템 제어, 셸^{Shell} 명령어 실행, 웹 검색 등 개발에 필요한 다양한 내장 도구를 터미널 안에서 직접 실행합니다. GUI에서 여러 번의 클릭과 메뉴 탐색을 거쳐야 하는 작업을 단 한 번의 자연어 프롬프트로 해결합니다. 이는 개발 워크플로 전반의 효율성을 극대화합니다.

작업 맥락을 파악할 수 있는 환경

웹사이트에서 실행하는 제미나이는 사용자의 컴퓨터 사정을 모릅니다. 작업을 시키려면 프로젝트 디렉터리가 어떻게 구성되어 있는지 따로 알려줘야 합니다. 제미나이 CLI를 사용한다는 것은 제미나이를 내 컴퓨터로 데려온다는 뜻입니다. 직접 프로젝트의 구성을 살피고 작업의 맥락을 파악합니다. 이렇게 맥락을 파악한 제미나이는 고품질의 결과를 생성합니다.

다양한 제미나이

제미나이는 CLI 외에도 다양한 방식으로 사용할 수 있습니다. 용도에 맞게 사용하는 것이 중요하지만 선택의 폭이 넓어진 만큼 어떤 도구를 언제 사용해야 하는지 판단하기 어렵습니다. 같은 AI 모델을 사용하더라도 접근 방식에 따라 활용도와 효율성이 크게 달라집니다. 웹 앱과 제미나이 API를 비교하고 각각이 어떤 상황에서 최적의 선택이 되는지 살펴보겠습니다.

웹 앱

제미나이 웹이나 구글 AI 스튜디오를 말합니다. 별도의 설치나 환경 설정 없이 바로 사용할 수 있습니다. 단순한 채팅부터 코드 생성, 이미지 생성, 번역까지 다양한 기능을 직관적으로 제공합니다. 텍스트와 이미지를 함께 입력할 수 있는 멀티모달 기능도 지원합니다. 접근성이 뛰어나서 초심자도 쉽게 사용할 수 있고 빠른 시연이나 실험, 자료 수집 같은 단발성 작업에 적합합니다. 하지만 반복 작업이나 로컬 파일 연동에는 한계가 있습니다. 복잡한 개발 워크플로와 통합하기에는 적합하지 않습니다.

제미나이 API

HTTP/REST 인터페이스로 제공되는 공식 프로그래밍용 AI API입니다. 언어나 프레임워크에 구애받지 않고 다양한 환경에서 사용할 수 있습니다. API 연동, 인증, 예외 처리 등에 대한 개발 지식이 필요해서 초보자에게는 진입장벽이 높습니다. 직접 구현해야 할 부분도 많습니다. 다른 서비스에 비해 많은 비용이 들 수 있습니다. 자사 서비스나 앱, 백엔드에 AI 기능을 직접 내장하거나 대규모 자동화 및 배치 처리 파이프라인에 AI를 연동해야 하는 상황에서 사용합니다.

각 접근 방식은 서로 다른 강점을 가지고 있습니다. 해결하려는 문제와 작업 환경에 맞는 방식을 선택하는 것이 중요합니다. 때로는 여러 방식을 조합해서 사용하는 것이 더 효과적일 수도 있습니다.

[챕터 02]

제미나이 CLI 알아보기

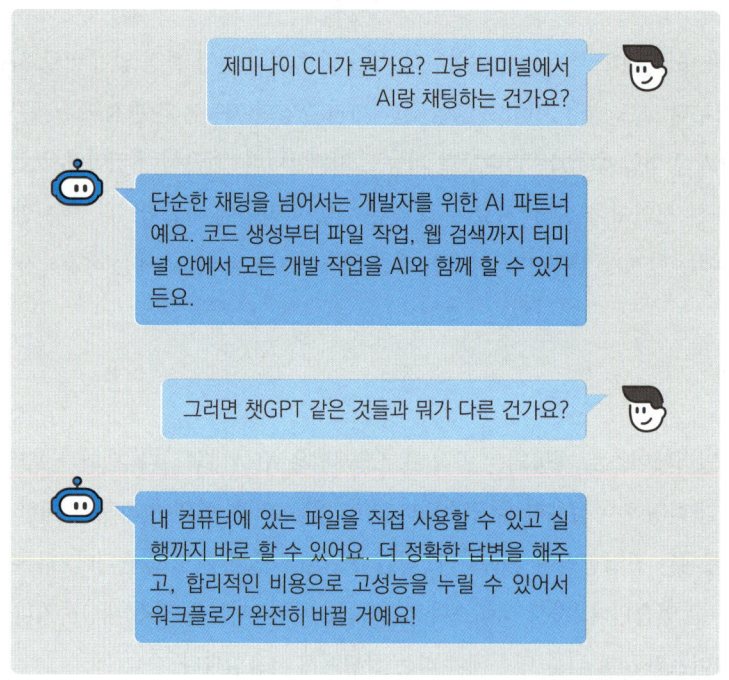

제미나이 CLI는 구글의 강력한 AI 모델 제미나이의 능력을 터미널 환경으로 직접 가져온 바이브 코딩 도구입니다. 명령줄에서 자연스러운 대화를 통해 코드를 생성하고 수정할 수 있습니다. 복잡한 명령어나 특별한 문법을 외울 필요 없이, 평소 동료 개발자와 대화하듯 요청하면 됩니다.

제미나이 CLI의 주요 기능과 장점

2025년 11월, 최신 제미나이 모델은 GPT, 클로드 등 여타 모델을 능가하는 성능을 달성했습니다. 이후 구글은 제미나이 CLI를 오픈 소스로 공개하며 화제를 불러일으켰습니다. 제미나이와 제미나이 CLI는 구글의 막강한 인프라를 기반으로 다양한 기능을 제공합니다. 제미나이 CLI의 다양한 기능과 장점을 조금 더 자세히 알아보겠습니다.

이유 01 최고 성능의 모델

제미나이 3가 공개되면서 제미나이 CLI의 가치가 달라졌습니다. 추론, 멀티모달, 긴 문맥 처리, 에이전트형 작업 수행까지 모든 부분이 경쟁 모델(GPT-5, Claude Sonnet 4.5)보다 우수한 벤치마크 성능을 달성했습니다. 이 성능이 그대로 제미나이 CLI에 반영됩니다. 대규모 파일을 통째로 맥락에 넣고 수정 지시를 내리는 작업도 훨씬 안정적으로 변해 CLI 내에서 여러 파일을 동시에 조작하는 흐름이 자연스럽습니다. 지시하면 바로 만들어주는 개발 파트너에 훨씬 가까워졌습니다.

Benchmark	Description		Gemini 3 Pro	Gemini 2.5 Pro	Claude Sonnet 4.5	GPT-5.1
Humanity's Last Exam	Academic reasoning	No tools With search and code execution	37.5% 45.8%	21.6% —	13.7% —	26.5% —
ARC-AGI-2	Visual reasoning puzzles	ARC Prize Verified	31.1%	4.9%	13.6%	17.6%
GPQA Diamond	Scientific knowledge	No tools	91.9%	86.4%	83.4%	88.1%
AIME 2025	Mathematics	No tools With code execution	95.0% 100%	88.0% —	87.0% 100%	94.0% —
MathArena Apex	Challenging Math Contest problems		23.4%	0.5%	1.6%	1.0%
MMMU-Pro	Multimodal understanding and reasoning		81.0%	68.0%	68.0%	76.0%
ScreenSpot-Pro	Screen understanding		72.7%	11.4%	36.2%	3.5%
CharXiv Reasoning	Information synthesis from complex charts		81.4%	69.6%	68.5%	69.5%
OmniDocBench 1.5	OCR	Overall Edit Distance, lower is better	0.115	0.145	0.145	0.147
Video-MMMU	Knowledge acquisition from videos		87.6%	83.6%	77.8%	80.4%
LiveCodeBench Pro	Competitive coding problems from Codeforces, ICPC, and IOI	Elo Rating, higher is better	2,439	1,775	1,418	2,243
Terminal-Bench 2.0	Agentic terminal coding	Terminus-2 agent	54.2%	32.6%	42.8%	47.6%
SWE-Bench Verified	Agentic coding	Single attempt	76.2%	59.6%	77.2%	76.3%
τ2-bench	Agentic tool use		85.4%	54.9%	84.7%	80.2%
Vending-Bench 2	Long-horizon agentic tasks	Net worth (mean), higher is better	$5,478.16	$573.64	$3,838.74	$1,473.43
FACTS Benchmark Suite	Held out internal grounding, parametric, MM, and search retrieval benchmarks		70.5%	63.4%	50.4%	50.8%
SimpleQA Verified	Parametric knowledge		72.1%	54.5%	29.3%	34.9%
MMMLU	Multilingual Q&A		91.8%	89.5%	89.1%	91.0%
Global PIQA	Commonsense reasoning across 100 Languages and Cultures		93.4%	91.5%	90.1%	90.9%
MRCR v2 (8-needle)	Long context performance	128k (average) 1M (pointwise)	77.0% 26.3%	58.0% 16.4%	47.1% not supported	61.6% not supported

For details on our evaluation methodology please see deepmind.google/models/evals-methodology/gemini-3-pro

이유 02 풍부한 내장 도구

제미나이 CLI는 파일 읽기/쓰기, 셸 명령어 실행, 웹 검색 등 다양한 내장 기능을 탑재했습니다. 그래서 개발 과정에 필요한 대부분의 작업을 AI와 함께 처리할 수 있고 최신 기술 동향을 물어보거나 다른 파일을 가져와서 작업할 수 있습니다. 예를 들어 "A 프로젝트를 참고해서 비슷한 프로젝트 구조를 만들어줘"라고 요청하면 해당 프로젝트의 내용을 분석하고 요구사항에 맞춘 새 프로젝트를 생성합니다. 내 컴퓨터에 저장한 파일뿐만 아니라 온라인 자료까지 활용할 수 있어 개발 작업의 범위가 크게 확장됩니다.

이유 03 확장성과 커스터마이징

제미나이 CLI는 외부 프로그램과 연결하여 기능을 확장하거나 특별한 요구사항에 맞춰 커스터마이징할 수 있습니다. 이 기능을 활용하면 노트 앱, 디자인 도구, 문서 작업, 자료 조사 등 개발자가 아닌 사람도 제미나이 CLI를 유용하게 다룰 수 있습니다. 다른 CLI 도구에서 설정하기 어려운 세세한 부분까지 입맛대로 맞출 수 있습니다.

이유 04 무료로 사용 가능

제미나이 CLI는 넉넉한 무료 사용량을 제공하여 누구나 부담 없이 활용할 수 있습니다. 요금 걱정 없이 가장 트렌디한 개발 도구를 사용해보고 싶다면 제미나이 CLI가 좋은 선택입니다. 간단하게 개발을 시도하고 싶거나 일상적인 업무에 AI를 적용하고 싶은 사람에게 적합합니다.

> **NOTE** 2025년 11월 기준, gemini-3-pro-preview는 유료로 제공됩니다. 무료 사용자에게는 gemini-2.5-pro를 제공합니다.

대용량 입력 처리

제미나이는 다른 모델보다 5배 정도 많은 정보를 기억할 수 있어 복잡한 대규모 프로젝트에 유리합니다. 전체 프로젝트 구조를 파악하고 있기 때문에 한 부분의 변경이 다른 부분에 미치는 영향까지 고려한 작업물을 생성합니다. 또한 긴 대화 동안에도 이전 맥락을 기억하고 일관된 업무 방향을 유지할 수 있습니다. 복잡한 기능 구현이나 버그 수정 작업에서도 뛰어난 성과를 보여줍니다.

제미나이 CLI, 클로드 코드, 코덱스

구글의 제미나이 CLI가 공개되면서 앤트로픽^{Anthropic}의 클로드 코드^{Claude Code}, OpenAI의 코덱스 CLI, 커서 CLI 등 CLI 기반 AI 시장이 더욱 풍성해졌습니다. 개발 생산성 향상을 원하는 개발자에게 어떤 에이전트가 더 나은 성능과 사용자 경험을 제공하는지가 중요한 질문으로 떠오르고 있습니다.

클로드 코드는 제미나이 CLI보다 먼저 출시되어 많은 개발자의 호평을 받았습니다. AI 에이전트를 개발하는 Composio 팀은 제미나이 CLI와 클로드 코드의 비교 연구를 수행했습니다. 해당 연구에서 클로드 코드와 제미나이 CLI에 같은 명령을 입력해 파이썬 프로그램을 개발한 결과 클로드 코드가 주요 부문에서 우위를 보였습니다. 코덱스 CLI도 최신 모델인 GPT-5-Codex의 강력한 성능을 무기삼아 사용자들의 뜨거운 반응을 이끌었습니다. 제미나이 CLI는 아직 초기 단계를 의미하는 0.x 버전을 사용하고 있고, 사용자 경험과 코드 구조화 측면에서 지속적인 개선이 필요합니다.

그렇다면 제미나이 CLI는 어떤 강점을 가지나요?

제미나이 CLI는 대규모 컨텍스트 윈도우를 활용해 긴 대화 내용이나 방대한 코드베이스를 효과적으로 기억합니다. 몇 시간이 지나고 다른 주제의 대화가 이어져도 세션이 유지되는 한 이전에 대화한 내용을 오랫동안 기억합니다. 프로젝트 전체 맥락을 유지한 채 일관성 있는 답변을 제공합니다. 구글 검색과 워크스페이스와의 긴밀한 통합도 장점입니다. 구글 드라이브의 문서나 스프레드시트를 직접 참조하고 수정할 수 있어, 이미 구글 생태계를 사용하는 사용자라면 별도의 파일 전송 없이 자연스러운 작업 흐름을 구축할 수 있습니다. MCP(Model Context Protocol)나 추론 기능 같은 고급 기능도 지원하면서 AI 도구의 최신 트렌드를 빠르게 반영하고 있습니다. 또한 모든 코드를 오픈 소스로 공개하기 때문에 커뮤니티의 기여를 통해 지속적으로 발전하고 있습니다. 필요에 따라 코드를 직접 수정하거나 확장할 수도 있습니다.

제미나이 CLI의 또 다른 강점은 비용입니다. 클로드 코드와 코덱스 CLI가 20달러 이상의 구독이나 API 요금을 지불해야 하는 반면 제미나이 CLI는 무료로 사용할 수 있습니다. 그래서 바이브 코딩을 처음 접하는 초보자가 시도하기 좋습니다. **다른 도구를 사용하고 있더라도 제미나이 CLI를 함께 사용하기에 부담이 없습니다.**

클로드 코드에서 제미나이 CLI를 사용할 수 있다고요?

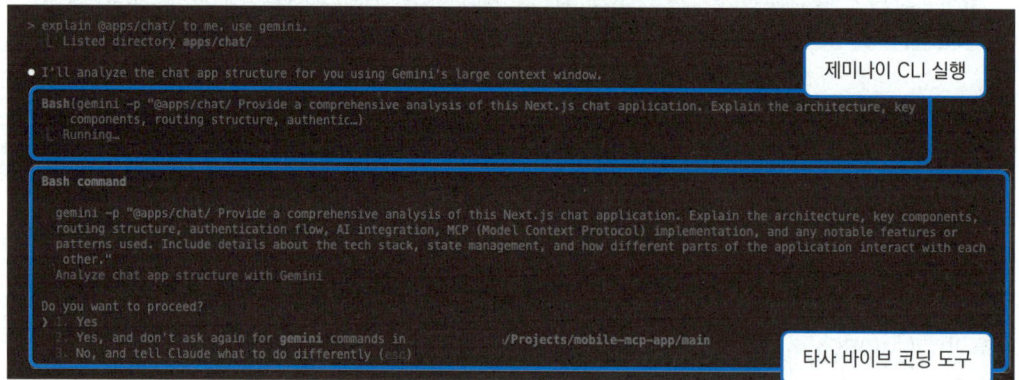

클로드 코드에서 제미나이 CLI의 헤드리스 모드를 활용할 수 있다는 점도 흥미롭습니다. 클로드 코드와 제미나이 CLI가 협업할 수 있다는 뜻입니다. 이런 방식으로 제미나이 CLI에서 실패했던 작업을 클로드 코드가 해결할 수 있고, 클로드 코드가 잊어버린 정보를 제미나이 CLI가 기억하게 만들 수 있습니다. AI 도구 간의 협업에는 무궁무진한 가능성이 있습니다. 제미나이 CLI는 그 자체로도 강력하지만 다른 에이전트나 시스템과 연동될 때 더욱 놀라운 역할을 수행할 수 있습니다.

다음 챕터부터는 제미나이 CLI를 직접 설치하고 실행하며 이런 강력한 기능을 하나씩 배워 나갈 겁니다. 준비됐나요? 이제 여러분의 터미널은 가장 강력한 AI 개발 도구로 거듭나게 됩니다.

> **바이브 UP!**
>
> **3초 꿀팁** 오픈 소스가 뭔가요?
>
> 오픈 소스가 정확히 어떤 의미를 갖는지 조금 더 자세히 살펴보겠습니다. 제미나이 CLI는 아파치 2.0라는 라이선스로 배포되었습니다. 이 라이선스의 특징은 다음과 같습니다.
>
> - **투명성** : 어떤 기술을 사용하는지 누구나 확인할 수 있습니다.
> - **학습 및 이해** : 개발자들은 오픈 소스 코드를 분석하면서 지식을 얻을 수 있습니다.
> - **기여 및 개선** : 버그를 발견하거나 새로운 기능이 필요하다면 직접 코드를 수정하여 제안(Pull Request)할 수 있습니다. 오픈 소스 프로젝트의 가장 큰 장점입니다.
> - **맞춤형 개발** : 특정 프로젝트 요구사항에 맞춰 기능을 확장하거나 일부만 가져와서 자신만의 도구를 만드는 2차 개발의 용도로 사용할 수 있습니다.

챕터 03
터미널 사용하기

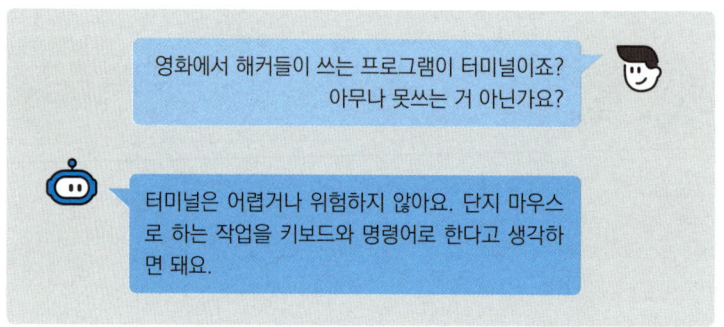

제미나이 CLI는 말 그대로 명령줄 기반으로 실행하는 프로그램입니다. 그리고 CLI 환경을 제공하는 프로그램을 터미널(셸)이라고 합니다. 그래서 기본적인 터미널 사용법을 익히는 것이 핵심입니다. 이 책은 macOS 터미널을 기준으로 설명합니다. 제미나이 CLI는 유닉스 계열 시스템을 전제로 설계되었고, macOS는 리눅스와 함께 대표적인 유닉스 계열 시스템이기 때문입니다.

> **NOTE** 엄밀히 말하면 터미널은 입·출력 프로그램, 셸은 명령어 실행·해석 프로그램을 의미하지만 이 책에서는 편의를 위해 비슷한 의미로 사용합니다.

macOS 터미널 사용하기

macOS에서는 **터미널**Terminal이라는 기본 앱을 사용할 수 있습니다. 터미널은 별도의 설치가 필요 없습니다. 다음 과정을 따라 터미널을 열어보세요.

01 `Command + Space`를 누르면 스포트라이트 검색 창이 열립니다. 이곳에 '터미널' 혹은 'Terminal'을 입력하세요. `Enter`를 누르면 터미널이 실행됩니다.

02 함께 화면을 살펴봅시다. ❶ 명령어를 입력할 수 있는 부분과 ❷ 현재 경로가 보입니다. ~는 홈 디렉터리라는 뜻입니다. ❸ 터미널 창 상단에는 현재 실행한 셸의 종류가 보입니다. 셸 프로그램은 bash, zsh, sh 등 다양한 종류가 있습니다. 현재 실행한 셸이 어떤 종류인지 알아두세요.

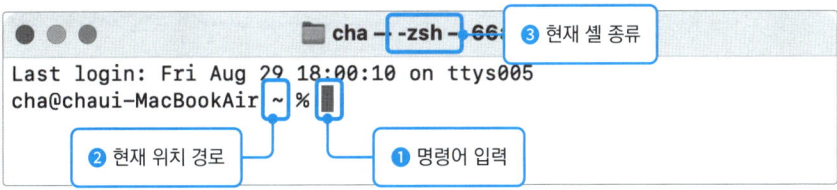

윈도우 Git Bash 사용하기

윈도우는 명령 프롬프트와 파워셸이 CLI를 제공합니다. 하지만 유닉스 계열과 사용법이 달라 오류가 발생할 수 있습니다. 이 문제를 해결하기 위해 다른 터미널 프로그램인 Git Bash를 사용하겠습니다.

원래 깃Git을 사용하기 위한 프로그램이지만 설치가 간편하고 유닉스 계열과 같은 명령어를 사용하기 때문에 헷갈릴 여지가 적습니다.

> **NOTE** 파워셸, WSL 등 다른 방식이 익숙하다면 사용해도 괜찮습니다.

01 `Windows + R`을 눌러 실행 창을 열고 cmd를 입력하고 `Enter`를 누릅니다.

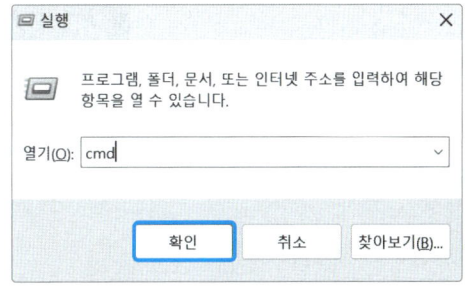

[챕터 03] 터미널 사용하기

02 정상적으로 실행되면 텍스트를 입력할 수 있는 창이 나타납니다. 이것이 윈도우의 터미널인 명령 프롬프트입니다. ❶ 다음 명령어를 입력하여 깃을 설치합니다. ❷ 권한 허용 창이 뜨면 [예]를 눌러 허용합니다.

```
winget install Git.Git
```

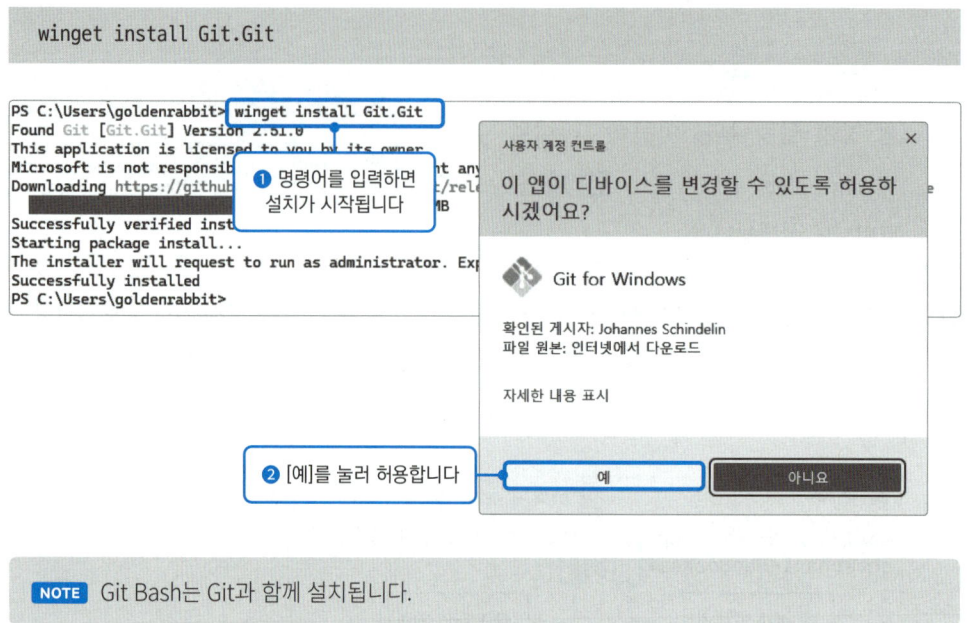

NOTE Git Bash는 Git과 함께 설치됩니다.

03 깃 설치를 정상적으로 마쳤다면 명령 프롬프트를 종료했다가 다시 킵니다. 터미널의 새 창을 열 때 옵션에서 Git Bash를 사용할 수 있습니다. 이곳에 표시되지 않는다면 윈도우 검색창에 Git Bash를 검색해 실행하세요.

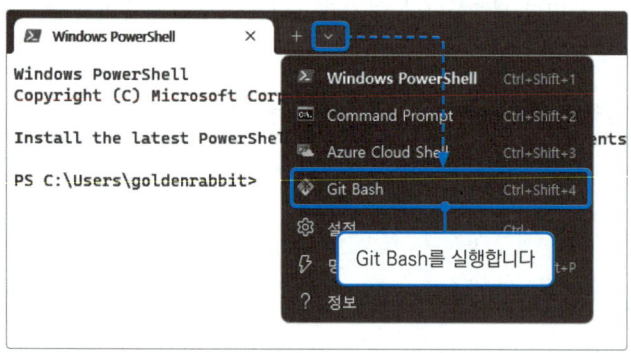

04 Git Bash에서 'ls' 명령어를 입력한 후 Enter 를 눌러보세요. 홈 디렉터리의 모든 파일과 폴더가 보인다면 정상적으로 설치된 겁니다.

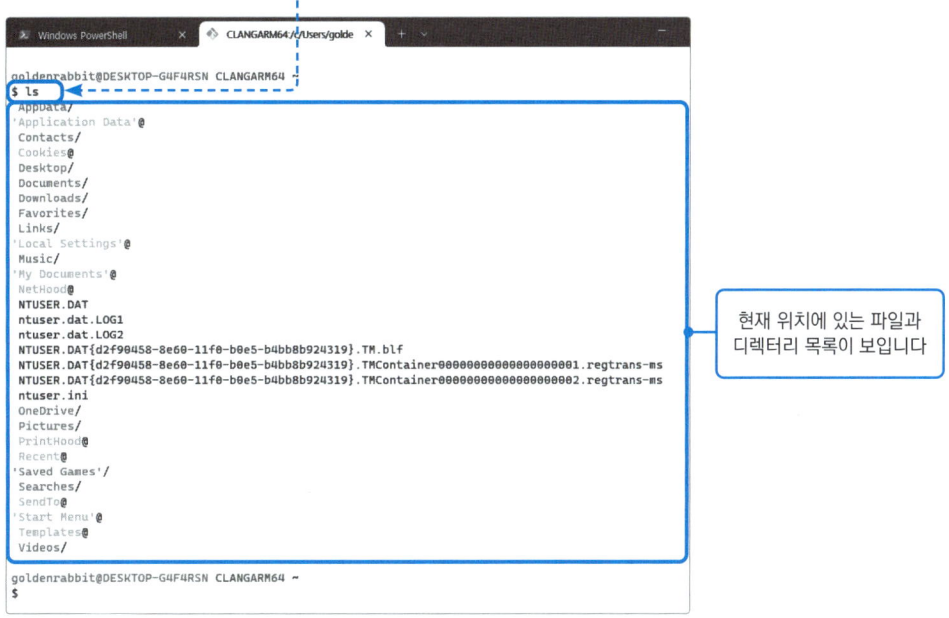

현재 위치에 있는 파일과 디렉터리 목록이 보입니다

기본적인 CLI 사용법

터미널이 열리면 단색 배경에 텍스트를 입력할 수 있는 창이 나타납니다. 여기에 입력하는 명령어를 터미널 명령어, 혹은 셸 명령어라고 부릅니다. 여기에 원하는 명령어를 입력하고 Enter 를 누르면 컴퓨터가 해당 명령을 실행합니다. 지금부터 터미널 사용법을 하나씩 알아보겠습니다.

절대 경로 알아보기

컴퓨터는 디렉터리나 파일이 저장되어 있는 위치를 표현할 때 두 가지 표현 방법을 사용합니다. 절대 경로와 상대 경로입니다. 절대 경로는, 이를테면 집 주소를 다 적는 겁니다. 윈도우는 드라이브(C:, D: 등)부터, 유닉스 계열은 루트(/)부터 시작해서 목적지까지 전체 경로를 다 적습니다. 예를 들어 윈도우 컴퓨터에 logo.png라는 가상의 이미지 파일이 다음 경로에 있다고 가정해봅시다.

```
C:\Users\김철수\Documents\프로젝트\웹사이트\images\logo.png
```

유닉스 계열은 다음과 같은 경로를 사용합니다.

```
/Users/김철수/Documents/프로젝트/웹사이트/images/logo.png
```

디렉터리와 디렉터리 사이에 /(슬래시)나 \(역슬래시)가 들어갑니다. 윈도우는 역슬래시를 사용하고 유닉스 계열은 슬래시를 사용합니다. 주의할 점이 있습니다. **윈도우 컴퓨터라 하더라도 Git Bash는 유닉스 계열 시스템을 흉내냅니다.** 그래서 이런 경로가 만들어집니다.

```
/c/Users/김철수/Documents/프로젝트/웹사이트/images/logo.png
```

경로 맨 앞에 드라이브 이름이 표시되는 걸 제외하면 유닉스 계열과 완전히 같은 방식입니다.

환경에 따라 형태는 조금씩 다르지만, 결국 최상위 경로부터 목적지까지 모두 적는 방식을 절대 경로라고 합니다. 길이가 길어서 읽기 힘들고 입력하기도 번거롭지만 현재 명령어를 실행하는 디렉터리 위치와 상관없이 같은 곳을 가리키기 때문에 확실하게 경로를 지정하고 싶을 때 절대 경로를 사용합니다. 주의할 점이 있습니다. **절대 경로는 컴퓨터마다 다르다는 것을 기억하세요.** Users/ 디렉터리 안에는 사용자 디렉터리가 있습니다. 예시에서는 '김철수'가 사용자 디렉터리 이름입니다. 이 디렉터리 이름은 사용자 이름과 같습니다. 아마 처음 컴퓨터를 설치했을 때 정했을 겁니다. 그래서 다른 사람이 사용하는 절대 경로를 그대로 내 컴퓨터에서 사용하면 안 됩니다.

상대 경로 알아보기

상대 경로는 현재 위치를 기준으로 목적지까지 가는 길을 적습니다. 터미널을 실행하면 사용자가 지금 보고 있는 디렉터리가 있습니다. 보통 명령어 입력줄 왼쪽에 현재 디렉터리 이름이 표시됩니다. 현재 위치가 '/Users/김철수/Documents/프로젝트'라고 가정하겠습니다. 조금 전에 보았던 가상 이미지 logo.png의 절대 경로와 상대 경로는 다음과 같습니다.

```
/Users/김철수/Documents/프로젝트/웹사이트/images/logo.png # 절대 경로
웹사이트/images/logo.png # 상대 경로
```

훨씬 짧아졌네요. 현재 위치가 다르면 상대 경로가 달라진다는 사실을 잘 기억하세요. 이번엔 같은 위치에서 상위 디렉터리인 '김철수' 디렉터리의 위치를 상대 경로로 표현하겠습니다.

```
../../
```

상위 경로는 점 2개(..)로 표현합니다. ../는 'C:/Users/김철수/Documents'이고 ../../는 'C:/Users/김철수'입니다. 현재 디렉터리에 있는 '웹사이트' 디렉터리는 이렇게 표현합니다. 현재 경로는 점 1개(.)입니다.

```
웹사이트
./웹사이트
```

위 두 경로는 같은 의미입니다. ./를 붙이건 떼건 같은 경로를 의미하지만 셸 스크립트 실행 등 일부 상황에서는 ./를 붙여야 작동할 수도 있습니다.

> NOTE Git Bash가 아닌 윈도우 터미널이라면, ../도 ..\처럼 역슬래시로 바꿔서 사용합니다

터미널에서는 경로가 중요합니다. 내가 실행하는 명령어가 어느 디렉터리에서 실행되는지, 어떤 파일을 조작하는지 모르면 당연히 원하는 동작이 수행되지 않습니다.

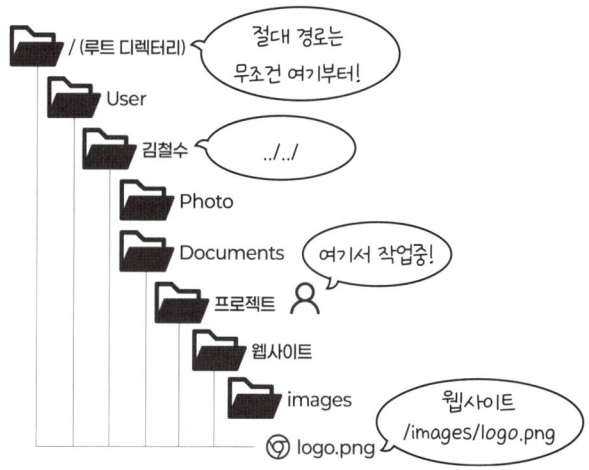

pwd : 현재 디렉터리 경로 확인하기

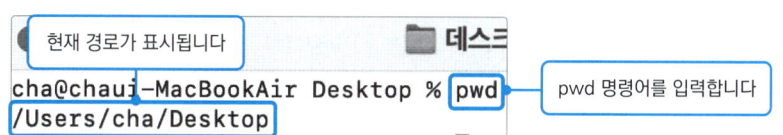

현재 명령어를 실행하는 디렉터리 위치가 어디인지 궁금할 때 pwd를 사용합니다. 폴더 생성, 삭제, 제미나이 CLI 실행 등 현재 위치가 중요한 명령을 실행하기 전에는 한 번씩 pwd를 실행해 경로를 확인하는 것이 좋습니다. 터미널을 사용할 때는 엉뚱한 위치에서 명령어를 실행하면 안 됩니다. 잘 정리

된 디렉터리 구조 망치기, 중요한 파일 삭제하기처럼 원하지 않는 동작을 하고 싶지 않다면 말이죠.

ls : 현재 디렉터리 목록 확인하기

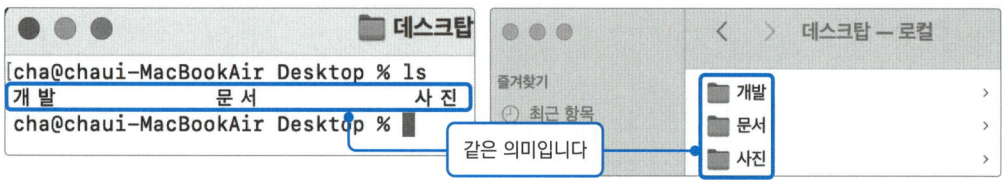

현재 터미널에서 작업하는 디렉터리 안에 어떤 파일이나 하위 디렉터리가 있는지 목록을 보여주는 명령어입니다. 윈도우의 탐색기나 macOS의 Finder에서 특정 디렉터리를 열었을 때 보이는 내용과 같다고 생각하면 됩니다. 이 명령어를 입력하면 터미널에 파일과 디렉터리 이름이 나열됩니다.

ls -la 명령어를 사용하면 현재 디렉터리의 모든 파일과 상세한 정보를 볼 수 있습니다. 평소에는 보이지 않는 숨김 디렉터리와 파일도 볼 수 있기 때문에 자주 사용합니다.

> **NOTE** 파일 이름 앞에 .이 있다면 숨김 파일이라는 뜻입니다.

cd : 디렉터리 이동하기

터미널에서 작업할 디렉터리의 위치를 바꾸는 명령어입니다. 컴퓨터의 다른 디렉터리로 이동하고 싶을 때 사용합니다. 이 명령어만 잘 다루어도 터미널을 파일 탐색기만큼 편리하고 익숙하게 다룰 수 있습니다.

- **cd [경로] :** 다른 디렉터리로 이동하고 싶을 때 사용합니다.
- **cd .. :** 현재 디렉터리의 바로 상위 디렉터리로 이동합니다. 한 단계 위로 올라갈 때 사용합니다.
- **cd ~ :** 사용자의 홈 디렉터리로 바로 이동합니다. 터미널에서 ~ 기호는 홈 디렉터리를 의미합니다.
- **cd / :** 사용자의 루트 디렉터리로 바로 이동합니다.

> **NOTE** 윈도우는 Git Bash에서만 동일하게 사용할 수 있습니다. 파워셸과 명령 프롬프트는 사용법이 다를 수 있습니다.

터미널에서 / 기호를 단독으로 사용하면 루트 디렉터리를 의미합니다.

- **cd -** : 이전 위치로 돌아갑니다.

mkdir : 새 디렉터리 만들기

새로운 디렉터리를 만들 때 사용합니다. 터미널에서 현재 작업 중인 위치에 새로운 빈 디렉터리를 생성합니다. 'mkdir MyProject'라고 입력하면 현재 위치에 'MyProject'라는 이름의 새 디렉터리가 생깁니다.

- **mkdir [디렉터리 이름]** : 현재 위치에 새로운 디렉터리를 생성합니다.

mv : 파일/디렉터리 옮기거나 이름 바꾸기

파일이나 디렉터리를 다른 위치로 옮기거나 이름을 바꿀 때 사용합니다. mv 명령어 뒤에 공백으로 구분하여 현재 경로와 바꾸고 싶은 경로를 입력하면 됩니다.

- **mv [현재 경로] [이동할 경로]** : 파일이나 디렉터리의 경로를 변경합니다. 이동할 경로 위치에 파일 이름을 입력하면 해당 파일의 경로와 이름이 함께 바뀝니다.

touch : 빈 파일 만들기

touch 명령어는 빈 파일을 새로 만들 때 사용하는 명령어입니다. 예를 들어 touch memo.txt라고 입력하면 'memo.txt'라는 빈 파일이 새로 생깁니다. 만약 이미 같은 이름의 파일이 있다면 내용을 건드리지 않고 최종 수정 시간만 현재 시간으로 바꿔줍니다.

이 정도 명령어만 익히더라도 터미널에서 파일과 디렉터리를 관리하는 기본적인 작업은 충분히 수행할 수 있습니다. 각 명령어를 입력한 후에는 항상 `Enter`를 눌러야 컴퓨터가 명령을 실행합니다. 터미널을 사용하다가 새로운 마음으로 화면을 깨끗이 정리하려면 `Ctrl + L` 혹은 `command + L` 키를 누릅니다. 현재 실행 중인 명령을 종료하려면 `Ctrl + C` 혹은 `command + C`를 누르세요. 처음에는 CLI가 어렵게 느껴질 수 있지만 기본적인 명령어를 익히고 나면 컴퓨터를 훨씬 효율적으로 다룰 수 있습니다. 제미나이 CLI 설치를 위해 터미널을 열고 Node.js와 npm 버전 확인 명령어를 입력하는 것부터 시작해보세요.

[챕터 04]

설치와 인증하기

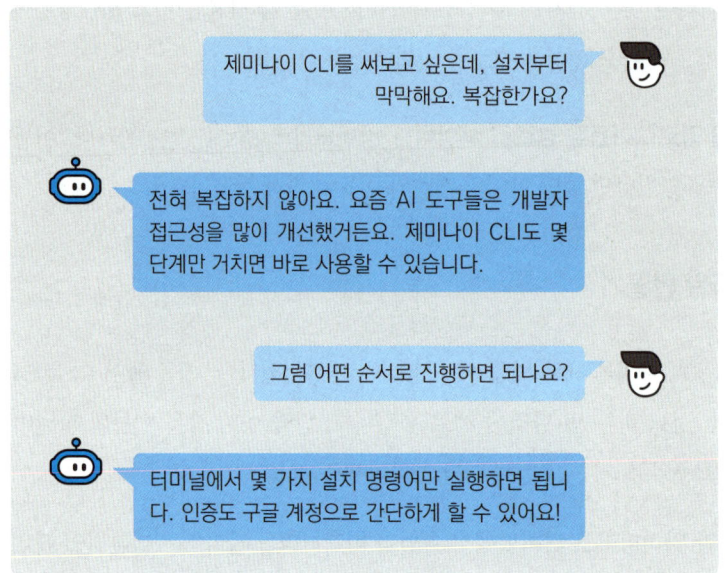

제미나이 CLI를 사용하기 위한 첫걸음은 개발 환경을 준비하고 필요한 도구를 설치하는 겁니다. 개발 환경이란 애플리케이션같은 소프트웨어를 만들고 테스트하기 위한 모든 도구와 설정이 갖춰진 컴퓨터 시스템을 의미합니다. 마치 요리를 만들기 위해 필요한 주방, 조리 도구, 재료와 같습니다. 개발 환경이 잘 갖춰져야 개발자가 효율적으로 소프트웨어를 만들고 문제가 없는지 확인할 수 있습니다. 이 장에서는 제미나이 CLI를 실행하는 데 필요한 사전 요구사항을 확인하고 실제 설치 과정을 단계별로 안내합니다. 원활한 사용을 위해 인증 방법과 요금 정책까지 살펴보겠습니다.

Node.js와 npm 설치하기

스마트폰에서 새로운 앱을 설치하려고 할 때를 떠올려보겠습니다. 예를 들어 게임 앱을 내려받으려면 내 스마트폰이 안드로이드폰인지 아이폰인지에 따라 실행할 수 있는 앱이 다릅니다. 안드로이드폰에 아이폰 전용 앱을 설치하면 실행되지 않습니다.

제미나이 CLI도 실행을 위해 특별한 환경이 필요합니다. 그 환경이 바로 Node.js입니다. Node.js는 마치 스마트폰의 운영체제처럼 제미나이 CLI가 작동하기 위한 필수 프로그램입니다. 제미나이 CLI를 만든 구글 개발자들이 Node.js라는 기술을 사용해서 만들었기 때문에 사용자의 컴퓨터에도 Node.js가 설치되어 있어야 제미나이 CLI가 제대로 실행되는 것이죠.

그렇다면 npm은 무엇일까요? 스마트폰에서 앱을 내려받을 때 앱 스토어나 플레이 스토어를 이용합니다. 이를 통해 수많은 앱들을 검색하고, 내려받고, 업데이트하고, 삭제하는 모든 과정을 편리하게 할 수 있습니다. 개발에 필요한 프로그램들의 앱스토어 같은 역할을 하는 것이 npm입니다. npm은 Node.js 기반으로 만든 다양한 프로그램을 쉽게 설치하고 삭제할 수 있도록 관리해줍니다.

01 제미나이 CLI 설치를 진행하기 전에 자신의 컴퓨터에 Node.js와 npm이 설치되어 있는지 확인해야 합니다. 터미널을 열고 다음 명령어를 입력하세요.

```
node -v
npm -v
```

명령어를 실행했을 때 v20.0.0 이상의 Node.js 버전과 npm 버전 번호가 나타난다면 사전 요구 사항이 충족된 겁니다. 만약 command not found 오류가 발생하거나 Node.js 버전이 낮다면 다음 내용을 따라가며 Node.js와 npm을 설치합니다.

```
goldenrabbit@DESKTOP-G4F4RSN CLANGARM64 ~
$ node -v
bash: node: command not found
goldenrabbit@DESKTOP-G4F4RSN CLA
$ npm -v
bash: npm: command not found
goldenrabbit@DESKTOP-G4F4RSN CLANGARM64 ~
$
```

node, npm 명령어를 컴퓨터가 알아듣지 못하는 상태

02 구글에서 Node.js를 검색하고 공식 홈페이지의 [다운로드] 링크를 클릭합니다.

03 macOS는 명령어를 복사해 터미널에 붙여넣습니다. 현재 컴퓨터에 맞는 옵션을 선택하면 아래에 설치 명령어가 표시됩니다. [클립보드에 복사를 눌러 복사하세요. 복사한 명령어는 터미널에 붙여넣기하고 Enter 를 누르세요. LTS 버전 설치를 권장합니다.

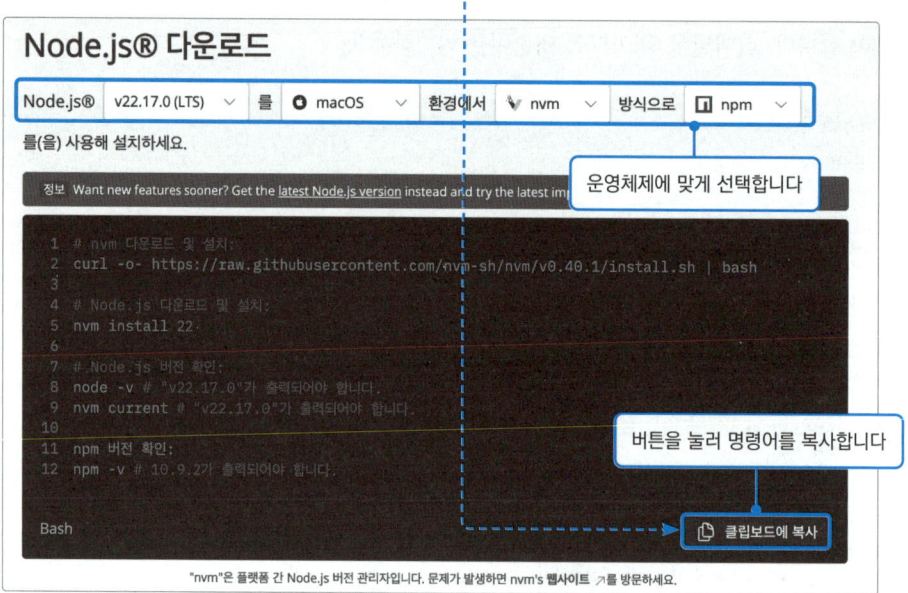

04 이번에는 **윈도우**에서 설치하는 방법입니다. 명령어로 설치할 수도 있지만 msi 설치프로그램을 사용하겠습니다. Node.js 버전만 선택하고 명령어 아래에 있는 32비트(x86)와 64비트(x64) 중

알맞은 것으로 고릅니다. 무엇을 선택할지 모른다면 터미널에서 systeminfo를 입력합니다. 시스템 종류(System Type) 부분을 확인하세요.

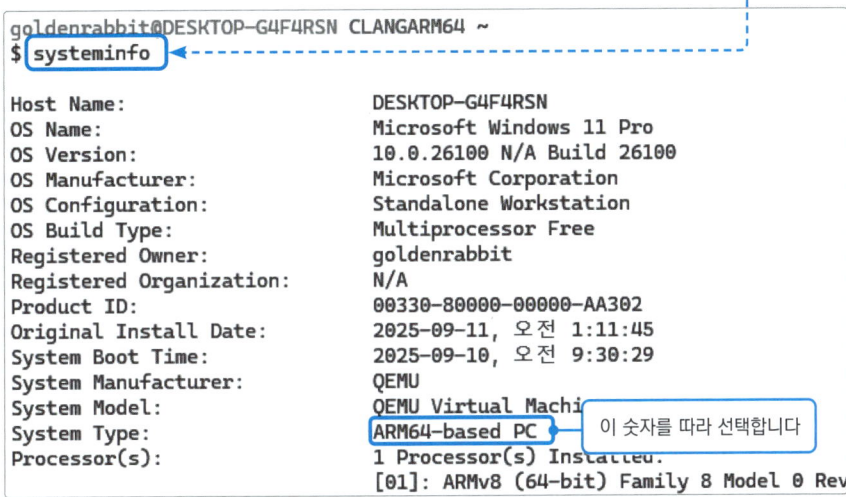

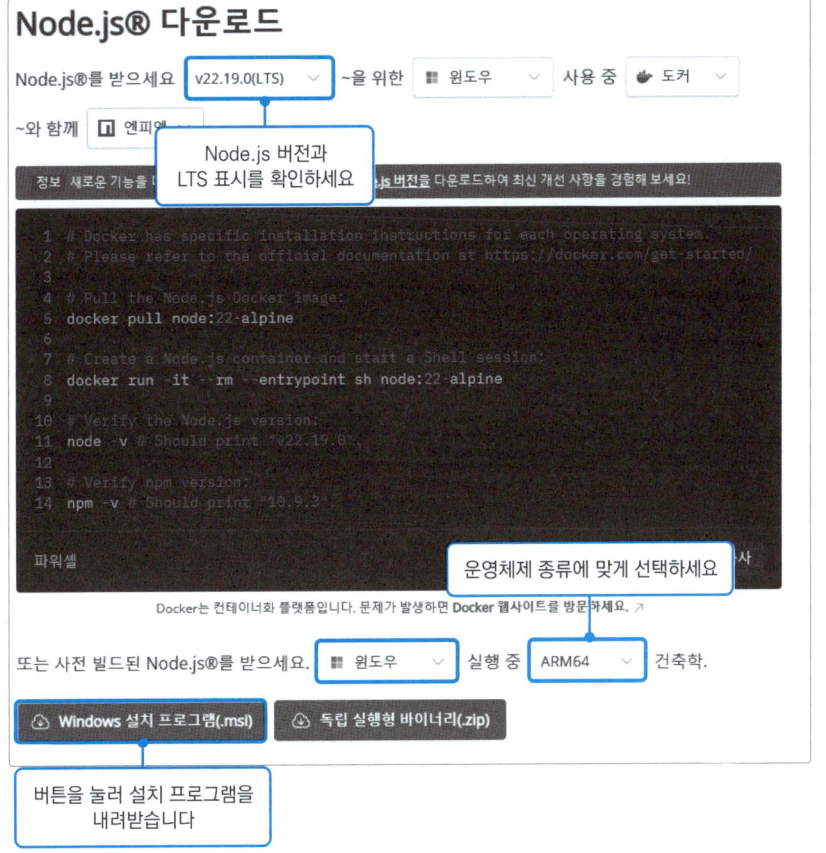

3초 꿀팁 | LTS 버전과 Latest 버전의 차이가 뭔가요?

Node.js를 설치하면서 선택할 수 있는 버전은 크게 LTS 버전과 Latest 버전으로 나뉩니다. 어떤 버전을 선택할지는 사용 목적에 따라 다릅니다.

- **LTS**^{Long-Term Support} **버전**
  - 안정성 : 가장 큰 장점입니다. 버그 수정, 보안 업데이트가 장기간 제공되므로 중요한 애플리케이션이나 서비스 개발에 적합합니다.
  - 예측 가능성 : 기능 변경이 적어 개발 및 유지보수 과정에서 예상치 못한 문제를 겪을 가능성이 낮습니다.
  - 권장 대상 : 대부분의 사용자, 기업 환경, 프로덕션 서비스 개발자에게 권장합니다. 제미나이 CLI와 같은 도구를 안정적으로 사용하고 싶다면 LTS 버전을 선택하는 것이 좋습니다.

- **Latest 버전**
  - 최신 기능 : Node.js에 새로 추가된 기능을 가장 먼저 사용해볼 수 있습니다.
  - 개발 및 테스트 : 새로운 기능이나 변경 사항을 미리 경험하고 테스트하는 데 유용합니다.
  - 단점 : LTS 버전에 비해 안정성이 떨어질 수 있으며 예상치 못한 버그나 호환성 문제가 발생할 가능성이 있습니다. 지원 기간이 짧아 더 자주 업데이트해야 할 수 있습니다.
  - 권장 대상 : 최신 기술 트렌드를 따르거나 특정 최신 기능이 필요한 개발자, 실험적인 프로젝트를 진행하는 개발자에게 적합합니다.

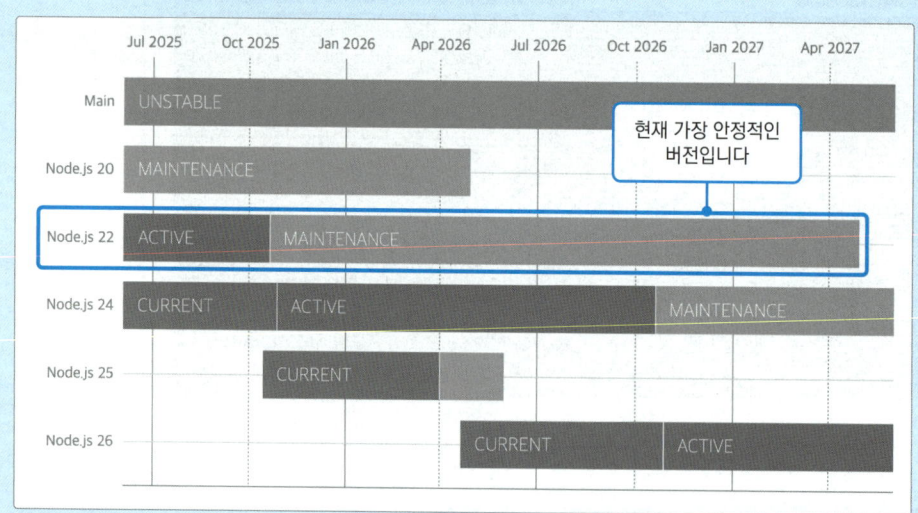

글을 작성하는 2025년 하반기를 기준으로 LTS 버전인 v22는 2027년 3월까지 문제없이 사용할 수 있습니다. 우리의 목적은 제미나이 CLI를 실행하는 것이기 때문에 LTS 버전을 선택하는 것이 가장 안전하고 안정적입니다. 최신 기능을 꼭 사용해야 하는 특별한 경우가 아니라면 LTS 버전을 사용하세요.

30초 만에 제미나이 CLI 실행하기

Node.js 설치가 완료되었다면 패키지 관리 도구인 npm으로 제미나이 CLI를 간편하게 설치할 수 있습니다.

01 터미널에 제미나이 CLI 설치 명령어를 입력합니다.

```
npm install -g @google/gemini-cli
```

```
goldenrabbit@DESKTOP-G4F4RSN CLANGARM64 ~
$ npm install -g @google/gemini-cli

added 476 packages in 27s

150 packages are looking for funding
  run `npm fund` for details
npm notice
npm notice New major version of npm available! 10.9.3 -> 11.6.0
npm notice Changelog: https://github.com/npm/cli/releases/tag/v11.6.0
npm notice To update run: npm install -g npm@11.6.0
npm notice

goldenrabbit@DESKTOP-G4F4RSN CLANGARM64 ~
$ gemini
```

> **NOTE** 만약 프로그램 실행이나 설치 과정에서 사용자 권한을 요구하는 에러가 발생한다면 명령어 앞에 **sudo**를 추가하여 실행합니다.

02 설치가 끝나면 gemini 명령어를 입력해 제미나이 CLI를 실행합니다.

```
gemini
```

03 제미나이 CLI를 실행하면 인증을 위한 페이지가 열립니다. **개인용** 구글 계정으로 로그인하세요.

인증이 끝나면 바로 채팅창이 표시되고 대화를 시작할 수 있습니다. 다시 터미널로 돌아가고 싶다면 프롬프트에 /quit를 입력합니다. 설치에 문제가 생겼거나 다른 인증 방법이 필요하지 않다면 [챕터 05] 첫 대화 시작하기 부분으로 넘어가세요.

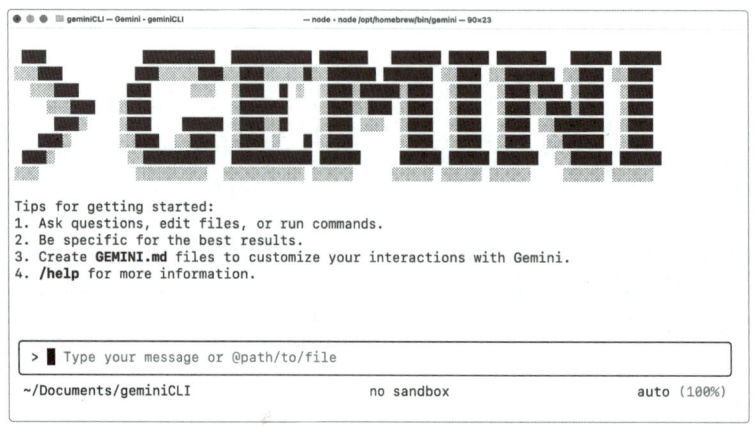

> **NOTE** 이런 대화형 인터페이스를 REPL(읽기-평가-출력 루프)라고 합니다.

제미나이 CLI는 무료로도 충분합니다

제미나이 CLI의 큰 장점은 사용자들이 부담 없이 제미나이를 체험하고 활용할 수 있도록 제공하는 무료 사용량입니다. 간단한 코드 생성, 질문, 아이디어 구체화 등 일상적인 개발 작업 대부분은 무료 사용량 내에서 충분히 해결할 수 있습니다. 분당 60회의 요청, 그리고 하루에 1,000회의 요청까지 무료로 사용할 수 있습니다. 2025년 11월을 기준으로 제미나이 CLI에서 기본으로 제공하는 AI 모델은 Gemini 2.5 pro 모델입니다. 이 모델은 사용자의 요구사항에 대해 깊이 생각하는 추론 과정을 거칩니다. 추론을 포함하여 수초에서 수십초 정도의 응답 시간을 가지므로 통상적으로 분당 1-2회의 요청을 보내게 됩니다.

> **NOTE** 프롬프트 1번이 요청 1회라고 생각하면 됩니다.

즉, 일반적인 사용자는 **하루 8시간 동안 사용해도 일일 한도에 도달하지 않습니다.** 처음 시작하는 단계에서는 구글 계정으로 로그인하여 제공되는 무료 등급만으로도 제미나이 CLI의 강력한 기능을 충분히 경험할 수 있으니 부담 없이 시작해볼 수 있다는 큰 장점이 있습니다.

3초 꿀팁 | 다양한 설치 방법 알아보기

지금까지 제미나이 CLI를 설치하는 가장 간단한 방법을 실습했습니다. 지금부터는 특수한 상황에 필요한 여러 가지 설치 방법을 안내합니다. 제미나이 CLI를 실행하는 방법은 다음 세 가지가 있습니다.

- 전역global 설치 : 컴퓨터의 모든 위치에서 사용할 수 있도록 공통 경로에 설치하는 방식입니다. 어떤 디렉터리에 있든지 실행할 수 있습니다.
- 지역local 설치 : 특정 디렉터리 안에서만 사용할 수 있도록 설치하는 방식입니다. 다른 프로젝트와 충돌하지 않도록 하는 때에 사용합니다.
- 설치 없이 실행 : 임시 공간에 프로그램을 내려받았다가 실행이 끝나면 바로 삭제합니다. 1회성으로 실행하고 싶을 때 사용합니다.

제미나이 CLI는 **전역으로 설치하는 것이 편리합니다.** 전역 설치를 하면 번거롭게 제미나이 CLI가 설치된 디렉터리로 이동하지 않아도 어느 위치에서든 터미널을 열고 gemini라고 입력하기만 하면 바로 제미나이 CLI를 사용할 수 있습니다.

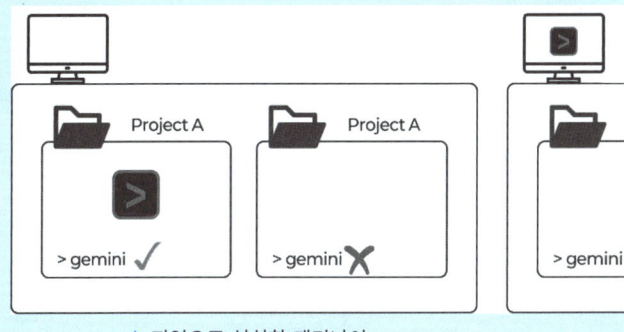
▲ 지역으로 설치한 제미나이

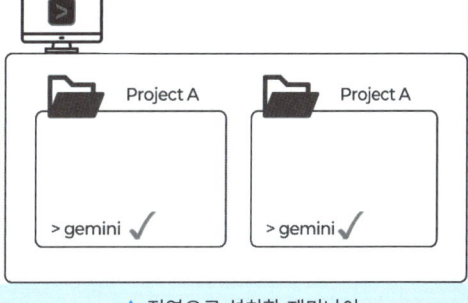
▲ 전역으로 설치한 제미나이

설치 방법에 따라 다른 명령어를 사용합니다. 조금 전 실행한 설치 명령어는 전역 설치 명령어입니다. 이후 실습을 진행하면서 프로젝트마다 지역 설치를 하거나 설치 없이 실행하기에는 불편하므로 전역 설치로 진행합니다.

```
npm install -g @google/gemini-cli # 전역 설치
npm install @google/gemini-cli # 지역 설치
npx https://github.com/google-gemini/gemini-cli # 설치 없이 실행
```

제미나이 CLI를 삭제할 때도 설치 방법에 따라 다른 명령어를 사용합니다. 설치 없이 실행으로 진행한 경우 애초에 설치한 적이 없고 사용이 끝나면 컴퓨터에 파일이 남지 않아 삭제할 필요가 없습니다.

```
npm uninstall -g @google/gemini-cli # 전역 설치 삭제
npm uninstall @google/gemini-cli # 지역 설치 삭제
```

[챕터 04] 설치와 인증하기

구글 워크스페이스 계정으로 로그인

유료 버전 제미나이 CLI나 회사 계정을 사용하고 싶다면 구글 워크스페이스 계정 인증 절차가 필요합니다. 지금부터 알려드릴 다른 방법은 과정이 복잡합니다.

워크스페이스 계정 로그인이 필요한 사용자는 다음과 같습니다.

- id@company.com 등 @gmail.com이 아닌 Google Workspace 계정 사용자
- Google Developer Program을 통해 무료 Code Assist 라이선스를 받은 사용자
- Gemini Code Assist 표준 또는 엔터프라이즈 구독 라이선스가 할당된 사용자
- 무료 개인 사용이 지원되지 않는 지역에서 제품을 사용하는 사용자
- 만 18세 미만의 Google 계정 사용자

> **NOTE** 공식 문서에서 안내하는 내용과 달리, 워크스페이스 계정도 무료 개인 계정처럼 동작하여 즉시 로그인되는 사례가 있습니다. 이 책은 제미나이 CLI 공식 문서를 기준으로 설명합니다.

워크스페이스 계정으로 로그인하려면 구글 클라우드 프로젝트를 만들고 API 사용 설정을 해야 합니다. API를 자주 다루는 개발자라면 익숙하겠지만 구글 클라우드 콘솔을 처음 사용해보는 분을 위해 차근차근 알려드리겠습니다.

01 구글에 ❶ '구글 클라우드 콘솔'을 검색하여 ❷ 클라우드 관리 콘솔에 접속하세요. 이어서 ❸ [콘솔]을 클릭하세요. 콘솔은 구글에 로그인한 상태로만 접속할 수 있습니다.

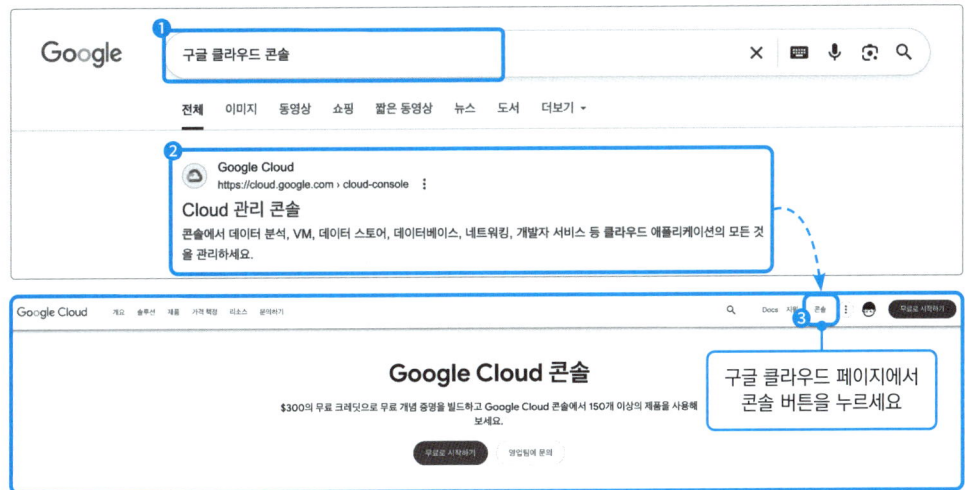

02 좌측 상단에 있는 ≡ 버튼을 눌러 [IAM 및 관리자 → 리소스 관리]로 들어가세요. 이곳에서 제미나이 CLI를 위한 프로젝트를 생성하겠습니다.

03 새 프로젝트의 이름과 조직을 설정하고 [만들기]를 누르세요. 프로젝트명은 별로 중요하지 않으니 저는 기본값으로 생성하겠습니다. 프로젝트가 잘 생성되면 알림으로 알려줍니다. 알림의 [프로젝트 선택] 버튼을 누르세요. 방금 만든 프로젝트를 바로 콘솔에서 관리할 프로젝트로 설정합니다.

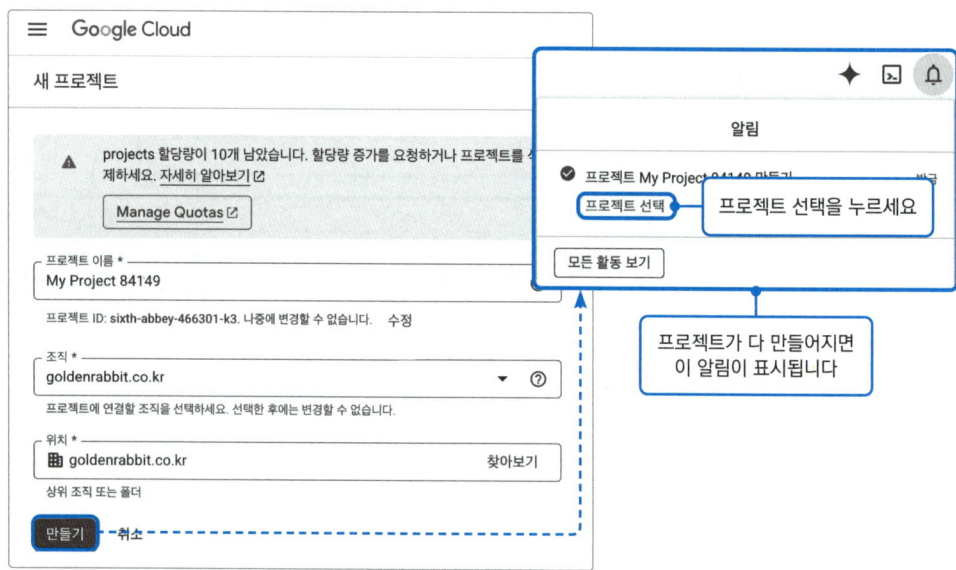

04 새로운 프로젝트가 추가된 것을 확인할 수 있습니다. 이곳에서 프로젝트 ID를 확인할 수 있습니다. **프로젝트 ID는 이후에 사용하므로 복사해두세요.**

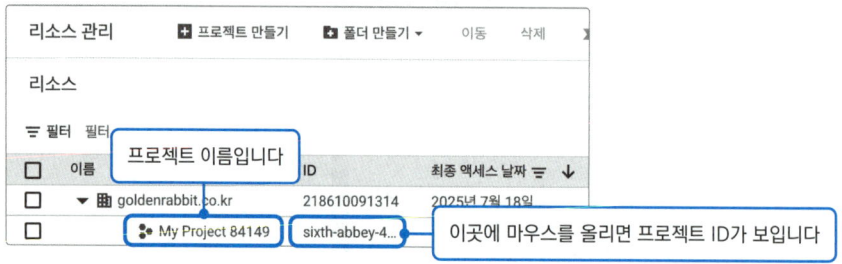

05 이 프로젝트에 제미나이 API를 연결하겠습니다. 좌측 상단의 ≡ 버튼을 눌러 탐색 메뉴를 엽니다. [API 및 서비스 → 라이브러리]에 들어가면 검색 창이 보입니다. 'Gemini for Google Cloud'를 검색하고 아래에 나타나는 동명의 항목을 클릭하세요.

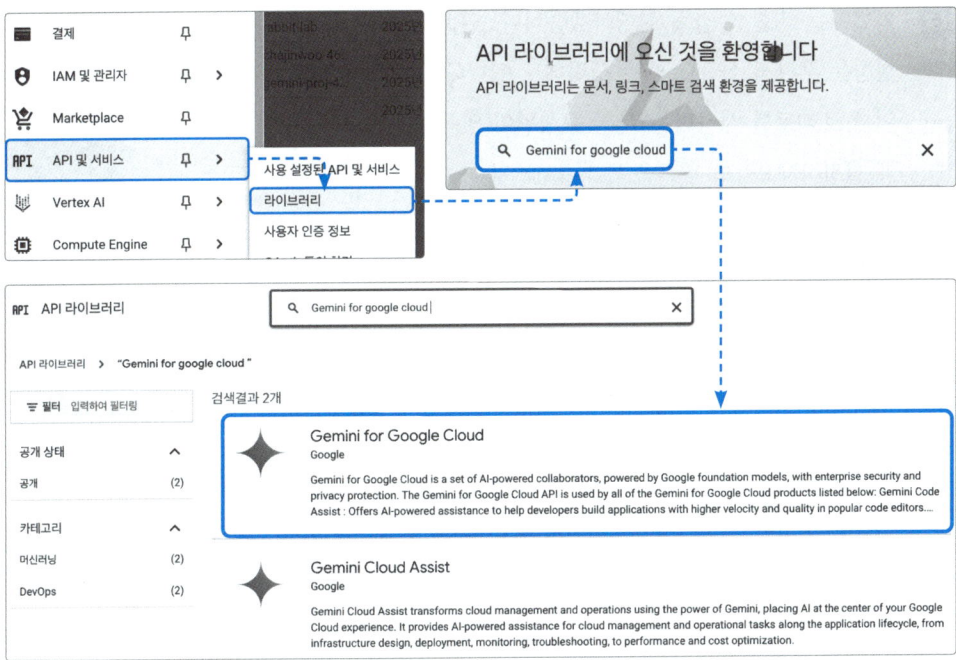

06 페이지 상단에 현재 프로젝트 이름이 보입니다. 생성한 프로젝트 이름이 맞는지 한 번 더 확인하세요. 이 프로젝트가 맞다면 [사용] 버튼을 누릅니다.

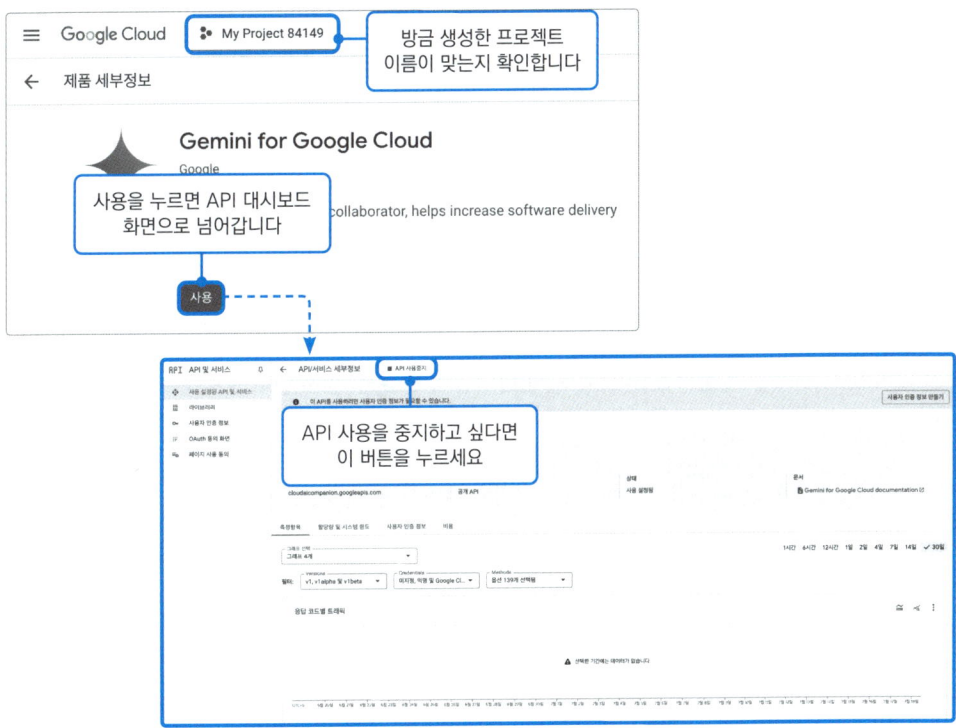

07 이번에는 권한 설정을 진행하겠습니다. 권한 설정은 혼자서 실습할 때는 생략해도 됩니다. 이 프로젝트를 사용하는 다른 구성원이 있을 때 설정하세요. ☰ 버튼을 눌러 [IAM 및 관리자 → IAM]으로 이동합니다.

권한을 수정할 구성원의 ✏ 버튼을 눌러 수정 액세스 권한을 수정할 수 있습니다. [다른 역할 추가]를 눌러 새로운 역할을 두 개 생성하고 [서비스 사용량 소비자]와 [Google Cloud를 위한 Gemini 사용자]로 설정한 뒤 [저장]을 누릅니다.

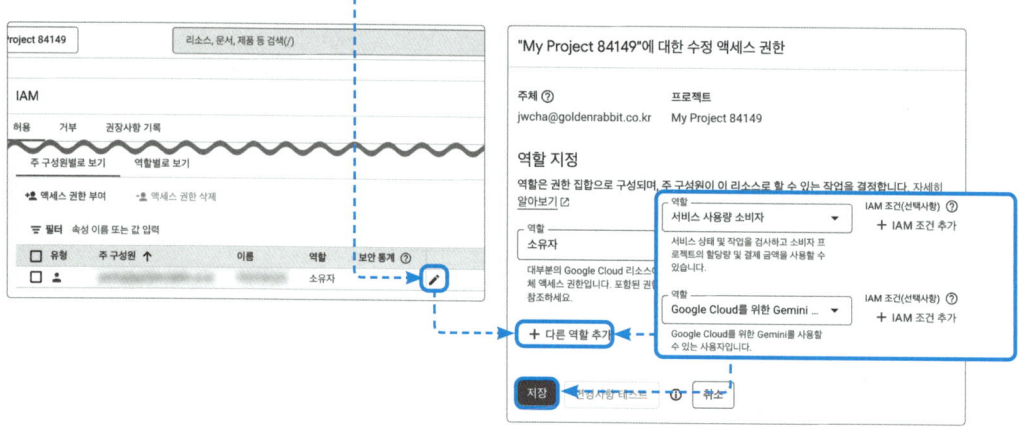

08 이제 구글 클라우드 콘솔에서 해야 할 일은 끝났습니다. 이어서 터미널에 다음 명령어를 실행하여 환경 변수를 설정하겠습니다. 이때 터미널의 종류를 잘 확인하세요.

```
# macOS, 리눅스
echo "export GOOGLE_CLOUD_PROJECT_ID="프로젝트 아이디"" >> ~/.zshrc
source ~/.zshrc
# 윈도우
setx GOOGLE_CLOUD_PROJECT_ID "프로젝트 아이디"
```

echo $0 명령어로 확인한 터미널의 종류에 맞게 입력합니다 터미널의 종류에 따라 ~/.bashrc, ~/.zshrc, ~/.profile 등 셸 구성 파일에 환경 변수를 추가합니다. 지금 사용하는 터미널의 종류를 알고 싶다면 echo $0 명령어를 입력하세요. ~/.bashrc는 bash에서 설정하는 명령어입니다. 만약 '-zsh'라고 출력되었다면 ~/.zshrc를 사용하면 됩니다.

```
cha@chaui-MacBookAir gemini_proj % echo $0
-zsh
```

이제 제미나이 CLI를 실행하고 개인 계정을 인증할 때처럼 진행하면 됩니다. 여기까지 잘 따라왔다면 무사히 인증이 될 겁니다. 인증 방법이 바뀌거나 상황에 따라 설정이 안 될 수 있습니다. 과정을 따라 했음에도 인증이 안 된다면 공식 문서를 참고하세요.

- **제미나이 관리 공식 문서** : bit.ly/46hxqD3

다양한 요금제 알아보기

제미나이 CLI를 사용하는 다양한 사용자 환경을 지원하기 위해 여러 가지 인증 옵션을 제공합니다. 각 옵션은 할당량과 가격 정책이 다릅니다. 무료 사용량을 초과하거나 더 높은 한도가 필요하다면 사용량에 따라 요금이 부과되는 유료 플랜으로 전환할 수 있습니다. 주의할 점이 있습니다. **웹에서 사용하는 제미나이와 제미나이 CLI는 별개의 요금제를 사용합니다.** 웹에서 제미나이를 구독했다고 제미나이 CLI를 더 많이 사용할 수 있는 것이 아닙니다.

제미나이 코드 어시스트

제미나이 CLI를 구글 계정으로 인증할 때 사용하는 요금제입니다. 제미나이 코드 어시스트는 구글 클라우드에서 제공하는 AI 기반 개발 도구입니다. 제미나이 CLI의 할당량은 이 제미나이 코드 어시스트의 할당량과 결합됩니다. 보통 제미나이 CLI를 더 많이 사용하고 싶을 때 제미나이 코드 어시스트의 유료 구독을 선택합니다.

요금제	분당 요청 수	일일 요청 수	월별 요금(월별 약정)	월별 요금(연간 약정)
기본	60	1,000	무료	무료
표준	120	1,500	22.80달러	19달러
엔터프라이즈	120	2,000	54달러	45달러

제미나이 코드 어시스트 구독은 구글 클라우드 콘솔에서 진행합니다. 다음 링크에 접속해 결제 정보를 등록하고 제미나이 코드 어시스트 구독을 구매하면 됩니다. 조직이라면 사용자당 요금을 부과합니다.

- **제미나이 코드 어시스트 구독 링크** : bit.ly/3VK9C44

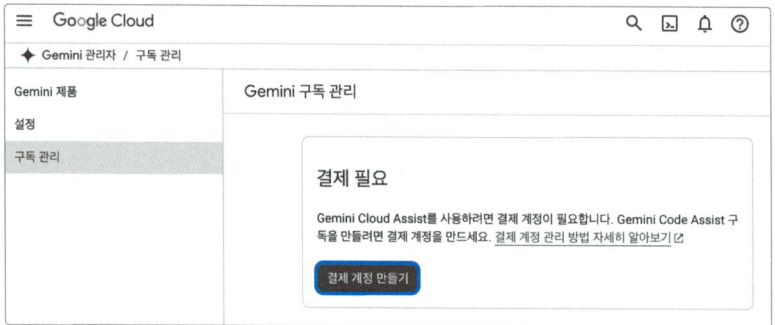

최초 접속하면 결제 계정이 필요하다는 문구가 보입니다. [결제 계정 만들기]를 눌러 개인 정보와 카드 등록을 거쳐 결제 계정 생성을 마치세요. 다시 링크에 접속하면 제미나이 코드 어시스트 구독을 위한 절차를 진행할 수 있습니다.

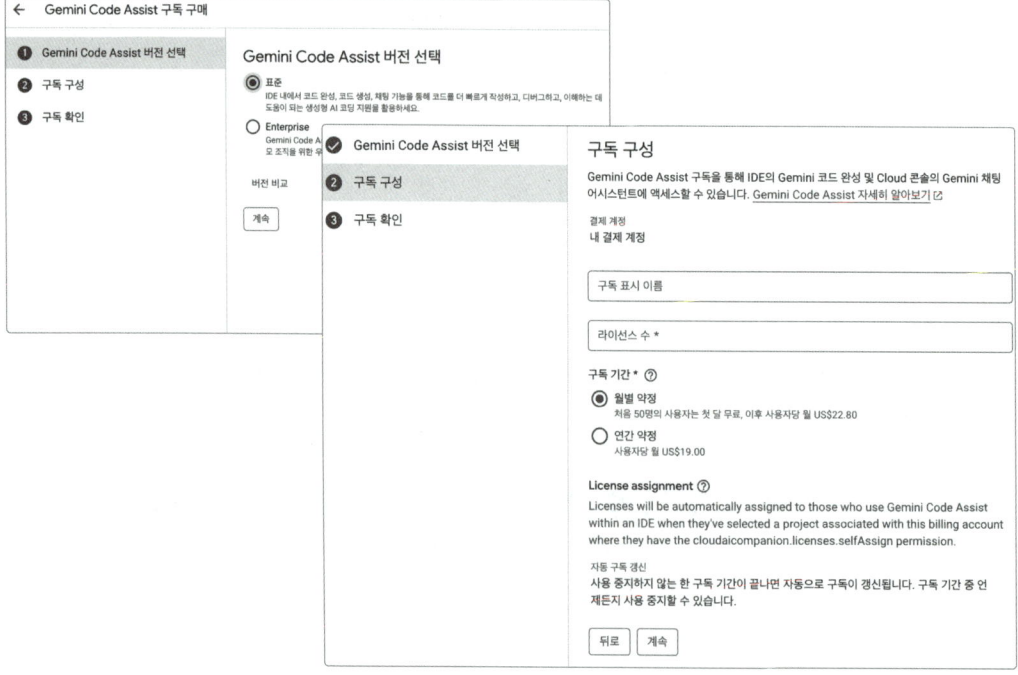

제미나이 API와 Vertex AI

제미나이 API와 Vertex AI는 사용한 만큼 요금을 부과합니다. 주로 할당량을 모두 소비한 뒤에도 계속 사용하고 싶거나 제미나이 모델을 사용하는 서비스를 개발하기 위해 사용하는 요금제입니다. 아직 개인 계정으로 사용할 수 없는 최신 모델을 사용할 수도 있습니다.

- **제미나이 개발자 API 가격 책정**: ai.google.dev/gemini-api/docs/pricing
- **Generative AI on Vertex AI 가격 책정**: cloud.google.com/vertex-ai/generative-ai/pricing

Gemini 2.5 Pro 모델 기준 표준^{Standard} API 요금은 100만 토큰 당 입력 1.25달러, 출력 10달러입니다. 20만 토큰보다 긴 프롬프트를 입력하면 100만 토큰 당 입력 2.5달러, 출력 15달러로 더 비싸집니다. 최신 모델인 gemini-3-pro-preview는 100만 토큰 당 입력 2달러, 출력 12달러입니다. 20만 토큰보다 긴 프롬프트는 입력 4달러, 출력 18달러입니다. 일괄^{Batch} API를 사용하면 조금 더 저렴하게 사용할 수 있지만 응답 속도가 느려 서비스의 목적에 따라 신중하게 선택하는 것이 좋습니다.

[챕터 05]

첫 대화 시작하기

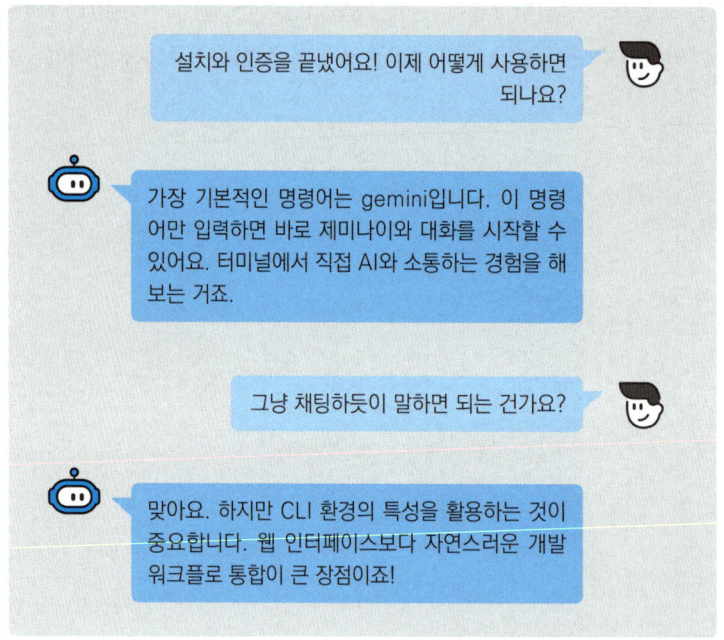

이제 제미나이 CLI를 실행하고 직접 대화하겠습니다. 이 장에서는 제미나이 CLI를 사용하기 위한 기본적인 사용법을 배우고 어떤 식으로 대화를 나누면 되는지 실습합니다. 일단, 제미나이 CLI를 실행하기 전 상황인 터미널로 돌아가겠습니다.

제미나이 CLI 화면 구성

터미널에서 gemini 명령어를 실행하면 바로 제미나이 CLI를 실행할 수 있지만, pwd 명령어를 먼저 입력하겠습니다. 항상 지금 터미널이 실행 중인 디렉터리가 어디인지 확인하세요.

```
pwd
```

```
cha@chaui-MacBookAir Dev % pwd
/Users/cha/Dev
```
현재 위치는 /Users/cha/Dev입니다

처음 프로젝트를 시작할 때는 새로운 디렉터리를 만들고 그 안에서 시작하는 것이 좋습니다. 저는 gemini_proj라는 디렉터리를 만들고 그 디렉터리로 이동해 제미나이 CLI를 실행하겠습니다. 이전에 이야기했듯이 자신이 작업하는 디렉터리 위치를 정확히 파악하세요. 터미널에 다음 명령어를 차례대로 입력하세요.

> **NOTE** npm update는 최신 버전을 유지하기 위해 제미나이 CLI를 실행하기 전 한 번씩 수행하기 바랍니다. 매번 수행할 필요는 없습니다.

```
mkdir gemini_proj
cd gemini_proj
npm update -g @google/gemini-cli # 최신 버전이 있다면 업데이트합니다
gemini
```

이제 제미나이 CLI가 실행됩니다. 이대로 하단의 대화 입력 창을 사용해 바로 대화를 시작하면 됩니다. 그 전에 화면에 구성요소를 하나씩 짚어보겠습니다.

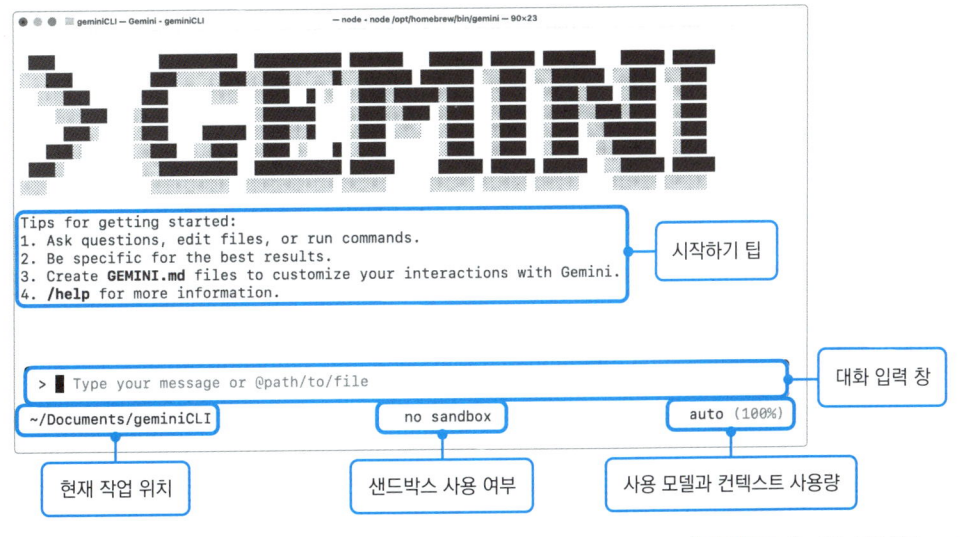

[챕터 05] 첫 대화 시작하기

제미나이 CLI를 처음 시작하면 로고와 처음 시작하는 사용자를 위한 팁이 출력됩니다. 한국어로 번역하면 다음과 같습니다.

1. 질문하거나, 파일을 수정하거나, 명령어를 실행하세요.
2. 최상의 결과를 얻으려면 구체적으로 명시해주세요.
3. GEMINI.md 파일을 생성해서 제미나이와의 상호작용을 커스텀하세요.
4. 더 많은 정보는 /help를 참고하세요

그 밑에 사용자가 프롬프트를 입력할 수 있는 공간이 있습니다. 우리가 웹사이트에서 AI를 사용할 때와 똑같이 이곳에 질문하면 됩니다. 대화 입력 창에서 줄 바꿈을 하려면 `Ctrl + J`를 사용합니다. 대화 입력 창 아래에는 CLI가 어느 위치에서 작업하는지, 샌드박스 모드를 사용하는지, 현재 사용하는 AI 모델과 컨텍스트 사용량, 에러 정보가 표시됩니다. 이 구성요소 중 대화 입력 창을 제외하고 사용자가 특별히 신경 써야 하는 부분은 두 군데 입니다.

> **NOTE** 샌드박스 모드는 [챕터 08] 고급 기능에서 자세히 다룹니다.

먼저 현재 작업 위치를 다시 한 번 확인합니다. 제미나이 CLI를 사용하여 작업할 때 작업 중인 위치에 따라 의도치 않은 결과를 낼 수 있기 때문에 작업 위치를 항상 신경 써야 합니다. 작업 경로가 잘못되면 파일이 예상치 못한 위치에 생성되거나 잘못된 파일을 수정할 수 있습니다.

이번에는 사용 모델을 확인하겠습니다. 모델은 Auto, Pro, Flash, Flash-Lite로 선택합니다. Auto는 프롬프트에 적합한 모델을 자동으로 설정합니다. 다음 옵션은 차례대로 gemini-2.5-pro, gemini-2.5-flash, gemini-2.5-flash-lite 모델을 사용합니다. Pro는 가장 똑똑한 모델, Flash-Lite는 가장 빠른 모델이라고 이해하면 됩니다.

> **바이브 UP!**
> **3초 꿀팁** 최신 모델을 사용하고 싶어요!
>
> /settings 커맨드를 입력하고 'Preview Features'를 true로 변경하면 선공개 기능을 사용할 수 있습니다. 설정을 바꾸고 제미나이 CLI를 종료했다가 다시 켜면 됩니다. 2025년 11월 기준, gemini-3-pro-preview는 Ultra 요금제, API 사용자에게만 제공합니다.

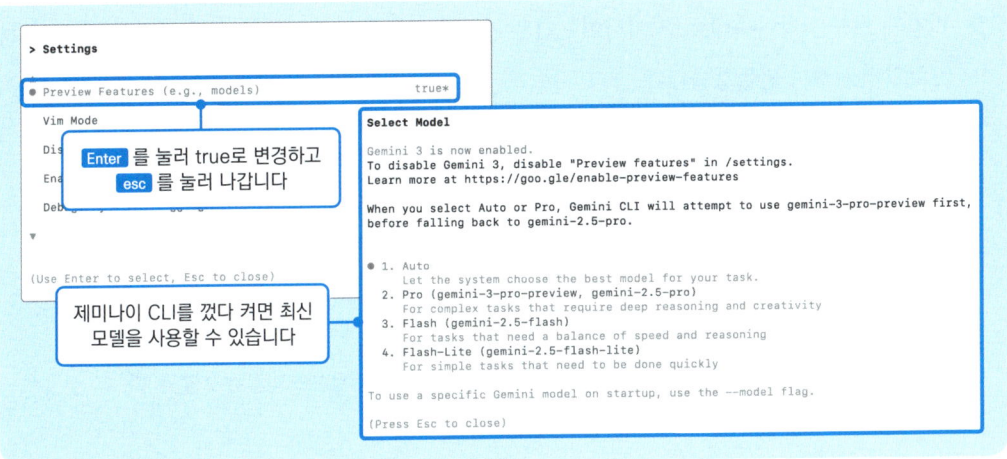

대화 시작하기

제미나이 CLI를 사용하기 위한 준비가 끝났습니다. 설치한 제미나이 CLI가 어떻게 동작하는지, 웹에서 사용하는 제미나이와 무엇이 다른지 직접 확인하겠습니다.

> **NOTE** 제미나이 CLI와 함께하는 실습은 언제나 사용자에 따라 다른 결과가 나올 수 있습니다.

01 제미나이 CLI를 통해 프롬프트를 제미나이에게 전달하고 제미나이의 답변이 다시 터미널에 출력되는 과정을 확인하겠습니다. 일단 간단한 인사부터 시작해볼까요?

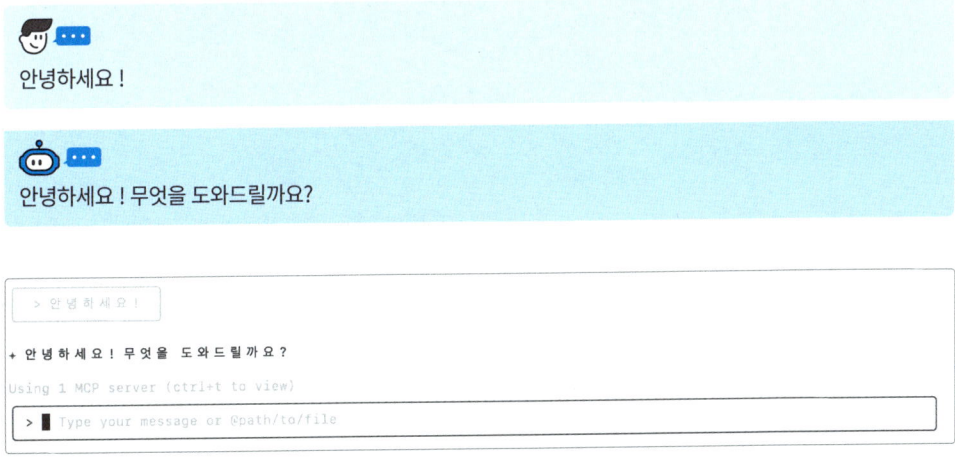

02 반갑게 인사를 받아주네요. 제미나이 CLI가 얼마나 유능한지 확인하기 위해 간단한 할 일 목록 프로그램을 하나 만들겠습니다.

할 일 목록 프로그램 만들어줘

좋습니다. 할 일 목록 프로그램을 만들겠습니다.
먼저, 웹 기반의 간단한 할 일 목록 애플리케이션을 만들겠습니다. 다음 세 개의 파일로 구성됩니다.
- index.html: 애플리케이션의 기본 구조를 담당합니다.
- style.css: 애플리케이션의 디자인과 스타일을 담당합니다.
- script.js: 할 일 추가 및 삭제와 같은 동작을 담당합니다.

이 계획대로 진행해도 될까요?

03 순식간에 개발 계획을 세우고 사용자의 허락을 기다리네요. 계획이 마음에 들면 그렇게 하라고 지시한 뒤 1번이나 2번을 선택하고 `Enter`를 누릅니다. 저는 1번을 누르겠습니다. 계획이 마음에 들지 않다면 `ESC`를 눌러 작업을 취소하고 다시 지시하면 됩니다.

> **NOTE** 만약 프로젝트 생성 옵션으로 yes나 no를 선택하라고 하면 `Ctrl + F`를 눌러서 옵션 선택 화면으로 이동해서 옵션을 선택하고 진행하기 바랍니다.

> **NOTE** 옵션 선택 후 옵션 작업이 마무리 되면 `Ctrl + F`를 한 번 더 눌러서 옵션 선택을 빠져나오면 됩니다.

계획대로 코드 구현 진행해

```
?  WriteFile Writing to index.html ←
... first 15 lines hidden ...
16 </html>

Apply this change?
  1. Yes, allow once
● 2. Yes, allow always
  3. No (esc)
```

키보드의 화살표 키로 1번이나 2번 옵션을 선택하고 `Enter`를 누르세요

04 이런 화면이 나오면 다시 한 번 사용자의 허가를 요청합니다. 컴퓨터의 파일을 직접 수정하는 작업을 할 예정이기 때문입니다. 이전 단계에서 2번을 눌렀다면 허가를 생략합니다. `shift + tab`을 누르면 허가를 생략하는 모드를 키고 끌 수 있습니다.

```
gemini_proj — Gemini - gemini_proj — node ~/.npm-global/bin/gemini — 111×44
 6    addButton.addEventListener('click', addTask);
 7    taskInput.addEventListener('keypress', (e) => {
 8      if (e.key === 'Enter') {
 9        addTask();
10      }
11    });
12
13    function addTask() {
14      const taskText = taskInput.value.trim();
15      if (taskText === '') {
...
31      listItem.appendChild(taskSpan);
32      listItem.appendChild(deleteButton);
33      taskList.appendChild(listItem);
34
35      taskInput.value = '';
36      taskInput.focus();
37    }
38  });

✦ 파일 생성이 완료되었습니다.

  이제 생성된 index.html 파일을 웹 브라우저에서 열면 투두 리스트 프로그램을 사용할 수 있습니다.

                                                          accepting edits (shift + tab to toggle)
> ■ Type your message or @path/to/file
```

허가를 생략하는 모드일 때 표시됩니다

05 파일 생성을 완료했습니다. 파일 탐색기를 열어 방금 작업했던 디렉터리 위치로 이동해 정말로 파일이 만들어졌는지 확인하겠습니다.

> **NOTE** 만약 서버를 실행하여 옵션 창이 다시 활성화되면 `Ctrl + F`를 눌러 옵션 창으로 이동한 다음 `Ctrl + C`를 눌러 서버를 종료해야 다음 작업을 진행할 수 있습니다.

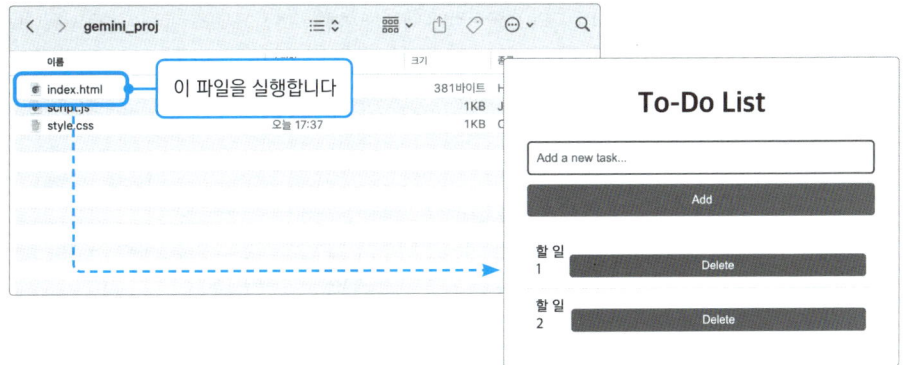

이 파일을 실행합니다

정말로 할 일 목록가 만들어졌습니다. 아주 간단한 기능만 동작하지만 단 한 줄의 요청으로 생성한 결과치고는 훌륭합니다. AI가 없던 시절에는 이 정도의 프로그램을 만들려면 제법 많은 공부가 필요했습니다.

06 제미나이 CLI를 종료하고 싶을 때는 Ctrl + C 를 두 번 누르거나 /quit을 입력합니다. 제미나이 CLI를 종료하면 제미나이 CLI를 사용한 시간과 AI 모델을 사용한 시간과 사용 토큰 등 주요 통계 값을 출력합니다.

```
Agent powering down. Goodbye!

Interaction Summary
Session ID:          c241b759-55dd-4e74-afe7-17d29aec79d0
Tool Calls:          3 ( ✓ 3 ✕ 0 )
Success Rate:        100.0%

Performance
Wall Time:           13m 43s
Agent Active:        11m 32s
  » API Time:        21.8s (3.1%)
  » Tool Time:       11m 10s (96.9%)

Model Usage              Reqs    Input Tokens   Output Tokens
gemini-2.5-pro           5       28,757         1,193
```

바이브 UP! 3초 꿀팁 입력에 비해 사용된 토큰이 많아요

'안녕하세요 !'라는 입력은 원래 토큰 3개짜리 입력입니다. 그러나 실제로 제미나이 CLI에서 사용한 토큰의 수는 약 1,500개입니다. 제미나이가 사기를 치거나 비효율적인 걸까요? 그렇지는 않습니다. gemini-2.5-pro 모델은 질문에 답변하기 전에 스스로 생각하는 과정인 추론을 거칩니다. 추론은 더 복잡한 문제를 해결하고 정확한 결과를 도출하는 데 도움이 됩니다. 그래서 사용자의 프롬프트에 대해 추론하는 과정에서 추가로 토큰을 사용합니다.

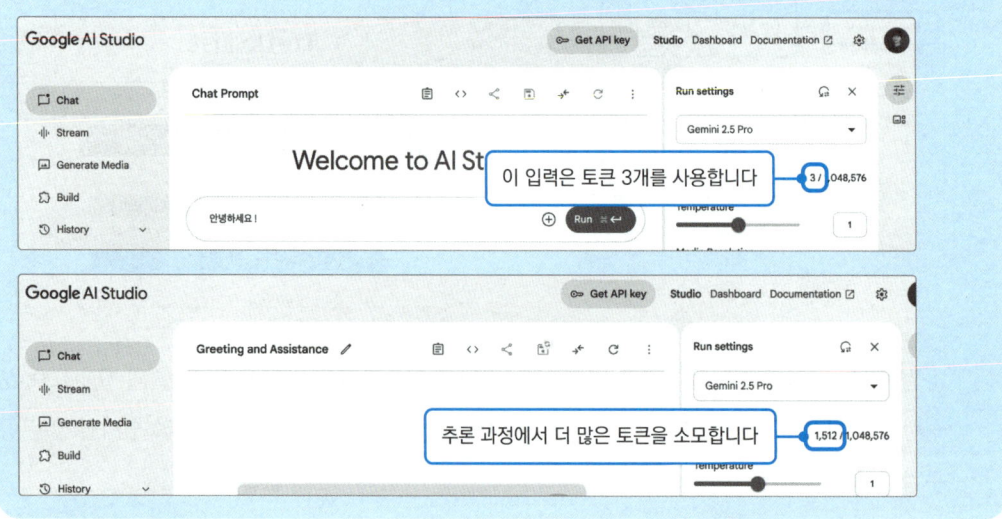

> 요즘 바이브 코딩

파트
02

제미나이 CLI 제대로 써먹는 핵심 비법

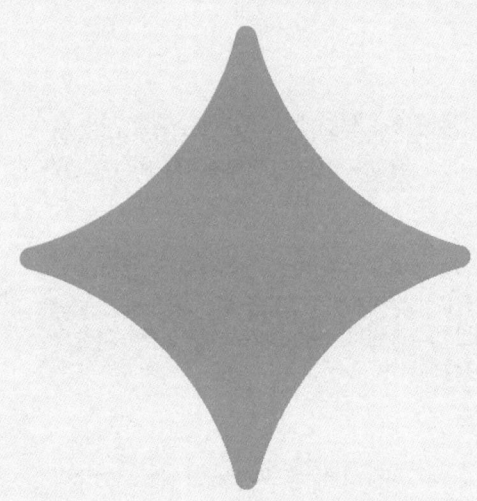

[챕터 06] 효과적인 프롬프트 작성하기
[챕터 07] 프로젝트 컨텍스트 작성하기
[챕터 08] 내장 명령어 알아보기
[챕터 09] 내장 도구 알아보기
[챕터 10] 깃 & 깃허브 함께 사용하기

[챕터 06]

효과적인 프롬프트 작성하기

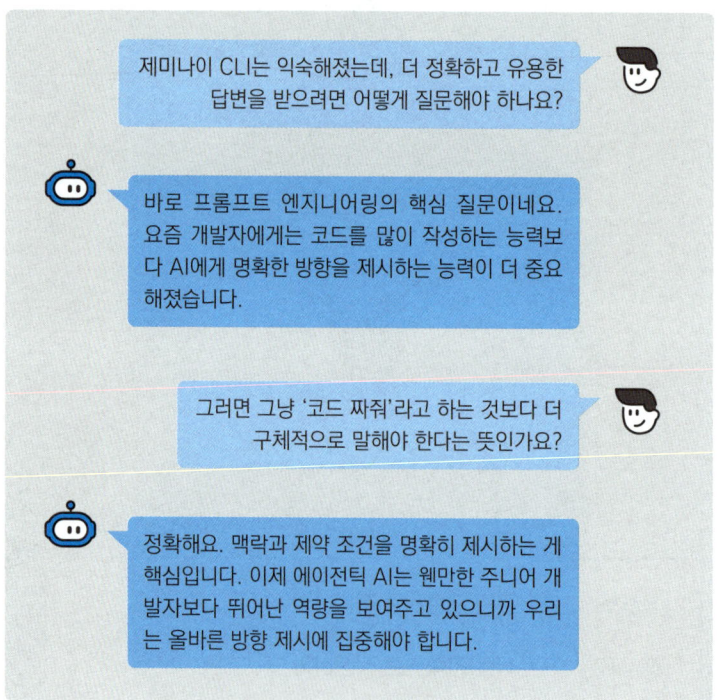

제미나이에게 더 효과적으로 원하는 결과를 얻으려면 **프롬프트**Prompt를 어떻게 작성하는지가 매우

중요합니다. 프롬프트란 AI에게 원하는 작업을 명확하게 전달하는 질문 또는 명령입니다. 처음 제미나이 CLI를 실행했을 때 보았던 다음 안내 문구를 기억하나요?

최상의 결과를 얻으려면 구체적으로 명시해주세요.

구체적이고 친절한 프롬프트는 더 만족스러운 결과를 가져옵니다. 지금부터 구글에서 제공하는 공식 가이드를 바탕으로 좋은 프롬프트를 작성하기 위한 핵심 원칙부터 실습 예제를 통한 팁까지 소개합니다.

프롬프트의 네 가지 핵심 구성요소

효과적인 프롬프트를 작성하기 위한 네 가지 요소를 기억하세요. 대부분의 상황에서 이 요소들을 적절히 조합하면 좋은 대답을 얻을 수 있습니다. 이 기본적인 구조는 수많은 AI 활용 사례를 분석하며 만들어졌습니다. 초보자부터 전문가까지 모두가 활용할 수 있고 어디에나 적용할 수 있는 프롬프트 엔지니어링의 기초입니다.

페르소나 : 역할과 정체성 부여하기

페르소나^{Persona}는 AI의 사고방식과 응답 스타일을 결정합니다. '너는 10년 경력의 시니어 백엔드 개발자야', '초보자도 이해할 수 있게 설명하는 친근한 멘토처럼 답해줘' 같은 방식으로 역할을 지정하면 훨씬 전문적이고 적절한 답변을 받을 수 있습니다. 성격과 소통 방식까지 지정하면 더 좋습니다. '신중하고 꼼꼼한 성격의 시스템 개발자로서 보안을 최우선으로 고려하며' 같은 구체적인 특성을 부여하면 더욱 정확한 관점에서 조언을 받을 수 있습니다.

작업 : 구체적인 행동을 지시하기

작업^{Task} 정의는 프롬프트의 핵심으로, 모호한 요청보다는 구체적이고 실행 가능한 지시를 하는 것이 중요합니다. '코드를 작성해줘'보다는 '사용자 인증 기능을 구현하는 Express.js 미들웨어를 작성해줘' 처럼 구체적으로 요청하세요. 작업을 세분화할 때는 단계별로 나누어 설명하는 것도 효과적입니다. '1단계로 애플리케이션 구조를 설계하고, 2단계로 실행 계획을 작성하고, 3단계로 구현해줘' 같은 방식으로 복잡한 작업을 체계적으로 분해하면 더 정확한 결과를 얻을 수 있습니다.

맥락 : 배경 설명하기

맥락^{Context} 정보가 있으면 AI가 상황을 파악하고 적절한 답변을 생성합니다. '웹사이트 만들기'라고만 하는 것보다 '개인 포트폴리오 웹사이트를 만들고 싶은데 디자이너이고 코딩 경험이 없어'라고 하면 상황에 맞는 답변을 받을 수 있습니다. 제약 조건을 말하는 것도 중요합니다. '예산이 별로 없어서 무료 도구만 써야 해', '회사에서 보안이 엄격해서 외부 서비스 사용이 어려워', '기존 시스템을 건드리면 안 돼서 추가로만 구현해야 해' 같은 현실적인 제약사항을 알려주면 실제로 적용 가능한 해결책을 받을 수 있습니다.

형식 : 출력 형태 지정하기

형식^{Format} 지정은 결과물을 바로 활용할 수 있게 만드는 실용적인 요소입니다. 가장 간단한 예시로는 '단계별로 설명해줘', '체크리스트 형태로 정리해줘', '표로 만들어줘' 같은 요청입니다. 문서 작업에서는 '이메일 형식으로 작성해줘', 'PPT 발표용 슬라이드 내용으로 정리해줘' 같은 형식을 지정할 수 있습니다. 길이도 중요한 형식 요소입니다. '3줄로 요약해줘', '자세히 설명해줘', '예시 3개씩 들어줘'처럼 원하는 분량을 미리 말해주면 적당한 길이의 답변을 받을 수 있습니다.

AI를 내 편으로 만드는 프롬프트 작성법

지금부터 앞에서 설명한 핵심 구성요소를 기본 구조로 삼아 프롬프트를 작성하는 방법을 배워보겠습니다.

명확하고 구체적으로 지시하기

'귀신도 말 안하면 모른다'는 말이 있습니다. 제아무리 인공지능이라도 사용자의 의도를 직접 파악할 수 없습니다. 추상적이고 모호한 질문은 최대한 피하세요. 명확하고 상세하게 원하는 바를 알려줘야 합니다. 이해를 돕기 위해 예시 프롬프트와 함께 살펴보겠습니다.

파이썬에 대해 설명해줘.

너무 넓은 범위에 대해 설명을 요청했습니다. 그리고 누구에게 설명하는지도 알려주지 않았습니다. 개발자에게 설명하는 파이썬과 컴퓨터를 전혀 모르는 사람에게 설명하는 파이썬은 달라질 수밖에 없습니다. 이런 정보를 하나도 주지 않으면 제미나이는 이런 식으로 답변할 확률이 높습니다.

네, 파이썬에 대해 알려드릴 게요. 어떤 점이 궁금한가요? 예를 들어 파이썬의 특징, 장점, 활용 분야, 배우는 방법 등 구체적으로 질문해주면 더 자세히 답변해 드릴 수 있습니다.

이번에는 페르소나를 포함해서 구체적으로 질문하겠습니다.

너는 전문 프로그래밍 강사야.
초등학생이 이해할 수 있도록, 프로그래밍 언어 파이썬에서 '변수'의 정의와 사용 목적을 실생활 예시를 들어 설명해줘.

안녕하세요! 프로그래밍에서 아주 중요한 '변수'가 뭔지 딱 알려줄게요.

변수는 '이름표가 붙은 상자'라고 생각하면 돼요.

컴퓨터가 기억해야 할 숫자나 글자를 이 상자에 쏙 넣고, 나중에 필요할 때 이름표를 불러서 꺼내 쓰는 거예요.

예를 들어 내 나이를 컴퓨터에 알려주고 싶을 때,

```Python
my_age = 10
```

이렇게 코드를 써요.

- my_age는 상자에 붙인 이름표 (변수 이름)
- 10은 상자 안에 넣은 내용물 (값)

변수를 왜 쓸까요?

- 기억하려고: my_age라고 부르면 컴퓨터가 '10'을 바로 기억해줘서 편해요.
- 값을 바꾸려고: 내년에 생일이 지나면 상자 내용물만 my_age = 11로 쏙 바꾸면 돼요. 게임 레벨이나 점수처럼 계속 바뀌는 값을 다룰 때 정말 편리하죠.

이것이 바로 변수랍니다! 간단하죠?

친절하고 자세하게 설명하네요. 말투까지 바꿔가며 변수에 대해 설명하고 있습니다. 이렇게 제미나이에게 역할을 부여하고 조금만 구체적으로 프롬프트를 작성해도 답변 완성도가 올라갑니다.

예시를 들어 설명하기

원하는 출력 형식을 전달하는 가장 효과적인 방법은 예시입니다. 특히 눈길을 끌어야 하는 카피 문구나 제목은 상황마다 다르게 써야 하지만 AI는 그런 상황을 모릅니다. 이번엔 회사 업무를 시켜보겠습니다. 이메일 제목이야말로 예시를 들지 않으면 마음에도 들지 않을 확률이 높습니다.

신제품 출시 안내 이메일 제목을 몇 개 추천해줘

물론이죠! 신제품 출시 이메일은 제목이 가장 중요합니다. 고객의 눈길을 사로잡고 클릭을 유도할 수 있도록, 다양한 스타일의 제목을 추천해 드릴 게요.
- [브랜드명] 신제품, [신제품명] 드디어 출시!
- 새로운 [제품 카테고리]를 만나보세요: [신제품명]
- 드디어 공개합니다. [브랜드명]의 새로운 컬렉션.
- [브랜드명] 신제품 출시 안내

이 프롬프트에는 제목의 톤에 대한 정보가 없습니다. 그래서 모든 상황에 적당히 어울릴만한 제목을 추천하는 모습입니다. 이번엔 맥락, 작업, 예시를 포함한 프롬프트를 사용하겠습니다. 고객에게 어떤 느낌으로 다가갈 것인지, 참고할 만한 예시가 없는지 같이 제시하는 것이 좋습니다.

신제품 출시 안내 이메일 제목을 몇 개 추천해줘

다음은 고객에게 발송하는 이메일 제목의 적절한 예시야.

이와 유사한 톤앤매너로 신제품 'Gemini Pro' 출시를 알리는 이메일 제목 5가지를 추천해줘.

예시 1: [신규 기능] 이제 더 스마트하게 작업하세요.

예시 2: 놓치지 마세요! 생산성을 향상시킬 새로운 업데이트 소식

네, 알겠습니다. 제시해주신 예시의 톤앤매너(간결하고 전문적이며, 사용자 혜택을 강조하는 방식)를 반영하여 신제품 'Gemini Pro'의 출시를 알리는 이메일 제목 5가지를 추천해 드립니다.
- [신제품 출시] Gemini Pro로 한 차원 높은 작업을 경험하세요.

> (신제품 출시라는 정보와 함께 '더 높은 수준의 작업'이라는 사용자 가치를 명확히 전달합니다.)
> - Gemini Pro를 소개합니다: 전문가를 위한 궁극의 생산성 도구.
>
> ('생산성 향상'이라는 키워드를 사용하고 '전문가'를 언급하여 제품의 전문적인 정체성을 강조합니다.)
> - [주요 업데이트] 이제 Gemini Pro의 강력한 성능을 만나보세요.
>
> (기존 사용자에게는 중요한 업데이트 소식으로, 신규 사용자에게는 강력한 성능이라는 기대감을 줍니다.)
> - 차세대 AI 어시스턴트, Gemini Pro가 당신의 업무를 혁신합니다.
>
> (단순한 기능 소개를 넘어 '업무 혁신'이라는 거시적인 혜택을 제시하여 클릭을 유도합니다.)
> - 놓치지 마세요! Gemini Pro로 경험하는 압도적인 작업 효율.
>
> (제공된 예시의 형식을 활용하면서 '압도적인 효율'이라는 구체적인 장점을 부각합니다.)

차이가 보이나요? 이번엔 제공한 예시와 유사한 느낌의 제목을 생성했습니다. 어떤 이유로 이 제목을 추천했는지도 같이 설명하네요. 이처럼 어느 정도 원하는 답변이 있다면 프롬프트에 예시를 같이 적어주세요. 마음에 드는 답변을 받을 확률이 높아집니다.

충분히 많은 정보 제공하기

AI는 제공된 정보 내에서만 답변을 생성합니다. 정확한 정보가 필요하거나 특정 자료에 대한 요약이 필요하다면 배경지식이나 참고 자료를 함께 제공하세요. 최신 뉴스를 정리하는 작업은 정확성이 중요한 대표적인 작업이죠. 그런 작업을 할 때는 이렇게 지시합니다.

> 다음 기사 내용을 세 개의 핵심 문장으로 요약해줘
>
> [기사 전문] "인공지능(AI) 기술이 빠르게 발전하면서 우리 삶의 많은 부분이 변화하고 있습니다. 특히 자연어 처리 기술의 발전은 인간과 컴퓨터의 소통 방식을 혁신적으로 바꾸고 있으며, 이는 교육, 의료, 고객 서비스 등 다양한 분야에 적용되어 효율성을 높이고 있습니다.
> …생략…

제미나이 CLI도 복사 붙여넣기를 지원하기 때문에 직접 가져오면 됩니다. 이후에 배울 제미나이 CLI의 내장 도구를 활용해 웹 검색을 하거나 파일을 가져올 수도 있습니다.

대답 형식 지정하기

결과물을 어떤 형태로 받고 싶은지 명확하게 지정하면 해당 형식으로 정리된 결과물을 얻을 수 있습니다. 마크다운, JSON, CSV 등 원하는 타입을 지정해보세요. 이번에도 차이를 비교해보겠습니다.

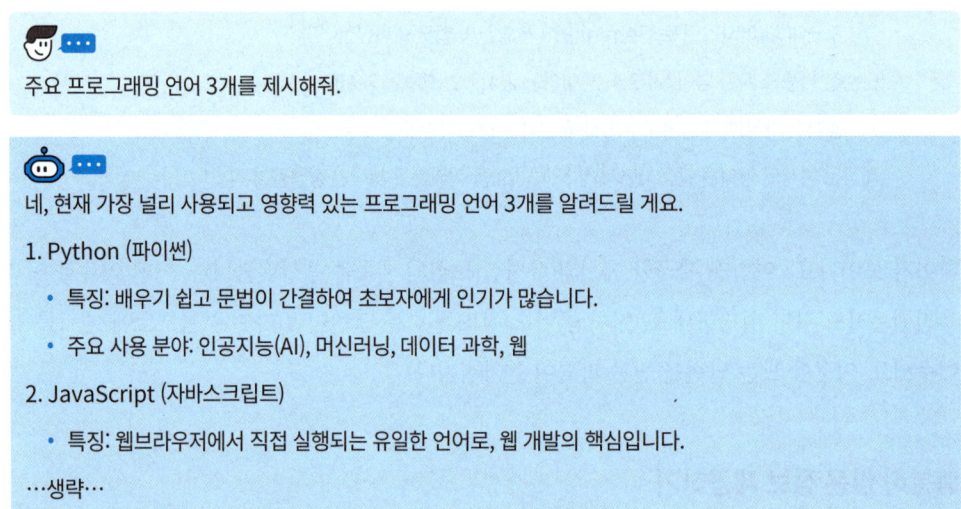

평범한 답변을 받았습니다. 이번에는 JSON 형식으로 생성하라고 요청하겠습니다. JSON은 사람과 컴퓨터 둘 다 이해하기 좋은 형식이라서 데이터를 저장하거나 통신할 때 많이 사용합니다.

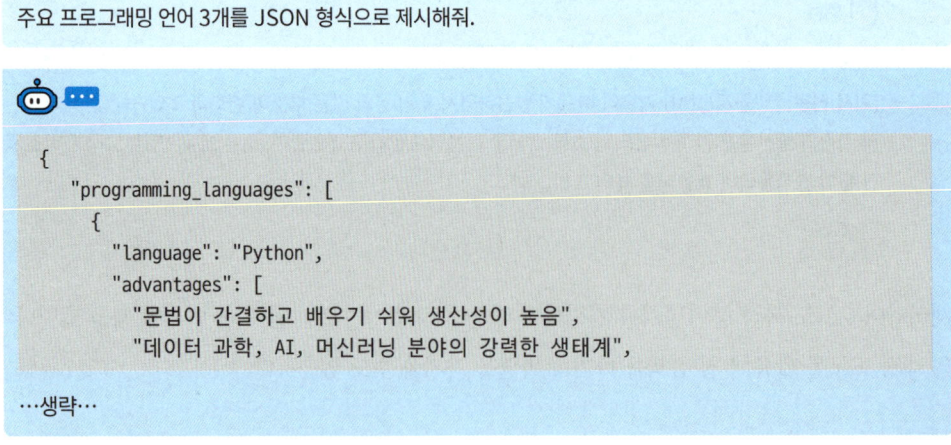

비슷한 내용을 생성하더라도 원하는 형식으로 맞춰 받을 때와 그렇지 않을 때는 큰 생산성 차이가 있습니다. 사용자가 그 형식을 직접 맞추는 것은 시간 낭비입니다.

해야 할 일과 하지 말아야 할 일 알려주기

결과물에 포함할 내용과 포함하지 않을 내용을 명확히 알려주면 답변의 범위를 조절할 수 있습니다. 불필요한 내용을 생성하도록 내버려두면 시간과 토큰을 낭비합니다. 작업에 필요한 답변만 받을 수 있도록 명시하세요. 이번에는 제미나이에게 제미나이를 설명해보라 요청하겠습니다.

Google의 AI 모델 '제미나이(Gemini)'에 대해 설명해줘.

Google의 제미나이(Gemini)는 텍스트뿐만 아니라 이미지, 음성, 영상, 코드 등 다양한 유형의 정보를 동시에 이해하고 처리할 수 있도록 처음부터 설계된 멀티모달(Multimodal) AI 모델입니다.

핵심 특징: 진정한 멀티모달

기존 AI 모델들이 텍스트를 중심으로 학습한 뒤 다른 기능(이미지 인식 등)을 추가하는 방식이었다면, 제미나이는 개발 초기 단계부터 다양한 데이터 유형을 함께 학습했습니다. 이 덕분에 여러 종류의 정보를 넘나들며 더 깊이 있고 복합적인 추론할 수 있습니다.

...생략...

충분히 좋은 설명입니다. 하지만 누군가에게는 어렵고 누군가에게는 너무 쉬울 수 있습니다. 내용이 길고 배경 설명이 장황해서 눈에 잘 안들어올 수도 있습니다. 이번에는 깔끔한 설명을 요청하겠습니다.

Google의 AI 모델 '제미나이(Gemini)'에 대해 설명해줘.
기술적인 내용은 제외하고, 일반인이 이해하기 쉽게 200자 이내로 작성해줘. 역사나 개발 과정은 포함하지 마.

구글 제미나이는 글자뿐만 아니라 이미지, 소리, 영상까지 사람처럼 한 번에 알아듣고 종합적으로 생각하는 똑똑한 AI입니다. 마치 보고 들으며 대화하는 지능적인 두뇌와 같아서, 복잡하고 창의적인 질문에도 막힘없이 답할 수 있습니다.

이렇게 필요한 정보와 필요하지 않은 정보를 미리 알려주면 사용자가 한 번 더 요약할 필요가 없습니다. 반대로 더 자세한 설명이 필요할 때도 마찬가지입니다. 자신이 궁금한 것을 정리해서 원하는 답변만 받을 수 있도록 프롬프트를 만드세요.

프롬프트 소소한 팁

전 세계의 개발자가 프롬프트를 잘 작성하는 방법에 대한 수많은 연구를 진행하고 있습니다. 그중에서 가장 중요하고 범용적으로 사용하기 좋은 방법을 안내했습니다. 그 외에도 몇 가지 소소한 팁을 알려드립니다.

- **자연스러운 대화**: 사람과 대화하듯 완전한 문장으로 아이디어를 표현하면 AI가 의도를 더 잘 파악합니다.

- **대화 이어나가기**: 첫 결과물이 만족스럽지 않더라도 추가 질문이나 수정을 통해 점진적으로 개선할 수 있습니다. AI는 대화 과정 속에서도 발전합니다.

- **문서 활용**: 구글 드라이브와 같은 개인 문서와 연결하여 정보를 제공하면 개인화된 결과물을 생성할 수 있습니다.

좋은 프롬프트는 명확한 지시와 충분한 정보에서 비롯됩니다. 가이드에서 제시한 네 가지 핵심 요소를 조합하고 다양한 팁을 활용하여 AI의 잠재력을 최대한 발휘해봅시다.

[챕터 07]

프로젝트 컨텍스트 작성하기

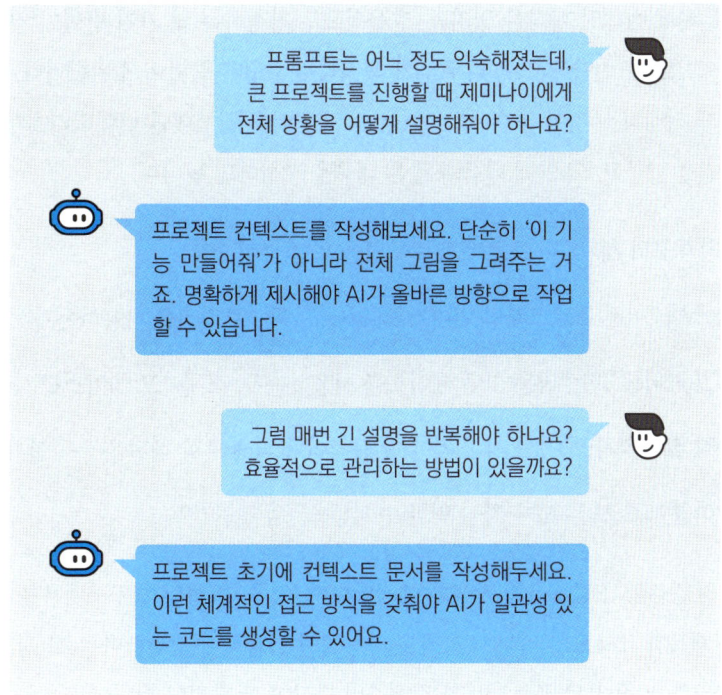

제미나이 CLI의 진정한 힘은 프로젝트 전체의 맥락을 이해하는 겁니다. 프롬프트만 사용해서는 이끌어낼 수 없습니다. 지금부터 **GEMINI.md** 파일이 필요합니다. 제미나이 응답 품질을 크게 높이는 중요한 파일입니다. 이 파일은 **메모리**Memory 또는 **프로젝트 컨텍스트**Context, Project Context라고 부릅니다.

프로젝트마다 필요한 지식과 규칙을 적어두면 제미나이가 참고하여 맥락에 맞는 응답을 생성합니다.

GEMINI.md가 뭔가요?

GEMINI.md는 제미나이 CLI가 사용하는 컨텍스트 파일의 이름입니다. 답변의 방향이나 규칙을 마크다운 형식으로 작성합니다. 컨텍스트 파일은 제미나이 CLI의 행동 지침과 같은 문서입니다. AI에게 좋은 대답을 기대한다면 이 문서를 잘 작성해야 합니다. GEMINI.md는 매우 중요한 문서이고 사용자가 AI에 개입할 수 있는 몇 안 되는 수단입니다. 지금부터 이 파일을 작성하는 방법을 차근차근 안내합니다.

좋은 컨텍스트 작성하기

GEMINI.md 문서에 정해진 형식은 없지만, 효율적으로 작성하는 몇 가지 방법이 알려졌습니다. 너무 짧게 작성하면 정보가 빈약해지고, 너무 길게 작성하면 할당량을 많이 소비합니다. 꼭 필요한 내용을 골라 명확하게 작성하는 것이 좋습니다. gemini 명령어를 실행했던 디렉터리에서 GEMINI.md라는 이름의 파일을 만들고, 그 안에 다음과 같은 내용을 작성하면 됩니다.

- **프로젝트의 목표와 개요** : 이 프로젝트는 무엇을 위한 것인가?
- **주요 기술 스택** : 어떤 프로그래밍 언어, 프레임워크, 라이브러리를 사용하는가?
- **코딩 스타일 가이드** : 변수명은 카멜 케이스를 사용하는가, 스네이크 케이스를 사용하는가?
- **중요한 규칙 및 제약사항** : 반드시 지켜야 할 규칙이나 피해야 할 패턴은 무엇인가?
- **AI에게 부여할 페르소나** : AI가 가질 역할이나 성격은 무엇인가?

다음은 개발 지침을 GEMINI.md에 작성한 예시입니다. 지금 이 컨텍스트의 내용을 모두 이해할 필요는 없습니다. 제목과 내용으로 나누고 목록을 사용해서 깔끔하게 정리했다는 것 정도만 보세요. 이 문서는 제미나이 CLI가 앞으로 프로젝트를 진행하며 따라야 할 규칙이 됩니다.

```
# Project: My Awesome TypeScript Library
## General Instructions:
  - TypeScript 코드 작성 시 기존 코딩 스타일을 따를 것
```

파일 이름 : GEMINI.md

```
    - 모든 함수와 클래스에 JSDoc 주석 작성
    - 가능하면 함수형 프로그래밍 패러다임 사용
    - TypeScript 5.0과 Node.js 20+ 호환성 보장
## Coding Style:
    - 들여쓰기는 2칸(space) 사용
    - 인터페이스는 I로 시작 (예 : IUserService)
    - 클래스의 private 멤버는 _로 시작
    - 항상 strict equality(===, !==) 사용
## Specific Component: src/api/client.ts
    - 모든 API 요청을 담당
    - 신규 API 함수 추가 시 robust한 에러 처리 및 로깅 필수
    - GET 요청은 반드시 fetchWithRetry 유틸리티 사용
## Dependencies:
    - 반드시 필요한 경우가 아니면 외부 라이브러리 도입 금지
    - 새 의존성 추가 시 사유 명시
```

> **NOTE** 컨텍스트 파일 이름으로 설정된 기본값은 GEMINI.md입니다. 대소문자를 구분해주세요.

마크다운 알아보기

그런데 마크다운이 도대체 무엇일까요? 많은 개발자가 문서를 작성할 때 마크다운을 애용합니다. 아마 노션이나 옵시디언을 자주 사용하는 분에겐 이미 친숙한 개념일 겁니다. 어떤 장점이 있길래 그토록 많은 곳에서 활용하는지, 어떻게 사용하는 건지 알아보겠습니다.

마크다운Markdown은 문서를 쉽고 빠르게 작성할 수 있도록 설계된 경량 마크업 언어입니다. 파일 이름이 .md로 끝나면 마크다운 파일이라는 뜻입니다. **마크다운을 사용하면 간단한 기호를 조합해 제목, 목록, 코드 블록 등 다양한 문서 구조를 표현할 수 있습니다.** 여러분이 간단한 글을 적을 때 흔히 사용하는 메모장 프로그램과 비교하면 이해하기 쉽습니다. 메모장으로 작성한 문서는 파일 이름이 .txt로 끝납니다. 일반 텍스트 파일이라는 뜻입니다.

일반 텍스트 파일은 순수한 텍스트만 담아내 시각적 표현을 포함할 수 없습니다. 메모장 프로그램으로 글꼴 크기나 색상을 변경할 수 있지만, 그건 메모장의 설정이지 파일의 설정이 아닙니다. 그 파일을 다른 프로그램에서 열람하면 서식이 유지되지 않는다는 뜻입니다. 반면 마크다운은 간결한 문법으로 문서 구조를 명시할 수 있습니다. 제목, 목록, 인라인 코드, 블록 코드 등 다양한 요소를 텍스트만

으로 쉽게 표현합니다. 이렇게 구조화한 정보는 작성자와 AI 모두 읽기 좋은 문서가 됩니다.

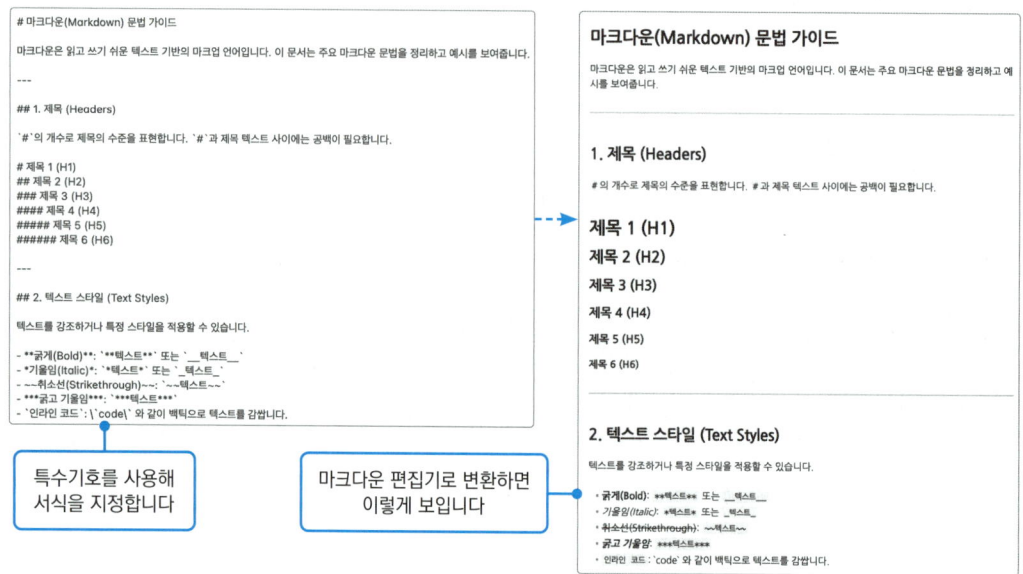

마크다운 사용법은 간단합니다. 특정 서식을 적용하고 싶을 때 알맞는 기호를 텍스트 앞에 붙이거나 감싸주면 끝입니다.

제목은 # 기호로

제목^{Header}은 # 기호로 표현합니다. #과 제목 이름 사이에는 공백이 있어야 합니다. # 개수가 많을 수록 낮은 위상의 제목입니다. AI 컨텍스트에서는 각 단락의 주제를 명확히 구분하면 좋습니다.

```
# H1 제목
## H2 제목
### H3 제목
```

목록은 -나 1.로

목록^{List}은 순서 없는 목록과 순서 있는 목록으로 나뉩니다. 코드 스타일 규칙, 플러그인 목록, 요구 사항 등을 나열할 때 유용합니다.

```
- 항목 1
- 항목 2
1. 첫 번째
2. 두 번째
```

코드 블록은 ` 또는 ``` 로

기술 문서나 컨텍스트를 작성할 때는 프로그래밍 언어로 소스 코드를 작성하는 경우가 많습니다. 코드를 입력할 때는 **코드 블록**을 사용합니다. ` 기호 사이에 입력하는 텍스트는 코드 블록으로 인식합니다. 본문 사이에 들어가는 코드는 ` 기호 한 개를 사용하고, 여러 줄의 코드를 입력할 때는 ` 기호 세 개로 감쌉니다.

```
`npm install -g gemini`
```
npm install -g gemini
gemini -v
```
```

> **NOTE** 본문 사이에 들어가는 코드 블록을 인라인 코드라고 부릅니다.

링크는 [ ]( )으로, 이미지는 으로

마크다운은 이미지나 링크도 삽입할 수 있습니다. 웹페이지의 URL을 클릭하면 바로 해당 웹사이트에 접속하도록 만들거나 이미지를 띄우고 싶다면 [](){}기호를 사용하세요. 대괄호 사이에는 문서에 표시할 텍스트를 입력하고, 소괄호 사이에는 실제 URL을 넣으면 됩니다. 이미지를 연결할 때는 를 사용합니다. MCP 또는 외부 리소스와 연결할 때 자주 사용합니다.

```
[공식 문서](https://example.com)
![로고](logo.png)
```

텍스트 강조는 *, **, ~~으로

텍스트에 강조 표현을 할 수 있습니다. 중요한 규칙이나 금지 사항 등을 강조할 수 있습니다. 다른 서식과 함께 사용할 수도 있습니다.

```
*기울임*
**굵게**
~~취소선~~
```

메모는 <!-- -->으로

주석을 사용하여 임시 메모를 적어둘 수 있습니다. 주석 앞에는 <!--, 주석 끝엔 -->를 붙여주세요. 여러 줄 텍스트도 가능합니다.

```
<!-- 여기에 작업할 내용 TODO: 문단 추가 예정 -->
```

컨텍스트 파일은 어떻게 동작하나요?

제미나이 CLI는 컨텍스트 파일을 여러 위치에서 순차적으로 탐색하고, 더 구체적인 내용이 있을 경우 상위 파일의 내용을 덮어쓰거나 보완합니다. 컨텍스트 파일 탐색 및 적용 우선순위는 다음과 같습니다.

1. 모듈 컨텍스트
2. 프로젝트 컨텍스트
3. 글로벌 컨텍스트

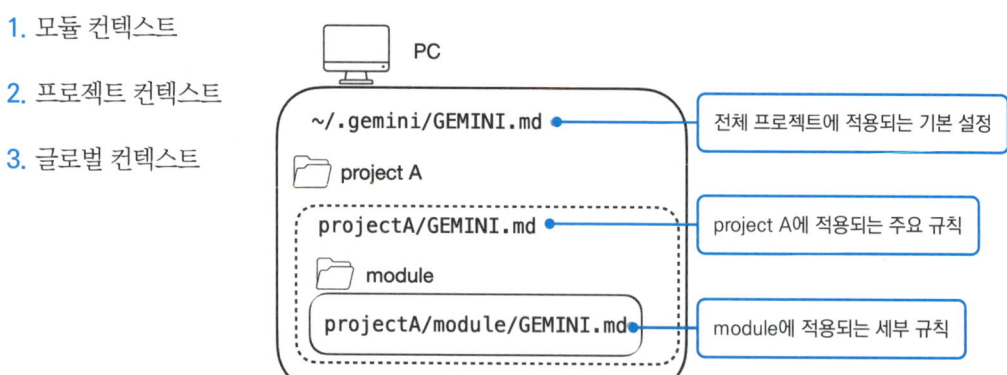

글로벌 설정에 쓰이는 GEMINI.md는 자동으로 생성됩니다. 홈 디렉터리에 숨어 있는 .gemini 디렉터리에 있습니다. 또한 여러 위치에서 발견된 컨텍스트 파일의 내용은 모두 연결되어 AI에 전달됩니다. 프로젝트 컨텍스트와 모듈 컨텍스트는 사용자가 필요할 때 직접 만들어야 합니다.

제미나이 CLI는 답변을 생성할 때 이 컨텍스트 파일을 순차적으로 탐색하며 프로젝트 상태와 사용자 성향에 맞는 결과를 만듭니다. 그래서 컨텍스트 파일을 정교하게 작성할수록 답변 완성도가 올라갑니다. 하지만 이 모든 문서를 직접 작성하기엔 어렵습니다. 또 컨텍스트 외에도 다양한 설정 방법이 있습니다. 다음 장부터 제미나이 CLI의 명령어와 도구를 알아봅니다. 컨텍스트를 쉽게 생성하고 관리하는 방법부터, 제미나이 CLI를 완벽하게 다루기 위해서는 무엇이 더 필요한지 하나씩 알아보겠습니다.

3초 꿀팁 .gemini 디렉터리가 안보여요!

글로벌 설정에 쓰이는 GEMINI.md는 .gemini라는 숨겨진 폴더 안에 포함됩니다. macOS에서는 `command` + `Shift` + `.` 키를 눌러 숨겨진 폴더를 보이게 변경할 수 있습니다.

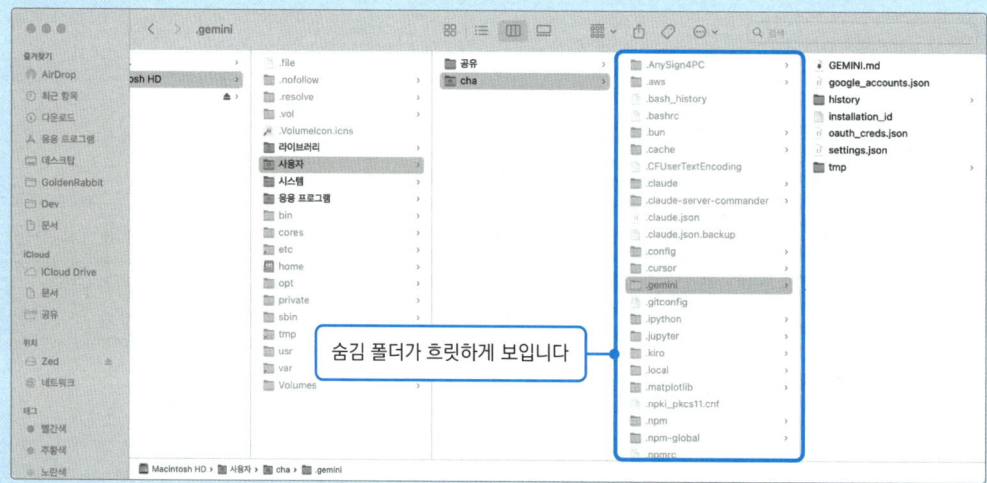

윈도우에서는 파일 탐색기 상단의 [보기 → 표시 → 숨긴 항목]을 체크하여 숨겨진 폴더를 보이게 변경할 수 있습니다.

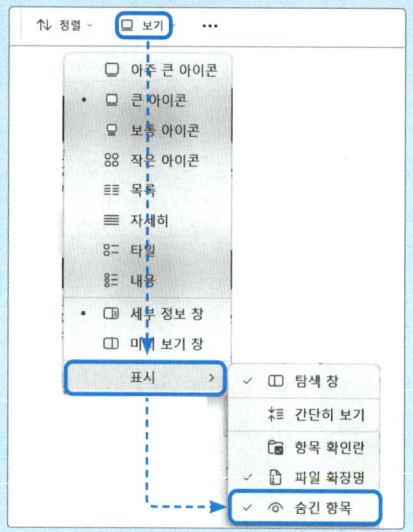

컨텍스트 작성을 위한 꿀팁

컨텍스트 파일은 작성 난이도가 높습니다. 특히 개발 실무에서 사용하는 컨텍스트는 매우 정교하고 길기 때문에 따로 전문가가 필요할 정도입니다. 이 책에서 그렇게까지 깊은 컨텍스트 엔지니어링 내용을 담는 것은 책의 범위를 벗어납니다. 그래서 직접 컨텍스트를 작성하는 대신 사용할 수 있는 방법을 안내합니다.

01 제미나이 CLI는 현재 디렉터리를 분석하고 컨텍스트 파일을 자동 생성하는 /init 명령어를 제공합니다. 기존 프로젝트에 제미나이 CLI를 접목하고 싶을 때 특히 유용합니다. 제미나이 CLI를 실행하고 명령어를 입력해보세요.

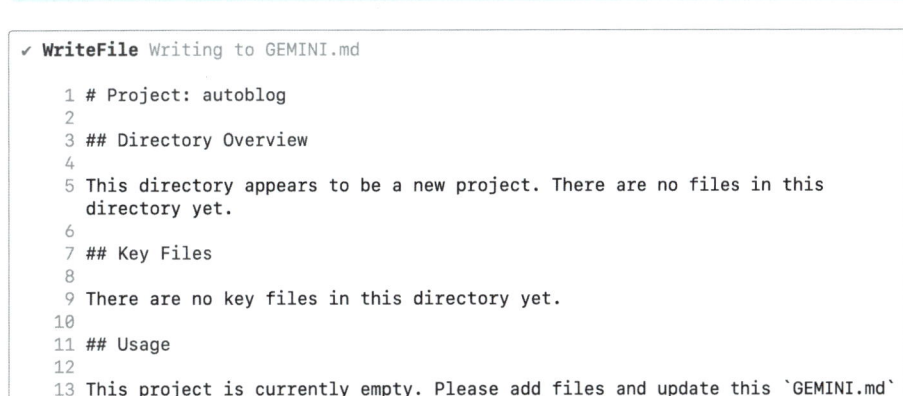

비어 있는 디렉터리어도 GEMINI.md를 생성합니다. 다만 의미없는 내용으로 채워지니 나중에 프로젝트 목표가 세워지면 반드시 수정해야 합니다. 이렇게 사용할 수 있는 내장 명령어는 다음 챕터에서 자세히 다룹니다.

02 구글, OpenAI, 앤트로픽은 컨텍스트 작성 가이드를 제공합니다. 빠르게 새로운 프로젝트를 구성하고 싶다면 이 가이드를 토대로 제미나이 CLI에게 컨텍스트를 생성을 요청하면 됩니다. 저는 첫 번째 링크인 구글 제미나이에서 제공하는 컨텍스트 작성 가이드를 사용하겠습니다.

- **제미나이 CLI** : bit.ly/46mLKZB

- **코덱스** : bit.ly/4lYUbzZ

- **클로드 코드** : bit.ly/4lOXHN7

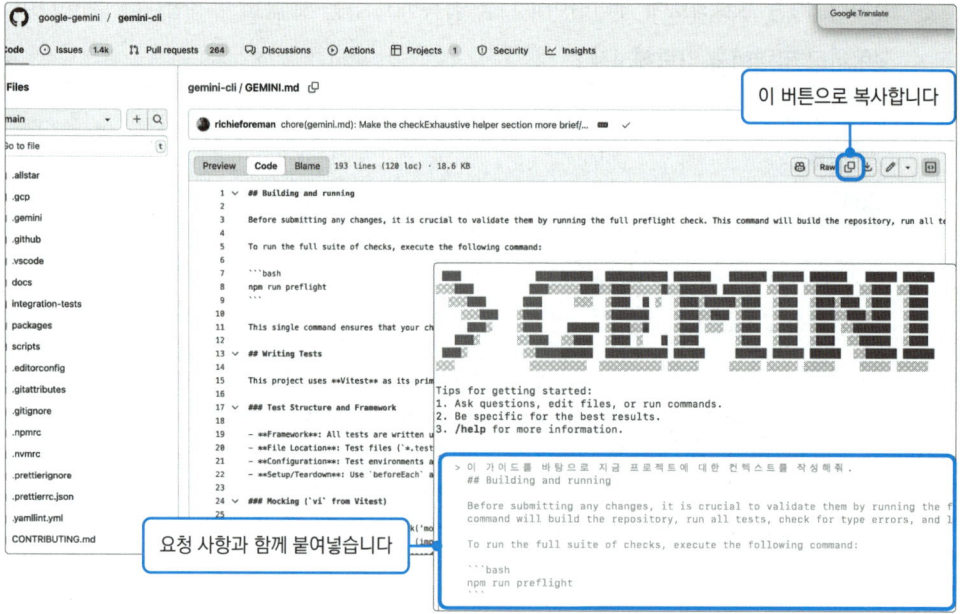

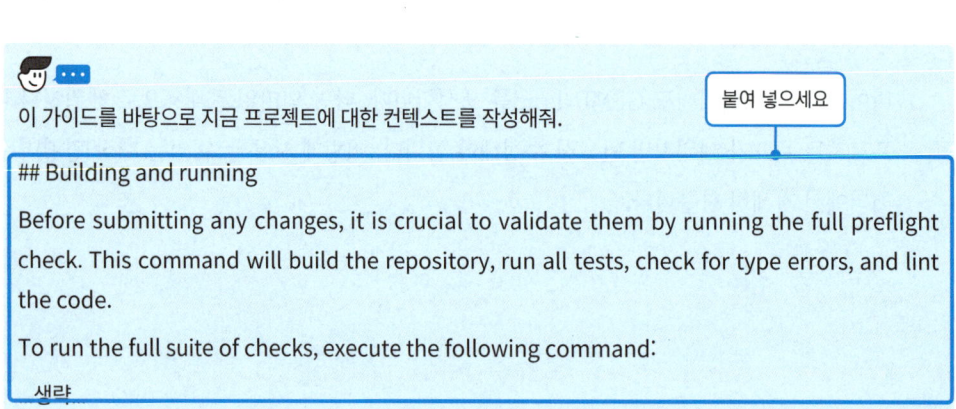

```
+ 알겠습니다. 제공해주신 가이드를 바탕으로 이 프로젝트에 대한 핵심적인 컨텍스트를 요약하여 제 메모리에
  저장하겠습니다. 앞으로 이 내용을 바탕으로 도움을 드리겠습니다.

  프로젝트 컨텍스트 요약:

   * 빌드 및 검증: npm run preflight 명령어를 사용하여 빌드, 테스트, 타입 체크, 린트를 한 번에 실행합니다.
   * 테스트:
       * 프레임워크: Vitest (describe, it, expect, vi)를 사용합니다.
       * 파일 위치: 테스트 파일은 소스 파일과 동일한 위치에 둡니다 (*.test.ts, *.test.tsx).
       * 모킹: vi.mock()을 사용하며, 파일 최상단에 위치시킵니다.
   * Git: 주 브랜치는 main입니다.
   * 코드 스타일 (TS/JS):
       * 클래스(Class)보다 순수 객체(plain objects)와 타입/인터페이스 사용을 선호합니다.
       * private 멤버 대신 ES 모듈(`import`/`export`)을 통해 캡슐화를 구현합니다.
       * any 타입 사용을 지양하고, 필요한 경우 타입 안전성을 위해 unknown을 사용합니다.
       * switch 문에서는 모든 케이스를 처리했는지 검증하기 위해 checkExhaustive 헬퍼를 사용합니다.
   * React:
       * 함수형 컴포넌트와 훅(Hook)을 사용합니다. (클래스 컴포넌트 X)
       * useEffect는 외부 상태와의 동기화를 위해서만 제한적으로 사용하며, 이벤트 핸들러 로직에 넣지 않습니다.
       * useMemo, useCallback, React.memo 사용을 피하고 React Compiler에 최적화를 의존합니다.
       * 상태는 불변성(immutability)을 유지하며 업데이트합니다.
   * 주석: 꼭 필요한, 가치 있는 주석만 작성합니다.
   * 플래그 이름: 밑줄(_) 대신 하이픈(-)을 사용합니다 (예: my-flag).

  이 내용을 기억하고 앞으로의 작업에 반영하겠습니다.

? Save Memory in ~/.gemini/GEMINI.md ←

1   ## Gemini Added Memories
2   - "한국어로 답변해줘"
3 + - Project Context:
4 + - **Build/Validation**: Use `npm run preflight` for a full check (build, test, typechec
    lint).
5 + - **Testing**: Vitest framework. Tests are co-located with source files. Mocks (`vi.moc
    ) go at the top of the test file. Main branch is `main`.
6 + - **TypeScript/JavaScript Style**: Prefer plain objects over classes. Use ES modules fo
    encapsulation (export for public API). Avoid `any`; use `unknown` instead. Use a
    `checkExhaustive` helper for switch statements.
7 + - **React Style**: Use functional components and Hooks. Avoid `useEffect` for logic tha
    belongs in event handlers; use it only for synchronization. Rely on the React Compiler an
```

그러면 제미나이 CLI가 가이드에 맞춘 컨텍스트를 작성하고 실제 GEMINI.md 파일에 반영합니다. 이때 프로젝트 컨텍스트 파일에 적용할지, 전체 프로젝트에 적용할지와 영어로 작성할지, 한국어로 작성할지 등을 같이 명시하면 더 좋습니다. 컨텍스트 파일은 일반적으로 영어로 작성하는 것이 효율적입니다. 한국어보다 토큰을 적게 소모하기 때문입니다. 하지만 컨텍스트 파일을 사용자가 이해하고 유지보수하는 작업도 중요하기 때문에 각자에게 편한 언어로 작성하는 것이 좋습니다.

[챕터 08]

내장 명령어 알아보기

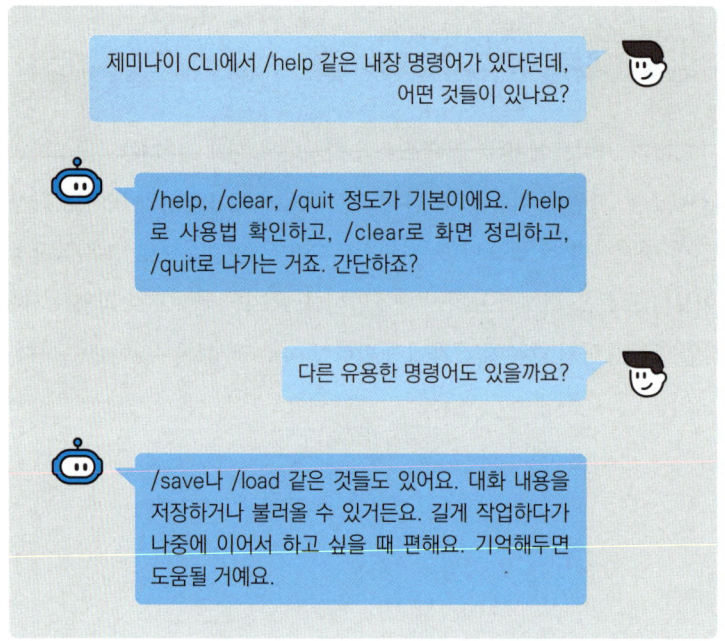

제미나이 CLI는 다양한 내장 명령어를 제공합니다. 개발 생산성을 크게 향상시키기 위해서는 내장 명령어를 잘 사용하는 것이 중요합니다. 사용 방법도 간단합니다. 프롬프트 창에 특수 기호를 입력하고 특정 명령어를 입력하면 됩니다. 파일 내용을 바로 참조하고, 이전에 실행한 작업을 취소하고, 대화의 흐름을 관리하는 등 번거로운 작업에 사용하는 시간을 짧게 줄일 수 있습니다.

슬래시 명령어가 뭔가요?

프롬프트 창에 `/`를 입력하면 사용할 수 있는 명령어와 대략적인 설명을 확인할 수 있습니다. 이때 명령어에 대해서 제미나이 CLI가 자동 완성을 지원하기 때문에 전부 입력하지 않고 중간에 `Tab` 을 활용해 명령어를 실행할 수도 있습니다. 제미나이 CLI 0.16.0 버전 기준, 사용할 수 있는 명령어는 총 26개입니다.

> **NOTE** 앞서 다뤘던 /quit, /stats, /clear 그리고 이후 장에서 별도로 다룰 /mcp, /tools, /restore의 설명은 생략합니다.

프로그램 정보가 궁금하면 /about

현재 사용 중인 제미나이 CLI의 버전과 관련 정보를 확인합니다. 현재 사용하는 도구가 어떤 상태인지 알아보는 가장 기본적인 방법입니다. 제미나이 CLI에 버그가 발생하거나 새로운 기능이 추가되었는지 궁금할 때 한 번씩 확인해보세요.

> **NOTE** 슬래시 명령어는 자동 완성을 지원합니다. 전부 입력하지 말고 중간에 `Tab` 을 눌러보세요.

- **CLI Version**: 현재 제미나이 CLI 프로그램의 버전을 의미합니다.
- **Git Commit**: 정확한 버전 정보입니다. 버전은 프로그램의 모든 업데이트마다 바뀌지 않지만 Git Commit 번호는 바뀝니다.
- **Model**: 지금 사용하는 제미나이 모델입니다.
- **Sandbox**: 샌드박스 기능을 사용하는지 표시합니다. 여러분은 아직 사용하고 있지 않을 겁니다.
- **OS**: 현재 실행 중인 컴퓨터의 운영체제 이름입니다. darwin은 macOS입니다. 윈도우는 windows 또는 win32로 표시되고, 리눅스는 linux로 표시됩니다.
- **Auth Method**: 인증 방식을 의미합니다. 구글 로그인 방식으로 진행했다면 OAuth라고 표시됩니다.

대화를 저장하는 /chat

제미나이 CLI에 사용했던 프롬프트와 답변, 즉 대화 기록을 관리합니다. 지금 수행하려는 작업과 비슷한 것을 한 적이 있는지, 과거에 어떤 프롬프트를 작성했는지, 그때 답변이 만족스러웠는지 등 중요한 참고 자료를 저장하고 확인할 수 있습니다.

01 예시를 위해 간단한 질문을 던지고 대화를 저장하겠습니다. 다음과 같이 프롬프트를 입력하세요.

제미나이에 대해 설명해줘

```
✦ 저는 Google에서 개발한 대규모 언어 모델(LLM)인 제미나이(Gemini)입니다.

  다양한 종류의 텍스트 기반 작업을 수행하도록 훈련받았으며, 주요 기능은 다음과 같습니다.

   * 질의응답: 궁금한 점에 대해 정보를 제공합니다.
   * 텍스트 생성: 기사, 이메일, 코드 등 다양한 종류의 텍스트를 작성합니다.
   * 번역: 여러 언어 간의 번역을 수행합니다.
   * 요약: 긴 글의 핵심 내용을 요약합니다.

  이 CLI 환경에서는 파일 검색, 생성, 수정 및 셸 명령어 실행 등을 통해 사용자의 작업을 도와드릴
  수 있습니다. 무엇을 도와드릴까요?
```

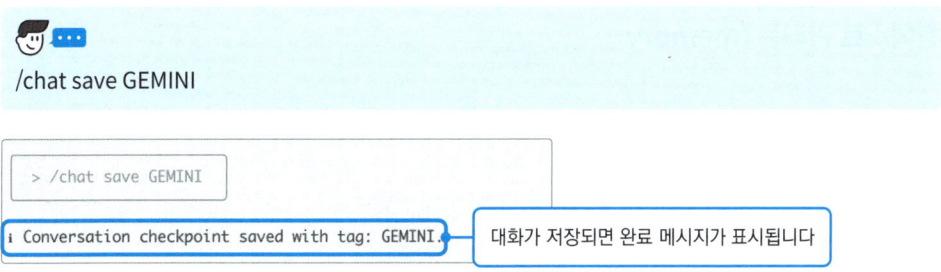

02 먼저 /chat save ⟨tag⟩로 채팅을 저장할 수 있습니다. 태그에는 나중에 이 채팅을 알아볼 수 있는 키워드를 적어주면 좋겠죠. /chat list를 사용하면 저장된 채팅 목록을 볼 수 있습니다.

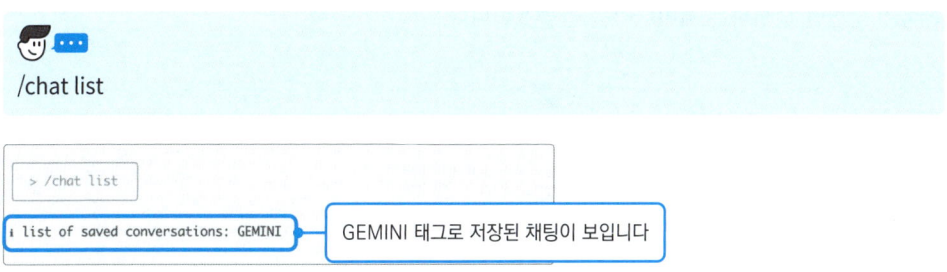

03 이렇게 저장한 채팅은 /chat resume ⟨tag⟩ 명령어로 불러올 수 있습니다. 중요한 대화가 많이 오갔을 때 유용한 기능입니다.

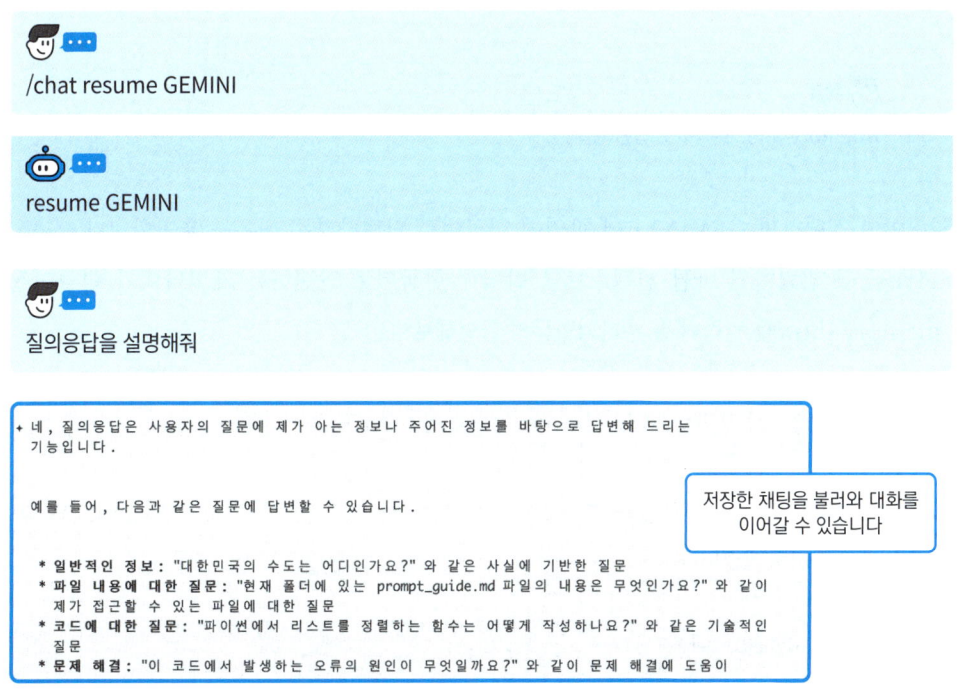

[챕터 08] 내장 명령어 알아보기   87

컨텍스트 관리는 /memory

/memory 명령어를 사용하면 컨텍스트를 확인하거나 컨텍스트 내용을 관리할 수 있습니다.

- **/memory show** : 모든 컨텍스트를 한 번에 확인합니다.
- **/memory refresh** : 컨텍스트 파일을 다시 읽고 최신 정보로 갱신합니다.
- **/memory add <텍스트>** : 글로벌 컨텍스트 파일에 〈텍스트〉를 추가합니다.

add 명령은 답변 스타일이나 언어처럼 모든 답변에 적용하고 싶은 설정을 추가하면 좋습니다. 저는 한국어 답변만 생성하는 제미나이를 만들겠습니다.

```
> /memory add "한국어로 답변해줘"

ℹ Attempting to save to memory: ""한국어로 답변해줘""

  ✓ Save Memory {"fact":"\"한국어로 답변해줘\""}
    Okay, I've remembered that: ""한국어로 답변해줘""

ℹ Refreshing hierarchical memory (GEMINI.md or other context files)...

ℹ Memory refreshed successfully. Loaded 137 characters from 1 file(s).
```

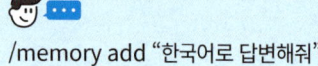
/memory add "한국어로 답변해줘"

명령어를 실행하면 GEMINI.md 파일에 한국어로 답변하라는 내용을 추가합니다. /memory refresh를 입력하면 바뀐 컨텍스트를 반영해 한국어로 답변하는 제미나이가 만들어집니다. /memory show를 입력해 잘 추가되었는지 확인해보세요.

> **NOTE** 터미널을 종료 후 재실행하면 /memory refresh를 실행하지 않아도 됩니다.

직접 GEMINI.md 파일 내용을 들여다보아도 똑같은 내용이 있습니다. 저는 다음 macOS 명령어로 터미널에서 확인하겠습니다.

```
cat ~/.gemini/GEMINI.md
```

```
[cha@chaui-MacBookAir gemini_proj % cat ~/.gemini/GEMINI.md
## Gemini Added Memories
- "한국어로 답변해줘"
```

대화를 요약하는 /compress

현재 진행 중인 대화를 요약하고, 대체합니다. 대화가 길어질 때 이 방법을 사용해 사용하는 토큰 수를 조절할 수 있습니다. 이 기능의 목적을 이해하려면 먼저 컨텍스트 윈도우$^{Context Window}$라는 개념을 이해해야 합니다.

제미나이와 챗GPT 등 AI 챗봇이나 대형 언어 모델은 대화를 이어가기 위해 이전의 대화 내용을 일정 부분까지 참고합니다. 하지만 모든 대화 기록을 무한정 기억할 수는 없기 때문에, 모델은 한 번에 참고할 수 있는 정보의 양에 제한을 둡니다.

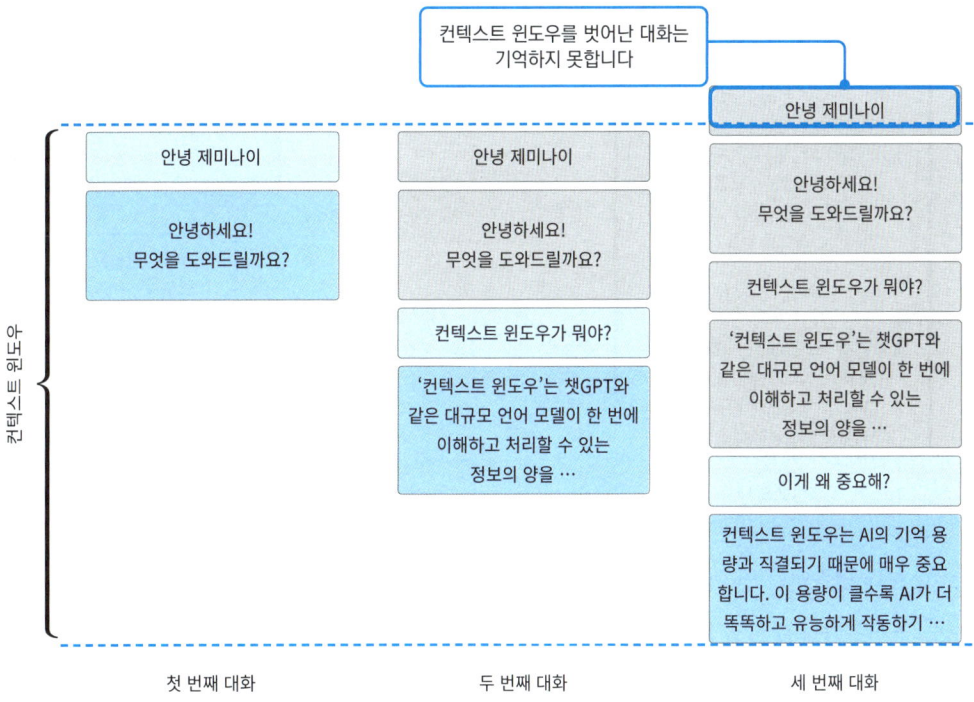

컨텍스트 윈도우는 단어 그대로 AI가 대화 내용을 읽을 수 있는 창문과 같습니다. 이 창문은 크기가 정해져 있어서, 최근의 대화 내용만 창문 너머로 볼 수 있습니다. 대화가 길어질수록 오래된 내용은 창문 밖으로 밀려나가고, 더 이상 챗봇이 참고할 수 없게 됩니다.

컨텍스트 윈도우 크기는 일반적으로 토큰Token이라는 단위로 측정합니다. 토큰은 단어, 구두 점, 숫자 등 대화의 작은 조각을 의미합니다. 예를 들어 '고양이는 귀엽다'라는 문장은 3~4개의 토큰으로 분리할 수 있습니다.

챗봇이나 언어 모델은 컨텍스트 윈도우 크기(4,096 토큰, 8,000 토큰, 32,000 토큰 등)만큼의 대화 내용만 한 번에 읽고, 이를 바탕으로 다음 답변을 생성합니다. 만약 대화가 길어져서 토큰 수가 윈도우 크기를 넘어서면, 가장 앞부분의 내용부터 차례로 잘려나갑니다.

컨텍스트 윈도우 크기는 챗봇의 성능에 중요한 영향을 미칩니다. 윈도우가 크면 클수록 AI는 더 많은 맥락을 이해하고, 자연스럽고 일관성 있는 답변을 생성할 수 있습니다. 반대로 윈도우가 작으면 대화의 흐름이 끊기거나 중요한 정보를 잊어버릴 위험이 있습니다.

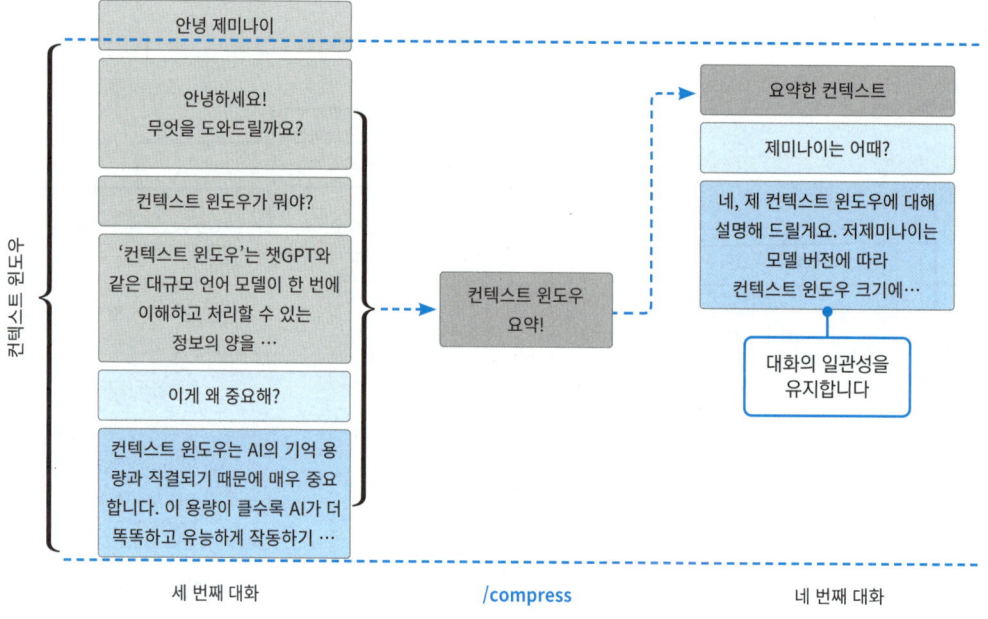

/compress 명령어는 이 컨텍스트 윈도우를 관리하기 위한 기능으로, 이전에 이어지던 대화의 주요 내용은 유지하면서 동시에 요약하여 사용되는 토큰 수를 줄일 수 있습니다. 대화의 내용을 요약하는 과정에서 중요한 요소가 제외될 수도 있기 때문에 신중하게 사용하세요. 필요하다면 컨텍스트를 새롭게 추가합니다.

색상을 변경할 땐 /theme

제미나이 CLI를 처음 사용할 때 설정했던 색상 테마가 아닌 다른 테마로 변경할 수 있도록 합니다. Apply To 항목의 [User Setting]을 선택하면 어디서 제미나이 CLI를 실행하던 방금 선택한 테마를 적용합니다. [Workspace Setting]을 선택하면 현재 디렉터리 경로에서 실행하는 제미나이 CLI에만 적용합니다. 취향에 따라 글자가 잘 보이는 테마를 찾아보세요.

결과를 바로 저장할 땐 /copy

제미나이 CLI에서 가장 마지막으로 반환한 결과물을 클립보드에 복사합니다. 터미널에 출력된 내용을 마우스로 드래그해서 복사하면 귀찮기도 하지만 특수 기호가 섞여 불편합니다. /copy 명령어를 사용하면 쉽게 결과를 복사해서 공유하거나 프롬프트에 붙여넣을 수 있습니다.

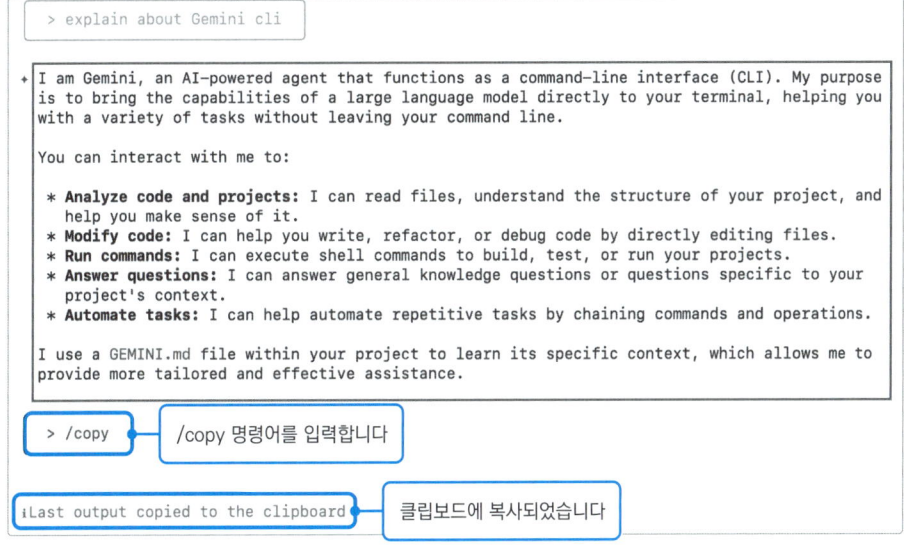

새 프로젝트를 시작할 땐 /init

/init 명령어는 현재 작업 중인 디렉터리에 GEMINI.md 파일을 생성합니다. 셸의 touch 명령어는 빈 파일을 생성하지만 /init 명령어는 현재 작업 중인 디렉터리를 자동으로 분석하여 맞춤형 컨텍스트 파일을 생성합니다. 프로젝트에서 제미나이 CLI를 처음 실행했을 때 이 명령어를 사용하면 좋습니다.

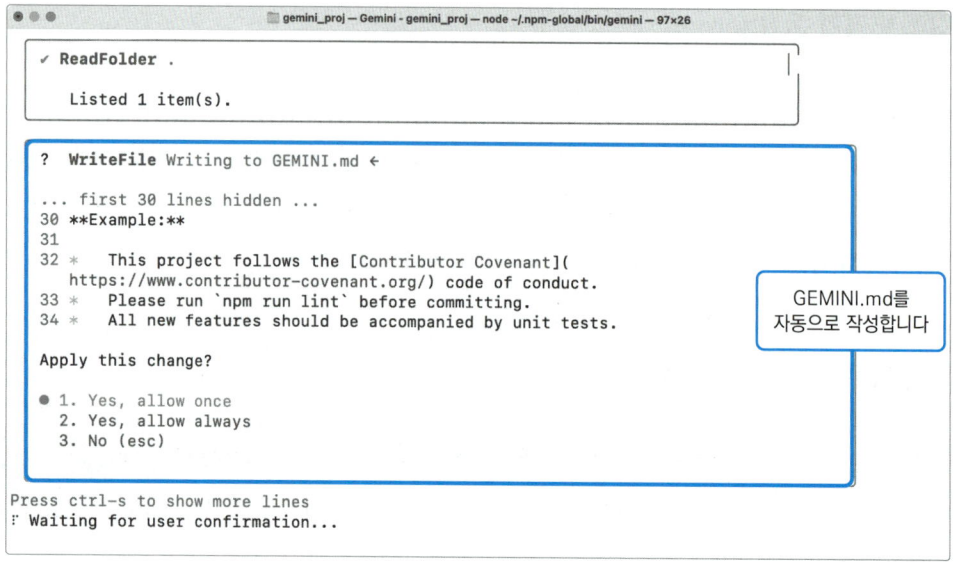

GEMINI.md를 자동으로 작성합니다

다양한 슬래시 명령어

제미나이 CLI에서 사용할 수 있는 슬래시 명령어는 지금까지 설명한 것 외에도 매우 많습니다. 시간이 지나면서 새로운 명령어가 추가되기도 합니다. 한 번씩 살펴보고 여러분에게 필요한 기능이 있는지 파악해두는 것이 좋습니다.

명령어	설명
/about	버그 리포트 작성 또는 현재 사용 중인 모델과 인증 방식 등을 확인할 때 사용
/auth	인증 방식 전환
/bug	CLI 사용 중 오류 발생 시 깃허브 이슈로 버그 제보
/chat	대화를 저장하거나 재개
/compress	컨텍스트 요약
/copy	마지막 답변 전체를 클립보드에 복사
/directory(/dir)	현재 작업 공간 외에 다른 디렉터리에 있는 파일을 참조 시 컨텍스트에 추가
/docs	제미나이 CLI 공식 문서 열람
/editor	코드 수정이나 파일 비교 시 사용할 외부 텍스트 에디터 지정
/extensions	현재 세션에서 사용 가능한 확장 기능 목록 확인
/help(/?)	사용 가능한 모든 명령어와 단축키 목록 표시
/ide	통합 개발 환경 연동 설정
/init	현재 디렉터리를 분석하여 최적의 GEMINI.md 파일을 자동으로 생성

/mcp	Model Context Protocol 서버 및 사용 가능한 도구 나열
/memory	로드된 메모리 컨텍스트 관리
/model	현재 사용 중인 모델을 표시하거나 다른 모델로 변경
/privacy	데이터 수집 및 활용 정책을 확인하고 데이터 수집 허용 여부를 설정
/quit(/exit)	Gemini CLI 세션을 종료
/settings	대화형 인터페이스로 .gemini/settings.json 내용 수정
/setup-github	깃허브 리포지토리에서 PR 리뷰, 이슈 관리 등을 자동화할 수 있도록 연동 작업 수행
/stats	현재 세션의 토큰 사용량 및 통계 표시
/terminal-setup	IDE 내 터미널에서 줄 바꿈을 위한 키 조합 설정 (기본값: `Ctrl + J`)
/theme	CLI 인터페이스의 색상 테마 변경
/tools	모델이 사용할 수 있는 내장 도구 목록 표시
/vim	터미널에서 Vim 스타일의 키보드 입력 방식을 사용하도록 전환
/clear	터미널 화면 지우기

셸 명령어를 바로 실행하는 셸 모드

`!`를 입력하면 대화 입력 창을 셸 모드로 변경합니다. 셸 모드에서는 터미널 명령어를 직접 실행할 수 있습니다. 제미나이 CLI를 사용하다가 ls와 같은 명령어를 입력하고 싶을 때 사용합니다. 별도의 터미널을 띄울 필요 없이 시스템 기본 셸에서 명령을 바로 실행하고 결과를 바로 제미나이 CLI에서 확인할 수 있습니다. vim, nvim, nano 등 CLI 편집기도 바로 사용할 수 있습니다. `Ctrl + F`를 입력하면 편집기와 대화창 포커스를 전환합니다. 다시 프롬프트 입력 모드로 돌아가려면 `!`나 `esc`를 누르면 됩니다.

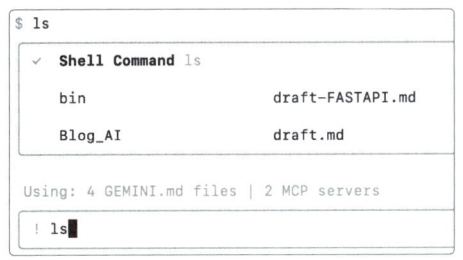

셸 모드에서 실행하는 모든 명령은 시스템 권한으로 동작합니다. 시스템에 영향을 주는 rm, mv 등의 명령어도 실제 터미널에서 입력한 것과 같은 결과가 발생합니다. 셸 모드에서 잘못된 명령어를 입력하지 않도록 항상 신중하게 사용하세요.

외부 자료 참조를 위한 @ 명령어

@ 명령어는 제미나이 CLI에서 가장 자주 사용하는 강력한 기능입니다. @ 명령어를 사용하면 파일 내용을 가져와 대화에 활용할 수 있습니다. 긴 문서나 코드를 AI로 분석할 때 매우 유용합니다. @⟨FILE⟩처럼 기호 뒤에 파일 경로를 입력하면 됩니다.

- **코드 리뷰 및 리팩터링** : @src/utils.js 이 코드의 문제점을 찾아주고, 더 효율적으로 개선해줘.
- **문서 요약** : @meeting_notes.md 오늘 회의록의 핵심 내용을 세 줄로 요약해줘.
- **코드 기반 질문** : @package.json 이 프로젝트에 설치된 의존성 라이브러리 목록을 알려주고, 각 라이브러리의 용도를 설명해줘.

@ 기호 뒤에 URL을 입력하면 해당 웹페이지의 콘텐츠를 가져옵니다. 웹에서 정보를 찾다가 내용이 어렵거나 외국어로 적혀 있어 파악하기 어려운 문서를 이해할 때 유용합니다.

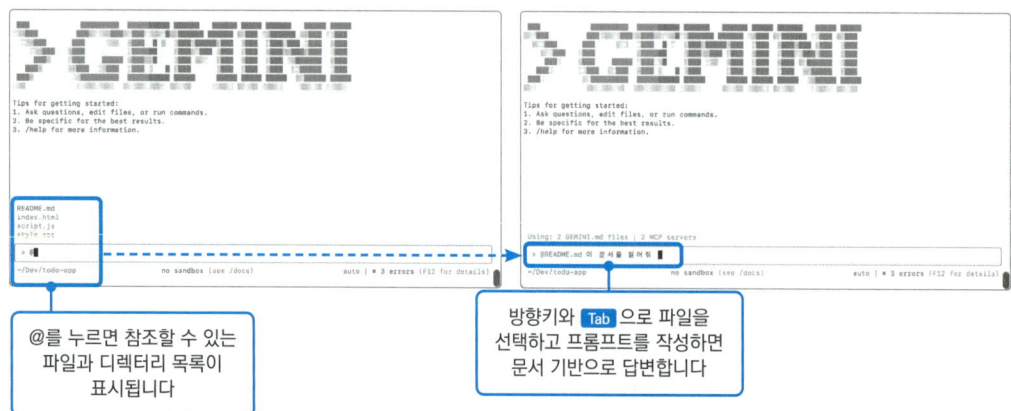

3초 꿀팁 | 파일 참조가 안 돼요!

@ 명령어는 효율적이고 자주 사용할 기능이지만 몇 가지 주의할 점이 있습니다. 파일을 불러오지 못하거나 불러오는 시간이 너무 오래 걸린다면 몇 가지 사항을 점검하는 것이 좋습니다. 먼저 파일 이름에 공백이 있는지 확인하세요. 공백이 있는 경우 공백 앞에 역슬래시(\)를 붙입니다. 일반적으로 공백은 여러 명령을 구분하는 기준입니다. 역슬래시 없이 공백을 입력하면 제미나이 CLI가 공백이 파일 이름의 일부인지, 공백 이전까지만 파일 이름인지 알 수 없습니다.

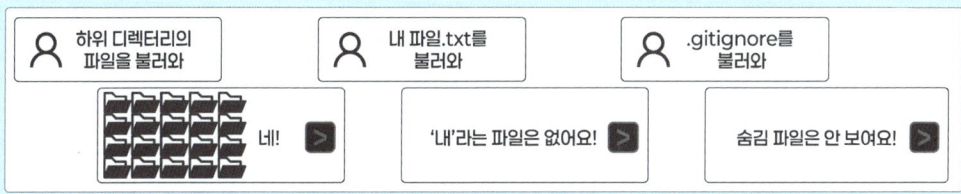

.gitignore처럼 **숨김 파일의 내용은 자동 완성이나 파일 읽기에서 자동으로 제외될 수 있습니다.** 이 설정은 사용자가 변경할 수 있습니다. 읽는 파일은 기본적으로 텍스트 파일을 대상으로 하며, 바이너리 파일이나 너무 큰 파일은 자동으로 생략되거나 일부만 읽어올 수 있습니다. 만일 현재 작업 위치가 홈 디렉터리처럼 많은 하위 파일을 포함한다면 메모리에 불러오는 작업이 아주 오래 걸립니다. 가능하면 프로젝트 단위의 디렉터리에서 작업하는 게 좋습니다.

[챕터 09]

내장 도구 알아보기

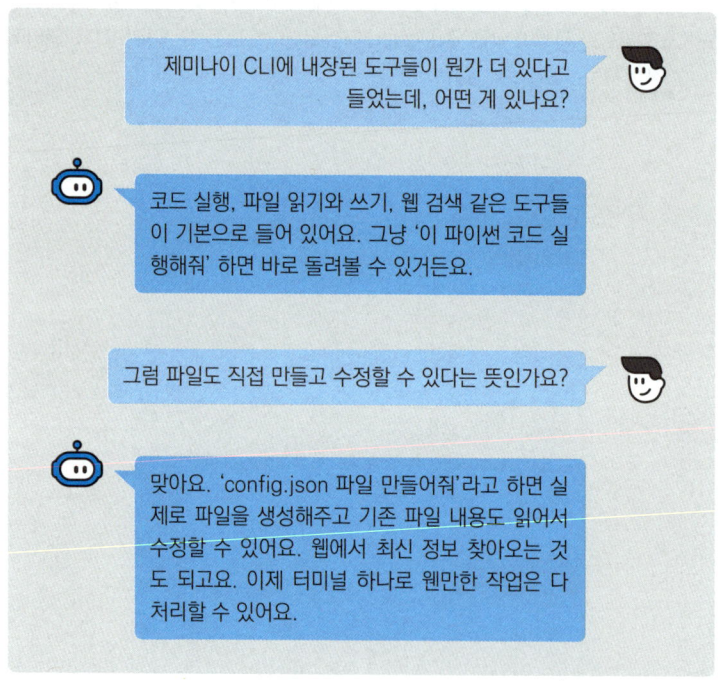

제미나이 CLI는 AI와 실제 개발 환경을 연결하는 내장 도구를 갖추고 있습니다. 이 도구를 사용하면 터미널을 벗어나지 않고도 파일 시스템을 조작하고, 셸 명령어를 실행하며, 웹에서 정보를 가져오는 등 개발에 필요한 대부분의 작업을 수행할 수 있습니다. 여기서는 각 도구의 사용법을 실전 예제와 함께 자세히 알아보겠습니다.

내장 도구 작동 단계

앞서 다룬 CLI 명령어와 달리, 내장 도구는 사용자가 직접 사용하지 않습니다. 제미나이 CLI가 문맥을 유추해 자동으로 실행하거나 프롬프트에 어떤 도구를 사용하라 지시합니다. 제미나이 CLI 도구를 사용하는 흐름은 다음 다섯 단계를 거칩니다.

1. 사용자가 프롬프트를 입력합니다.
2. 프롬프트와 사용 가능한 도구 정보가 제미나이 CLI에 전달됩니다.
3. 제미나이가 프롬프트를 해석해 도구 실행이 필요하면 도구와 정보를 사용자에게 확인받습니다.
4. 제미나이가 도구를 사용하여 작업을 수행합니다.
5. 작업 및 답변을 생성합니다.

이 중 2, 4번째 단계는 사용자에게 보이지 않습니다. 지금부터 이 단계를 예시와 함께 살펴보겠습니다.

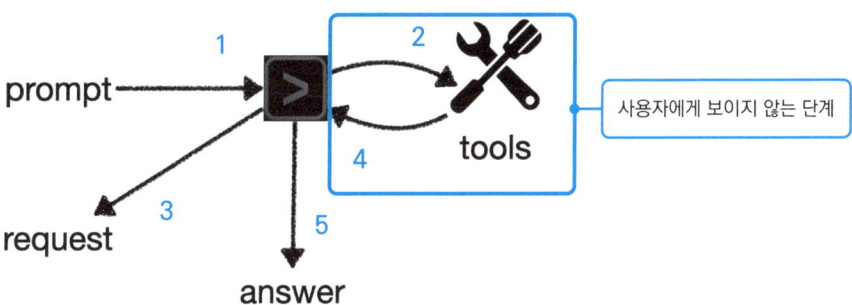

정확한 정보가 필요할 땐 검색 도구

제미나이 CLI는 구글에서 제작한 만큼 웹 검색 기능이 뛰어납니다. 이 기능을 잘 활용하면 복잡한 자료 수집 과정이 간편해집니다. 편리함보다 더 큰 장점은 정확도입니다. 실제로 있는 데이터를 기반으로 답변하므로 거짓말할 확률이 줄어듭니다.

웹페이지의 정보를 추출하고 분석하기 : web_fetch

web_fetch는 제미나이 CLI에서 웹페이지의 정보를 추출하고 분석하는 도구입니다. 하나 이상의 URL을 입력하면 각 웹페이지의 내용을 요약하거나, 서로 비교하거나, 정보를 추출할 수 있습니다. 최대 20개의 URL을 한 번에 처리할 수 있어 대량의 정보 비교나 조사 작업에도 매우 효율적입니다. 프롬프트에 **URL과 함께** 요약, 비교 등의 키워드를 입력하면 자동으로 web_fetch 도구를 사용합니다. 직접 해봅시다.

01 제미나이 CLI의 공식 깃허브에서 커맨드 문서를 정리해달라고 요청하겠습니다. 문서의 URL을 알려주고 다음과 같이 요청하세요.

- **제미나이 CLI 커맨드 문서** : bit.ly/4lyUK34

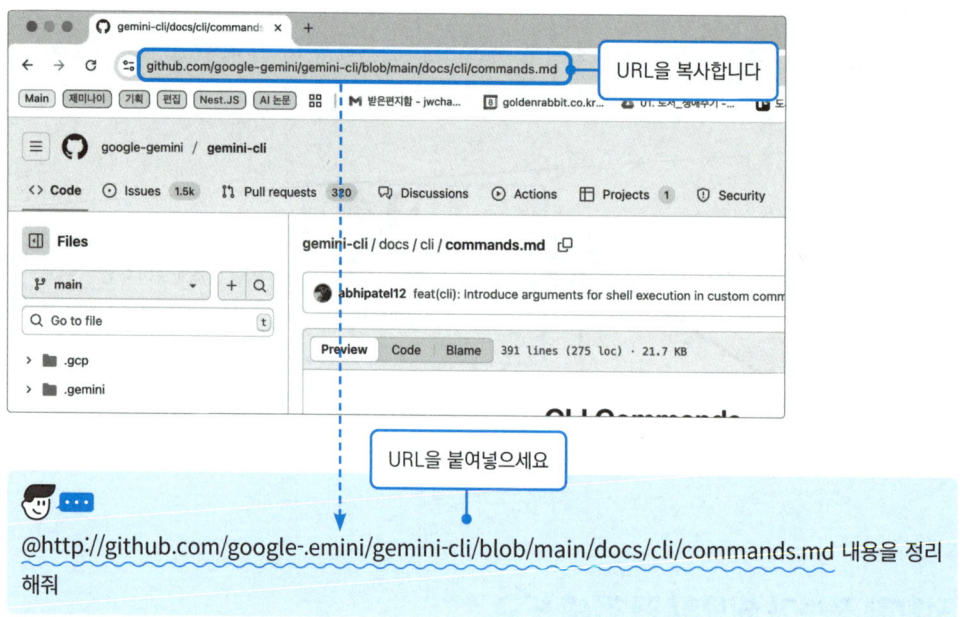

02 제미나이 CLI는 추론을 통해 어떤 도구를 사용할지 고민합니다. 지금은 @ 명령어와 URL을 함께 제공했기 때문에 web_fetch를 사용하기로 결정합니다. 그리고 사용자에게 web_fetch 도구를 어떤 목적으로 사용할지 설명한 뒤 도구 사용에 대한 허가를 요청합니다.

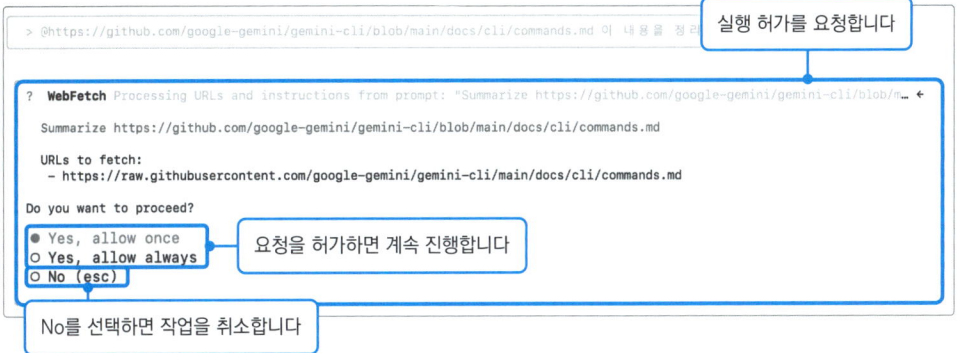

[Yes, allow once]는 한 번만 허용한다는 뜻입니다. [Yes, allow always]는 앞으로 같은 요청에 대해 허가를 구하지 않고 바로 작업을 실행합니다. 계속 허가를 수락하는 것이 귀찮다면 [Yes, allow always]를 선택하세요.

03 요청을 허가하면 web_fetch 도구를 사용해 웹페이지의 내용을 요약하고 결과를 화면에 출력합니다.

04 제미나이 CLI가 web_fetch 도구를 자동으로 사용하지 않는다면 직접 사용하라고 명시하면 됩니다.

web_fetch를 사용해 @http://github.com/google-gemini/gemini-cli/blob/main/docs/cli/commands.md 내용을 정리해줘

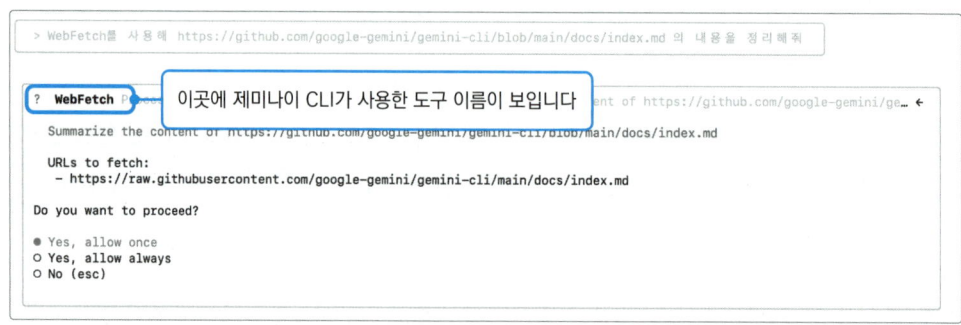

실시간 웹 검색 수행하기 : google_web_search

google_web_search는 실시간으로 구글 검색을 수행합니다. 이렇게 만든 결과는 출처 기반으로 생성된 결과이므로 정확도가 높고 AI 모델의 단점인 환각 현상을 보완합니다. 사용자가 직접 구글에 검색하는 것과는 약간 다릅니다. 이 도구는 구글에 검색한 결과를 가져와서 제미나이로 요약하는 두 단계의 작업을 거칩니다. 최종적으로는 검색 결과를 요약한 텍스트를 반환합니다. 즉 일반 구글 검색처럼 단순한 링크 목록이 아니라 여러 웹사이트에서 얻은 정보를 한눈에 파악할 수 있도록 **가공해서 제공합니다**. 결국 인공지능의 가공이 들어간다는 것을 주의하세요.

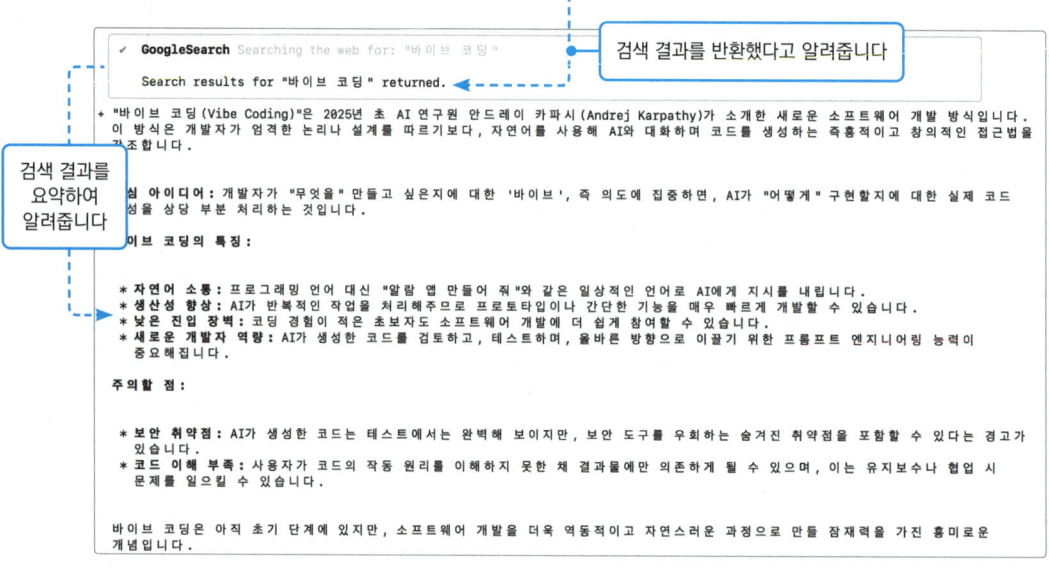

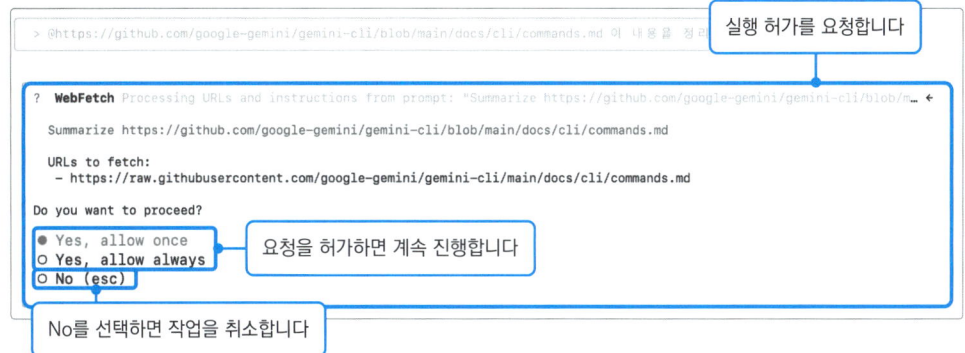

[Yes, allow once]는 한 번만 허용한다는 뜻입니다. [Yes, allow always]는 앞으로 같은 요청에 대해 허가를 구하지 않고 바로 작업을 실행합니다. 계속 허가를 수락하는 것이 귀찮다면 [Yes, allow always]를 선택하세요.

03 요청을 허가하면 web_fetch 도구를 사용해 웹페이지의 내용을 요약하고 결과를 화면에 출력합니다.

04 제미나이 CLI가 web_fetch 도구를 자동으로 사용하지 않는다면 직접 사용하라고 명시하면 됩니다.

web_fetch를 사용해 @http://github.com/google-gemini/gemini-cli/blob/main/docs/cli/commands.md 내용을 정리해줘

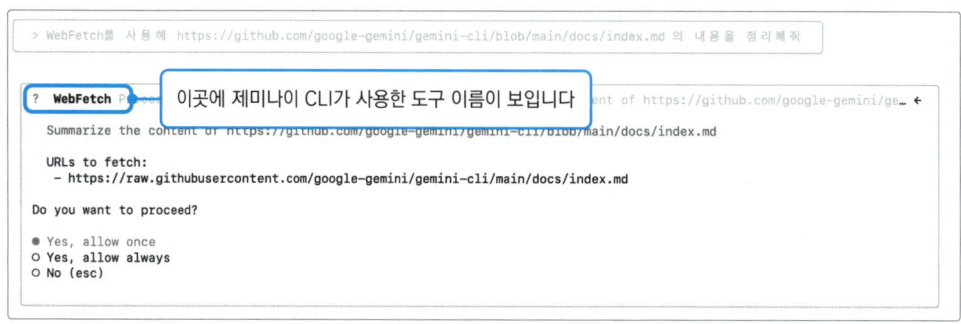

실시간 웹 검색 수행하기 : google_web_search

google_web_search는 실시간으로 구글 검색을 수행합니다. 이렇게 만든 결과는 출처 기반으로 생성된 결과이므로 정확도가 높고 AI 모델의 단점인 환각 현상을 보완합니다. 사용자가 직접 구글에 검색하는 것과는 약간 다릅니다. 이 도구는 구글에 검색한 결과를 가져와서 제미나이로 요약하는 두 단계의 작업을 거칩니다. 최종적으로는 검색 결과를 요약한 텍스트를 반환합니다. 즉 일반 구글 검색처럼 단순한 링크 목록이 아니라 여러 웹사이트에서 얻은 정보를 한눈에 파악할 수 있도록 **가공해서 제공합니다**. 결국 인공지능의 가공이 들어간다는 것을 주의하세요.

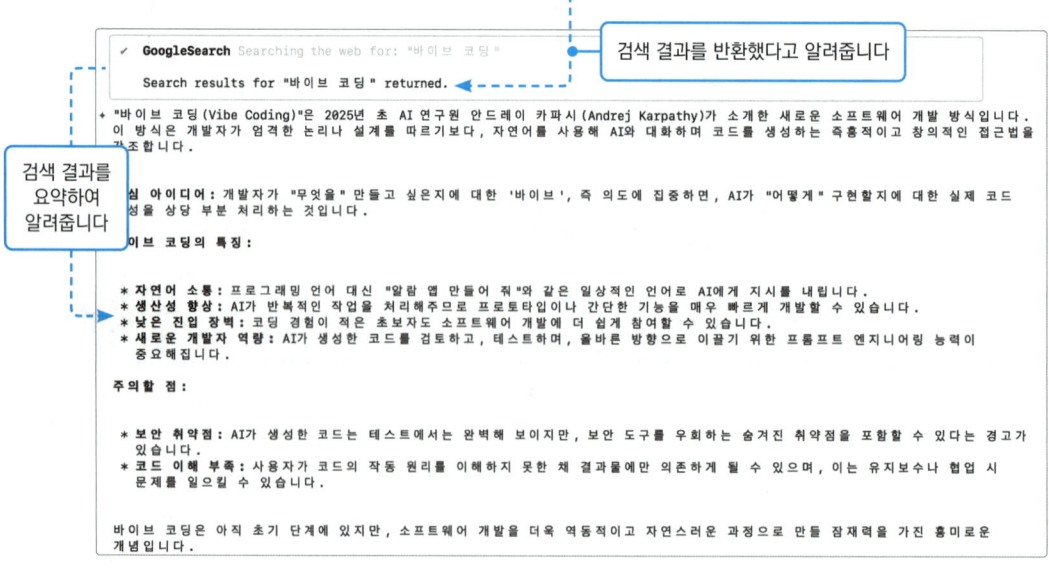

파일 관리를 위한 파일 시스템 도구

흔히 사용하는 윈도우의 파일 탐색기와 macOS의 Finder처럼 제미나이 CLI는 여러분의 파일과 디렉터리를 직접 다룰 수 있는 기능이 있습니다. 파일 시스템 도구로 파일 읽기, 쓰기, 검색, 수정 같은 작업을 안전하게 처리할 수 있죠. 이 기능은 보안을 위해 기본적으로 제미나이 CLI를 실행하는 디렉터리에서만 동작합니다.

디렉터리 조회하기 : list_directory

특정 디렉터리에 있는 파일과 디렉터리 목록을 가져옵니다. 이전에 배웠던 터미널의 ls 명령어와 동일하죠. 가장 기본적인 기능이면서 중요한 기능입니다. 확인하고 싶은 디렉터리의 경로만 알려주면 알아서 목록을 가져옵니다. PDF 파일만 보고 싶다거나, 특정 문자를 포함한 파일만 가져오게 할 수도 있습니다.

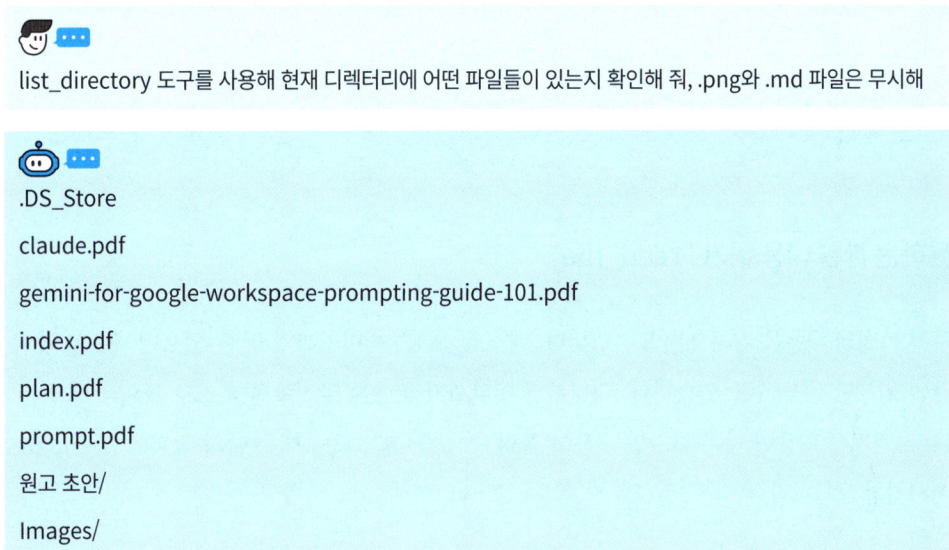

NOTE 이름 뒤에 /가 있으면 디렉터리입니다.

이런 도구는 사용자의 허가를 구하지 않습니다. 파일의 내용을 변경하거나 삭제하는 기능이 없어서 위험하지 않기 때문입니다. 이렇게 간단한 작업을 수행하는 도구는 종종 권한 부여 요청을 생략합니다.

3초 꿀팁 · glob 패턴

제미나이 CLI는 조건을 만족하는 파일과 디렉터리를 구분해서 가져오는 작업에 glob이라는 기능을 사용합니다. 그리고 glob에서 조건을 명시하는 방법을 glob 패턴이라고 부릅니다. glob 패턴을 사용하면 복잡한 파일 이름을 일일이 지정하지 않고, 단순한 규칙만으로 원하는 파일들을 쉽고 빠르게 선택할 수 있습니다. 몇 가지 주요 glob 패턴을 알아보겠습니다.

- * : 임의의 문자열에 대응
- ? : 임의의 한 문자에 대응
- [ ] : 대괄호 안에 포함된 문자 중 하나와 일치
- { } : 여러 패턴 중 하나와 일치
- ** : 하위 디렉터리까지 재귀적으로 일치시킬 때 사용

실제로는 이렇게 사용합니다.

- *.log : 현재 디렉터리의 모든 .log 파일
- images/photo?.png : images 디렉터리 내, photo 뒤에 아무 글자 하나가 추가된 .png 파일
- src/**/*.ts : src 디렉터리 및 하위 모든 디렉터리의 .ts 파일
- README.* : 확장자가 무엇이든, 모든 README 파일

원하는 파일 내용 읽기 : read_file

특정 파일의 내용을 가져오는 도구입니다. 텍스트, PDF, 이미지까지 할 수 있으며 텍스트 파일이라면 글의 일부만 읽을 수도 있습니다. 어디부터 어디까지 읽을지 알려주면 텍스트 파일의 일부만 가져옵니다. 가져온 내용이 너무 길다면 내용이 잘릴 수 있습니다. 그럴 때는 출력 결과에 [truncated]라는 메시지가 보입니다.

> **NOTE** 이미지 파일은 PNG, JPG, GIF, WEBP, SVG, BMP를 지원합니다.

prompt.pdf에는 어떤 내용이 있지?

> prompt.pdf 파일을 검토했습니다. 이 파일은 2024년 10월에 작성된 "Gemini for Google Workspace 프롬프팅 가이드 101"이라는 제목의 종합 안내서입니다.
>
> 내용을 요약하면 다음과 같습니다:
>
> 핵심 아이디어: 이 가이드는 Google Workspace용 Gemini를 사용할 때 효과적인 프롬프트를 작성하기 위한 기본 기술과 모범 사례를 제공합니다. 또한 프롬프트 작성은 누구나 배워서 생산성과 창의성을 높일 수 있는 기술임을 강조합니다.

만약 여러 개의 파일을 읽으라고 지시하면 read_many_files 도구를 사용합니다.

파일 직접 수정하기 : write_file

파일을 새로 만들거나 기존 파일을 덮어써야 한다면 write_file을 사용합니다. 이 도구 덕분에 인공지능이 생성한 답변을 복사해서 사용하는 방식에서 벗어날 수 있었죠. 제미나이 CLI의 가장 강력한 기능입니다. 사용법은 파일 내용과 파일 이름을 알려주기만 하면 됩니다. 만일 알려준 파일 이름이 디렉터리에 이미 있다면 파일을 덮어씁니다.

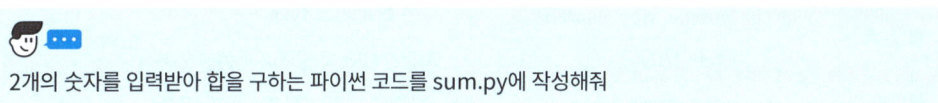

이 작업은 새로운 파일을 생성하거나 기존 파일을 대체하기 때문에 당연히 사용자 허가를 요청합니다. 요청을 수락하면 실제로 파일이 생기고 내용도 잘 작성합니다. 만일 내용이 마음에 들지 않아도 수정할 수 있습니다. [Modify with external editor]는 파일을 생성하기 전에 사용자가 직접 수정할 수 있는 기능입니다. 이 옵션을 선택하면 지정된 편집기 프로그램을 실행하고 제미나이 CLI가 제안한 파일 내용을 직접 변경할 수 있습니다. 이때 실행할 편집기는 /editor 명령에서 바꿀 수 있었죠.

다양한 내장 도구

검색과 파일 시스템 도구 외에도 다양한 내장 도구가 있습니다. 다음은 제미나이 CLI에서 제공하는 명령어 도구를 기능별로 정리한 표입니다.

구분	도구명 (내부 이름)	기능
파일 시스템	list_directory	지정한 디렉터리의 파일과 하위 디렉터리 목록 반환
	read_file	지정된 파일의 내용을 읽어 반환
	write_file	파일 내용을 작성하거나 덮어쓰기
	write_todos	복잡한 작업을 위한 단계별 하위 작업 생성
	glob	glob 패턴과 일치하는 파일 검색
	search_file_content	정규표현식으로 파일 내부 텍스트 검색
	replace	파일 내 특정 텍스트 블록을 다른 내용으로 교체
셸 명령어	run_shell_command	셸 명령어를 직접 실행
웹 검색	google_web_search	구글 검색 결과 요약
	web_fetch	지정한 URL의 웹페이지 콘텐츠 분석
메모리 관리	save_memory	중요한 정보를 GEMINI.md에 저장

제미나이 CLI 커맨드라인

이번에는 제미나이 CLI를 채팅 형식이 아닌 터미널에서 바로 실행하는 방법을 소개합니다. 이전에는 제미나이 CLI를 실행하기 위해 gemini 명령어를 실행했습니다. 여기서 gemini 명령어에 옵션을 지정하면 즉시 작업을 지시하거나 제미나이 CLI 설정을 바꿀 수 있습니다. 커맨드라인에서 제미나이 CLI를 다루면 실행 환경, 사용 모델, 파일 포함 범위, 디버그 및 샌드박스 설정 등 다양한 동작 방식을 세밀하게 조정할 수 있습니다.

01 -m 옵션으로 제미나이 모델을 지정합니다. 기본값은 Auto입니다. 사용 가능한 모델은 제미나이 API 공식 설명 문서에서 확인할 수 있습니다. gemini-2.5-flash와 같은 모델을 사용하여 추론에 쓰이는 시간을 줄여 더 빠르게 대용량 작업을 할 수 있습니다.

- **제미나이 API 모델 설명 문서 :** ai.google.dev/gemini-api/docs/models?hl=ko

```
gemini -m "gemini-2.5-flash"
```

원하는 모델명을 명령어에 넣어서 실행하면 제미나이 CLI 채팅 오른쪽 하단에 사용 중인 AI 모델이 기본값인 gemini-2.5-pro가 아닌 gemini-2.5-flash로 변한 것을 확인할 수 있습니다.

02 -p 옵션을 사용해 프롬프트를 내장 도구의 인자로 직접 전달합니다. 원하는 내장 도구를 명확하게 사용할 수 있다는 특징이 있습니다. 또한 다른 프로그램과 조합하여 사용할 때 유용합니다. 채팅이 아닌 일회성 명령이므로 여러 개의 프롬프트가 필요하거나 대화를 지속하며 수행하는 작업은 불가능합니다.

```
gemini -p "google_web_search('최신 AI 뉴스를 소개해줘')"
```

> **NOTE** 차후 버전에서 -p 옵션 없이 인자만 전달할 수 있도록 업데이트될 예정입니다.

03 --show_memory_usage 옵션을 사용해 제미나이 CLI 상태 표시줄 오른쪽 아래에 현재 메모리 사용량을 표시합니다.

```
gemini --show_memory_usage
```

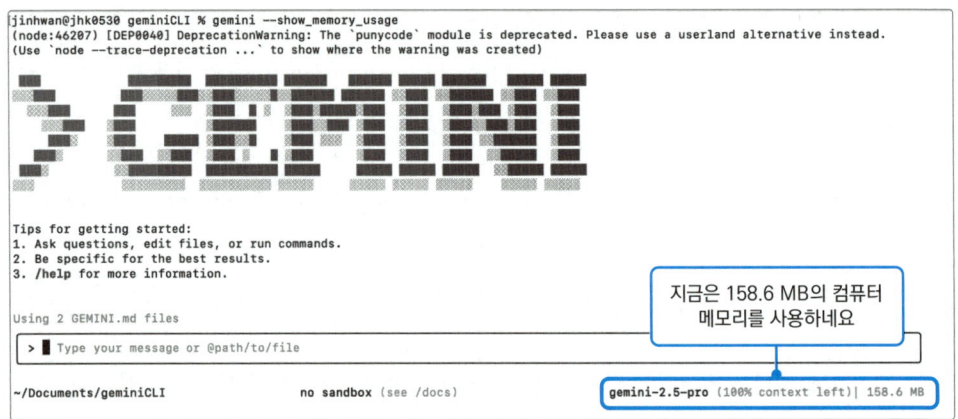

지금은 158.6 MB의 컴퓨터 메모리를 사용하네요

04 -v, --version을 사용하면 제미나이 CLI 버전을 바로 확인할 수 있습니다. 제미나이 CLI를 새로 설치하거나 업데이트한 뒤에 한 번씩 확인하면 좋습니다. -v 옵션과 --version 옵션은 완전히 동일하게 기능합니다. CLI 프로그램은 축약한 형태의 옵션을 함께 제공하는 경우가 많습니다.

```
gemini -v
gemini --version
```

```
jinhwan@jhk0530 geminiCLI % gemini -v
0.16.0
jinhwan@jhk0530 geminiCLI %
```

05 모든 도구 호출 및 작업을 자동으로 승인하려면 -y, --yolo를 사용합니다. 이 자동 승인 모드를 yolo 모드라 부릅니다. 예를 들어 파일 생성을 위해 사용하는 write_file 도구는 사용자의 허가가 필요하지만 yolo 모드로 제미나이 CLI를 실행하면 이를 묻지 않습니다.

```
gemini -y
gemini --yolo
```

```
jinhwan@jhk0530 geminiCLI % gemini -y -p "1개의 숫자를 입력받아 제곱을 계산하는 파이썬 코드를  square.py에 작성해줘"
YOLO mode is enabled. All tool calls will be automatically approved.
square.py 파일에 1개의 숫자를 입력받아 제곱을 계산하는 파이썬 코드를 작성했습니다.
jinhwan@jhk0530 geminiCLI %
```

06 -r을 사용해 이전에 했던 채팅에 이어서 작업할 수 있습니다. latest 옵션을 같이 넣으면 가장 최신 기억을 불러옵니다.

```
gemini -r latest -p "방금 했던 작업 기억해?"
```

```
cha@chaui-MacBookAir gemini_proj % gemini -r latest -p "방금 했던 작업 기억해?"
Loaded cached credentials.
네, 방금 "최신 ai 뉴스 요약"에 대한 웹 검색을 수행하고 그 결과를 요약해 드렸습니다.
cha@chaui-MacBookAir gemini_proj %
```

07 -d 또는 --debug를 사용해 디버그 모드로 제미나이 CLI를 실행하면 모든 과정에 대한 로그가 자세히 출력되어 문제 진단에 사용할 수 있습니다.

```
gemini --debug
```

[챕터 09] 내장 도구 알아보기

디버그 모드로 제미나이 CLI를 실행했을 때 제미나이 로고 상단에 제미나이가 기존 메모리를 탐색하고 설정 파일을 불러오는 작업에 대한 로그와 사용자 인증 방식을 표시합니다. 이후 사용자가 프롬프트를 사용할 때 모든 과정을 로그로 출력합니다.

08 gemini --help를 사용하면 커맨드라인에 인자로 사용할 수 있는 옵션을 모두 확인할 수 있습니다. 모든 옵션을 외울 수는 없으니 필요할 때마다 확인하면 좋습니다.

옵션	설명
-d, --debug	디버그 모드로 실행
-m, --model	사용할 모델 지정
-p, --prompt	표준 입력에 추가할 프롬프트 지정
-i, --prompt-interactive	주어진 프롬프트를 실행하고, 인터랙티브 모드로 실행
-s, --sandbox	샌드박스 실행 여부 설정
-y, --yolo	모든 작업을 자동으로 수락 (yolo 모드)
-e, --extensions	사용할 익스텐션 설정 (기본값은 모든 익스텐션 사용)
-l, --list-extensions	설치된 익스텐션 목록 출력
-r, --resume	이전 채팅 세션에 이어서 작업
-o, --output-format	CLI 출력 형식 설정 (text, json, stream-json)
-v, --version	프로그램 버전 표시
-h, --help	도움말 메시지 표시

[챕터 10]

깃 & 깃허브 함께 사용하기

혼자 작업할 때는 만든 파일을 대부분 기억하기 때문에 가끔 복사본을 만들어두는 것만으로도 충분히 프로젝트 관리가 됩니다. 하지만 프로젝트가 커지고 참여하는 사람이 늘어나면 상황이 달라집니다. 누가 언제 작업을 했는지 알아야 합니다. 실수했으면 되돌려야 합니다. 여러 사람이 작업한 결과를 합쳐야 합니다. AI와 함께 작업할 때는 더욱 중요합니다. AI는 의도와 다른 결과를 생성할 수 있습니다. 심지어 제미나이 CLI같은 CLI 기반 프로그램은 직접 파일을 수정하므로 실수에 취약합니다. 안전한 작업을 위해 프로젝트를 과거로 돌릴 수 있는 환경을 만들어야 합니다. 지금부터 프로젝트 관리의 핵심인 깃과 깃허브에 대해 알아보겠습니다.

깃과 깃허브가 뭔가요?

깃^{Git}은 버전 관리 시스템입니다. 프로젝트 변경 사항을 기록하고 이전 버전으로 되돌리는 기능을 제공합니다. 저장 기능의 고급 버전이라고 생각하면 됩니다. 그리고 이렇게 저장한 프로젝트를 온라인에 보관하는 서비스가 깃허브^{GitHub}입니다. 깃을 사용해 저장하면 프로젝트를 실수로 망쳐도 되돌리기 쉽습니다. 개발을 하다가 실험적인 기능을 추가하고 싶다면 버전을 나누어 작업하다가 나중에 합칠 수도 있습니다.

첫 번째 깃 저장소 만들기

프로젝트를 깃 저장소로 만드는 방법을 알아보겠습니다. 윈도우 사용자라면 이미 깃을 사용할 수 있습니다. Git Bash와 함께 설치되기 때문이죠. 그래서 이번 실습은 macOS 환경 기준으로 설명하겠습니다. 설치를 제외한 깃 명령어는 운영체제와 상관없이 같습니다.

01 macOS는 brew를 사용해 간편하게 깃을 설치할 수 있습니다. 추가로 CLI 환경에서 깃허브를 다룰 수 있는 도구인 gh까지 설치하겠습니다. 윈도우 사용자도 gh는 추가로 설치해야 합니다. 설치 명령어를 **파워셸**에 입력하세요.

```
brew install git
brew install gh
winget install --id GitHub.cli # 윈도우 사용자는 이 명령어만 실행하세요
```

설치가 잘되었다면 깃 명령어를 사용할 수 있습니다. 버전 확인 명령어를 입력해 깃 버전이 잘 출력되는지 확인합니다.

```
git --version
```

02 깃 저장소로 만들고 싶은 프로젝트로 이동합니다. 저는 이전에 만들어둔 할 일 목록 프로젝트를 사용하겠습니다. 그리고 깃 저장소 초기화를 위한 명령어를 입력합니다.

```
cd gemini_proj
git init
```

git init이 잘 작동했다면 깃 설정 파일이 생성되고 git status 명령어를 수행했을 때 다음과 같은 출력이 나타납니다.

```
git status
```

```
cha@chaui-MacBookAir gemini_proj % git init
Initialized empty Git repository in /Users/cha/Dev/gemini_proj/.git/
cha@chaui-MacBookAir gemini_proj % git status
On branch main

No commits yet
```

이제 이 프로젝트 디렉터리는 깃 저장소가 되었습니다. 깃 명령어를 통해 버전 관리를 수행할 수 있고 프로젝트를 깃허브에 게시할 수 있습니다.

03 이어서 깃허브를 사용하겠습니다. 아래 링크를 통해 깃허브에 접속해 회원 가입합니다.

- **깃허브 :** github.com

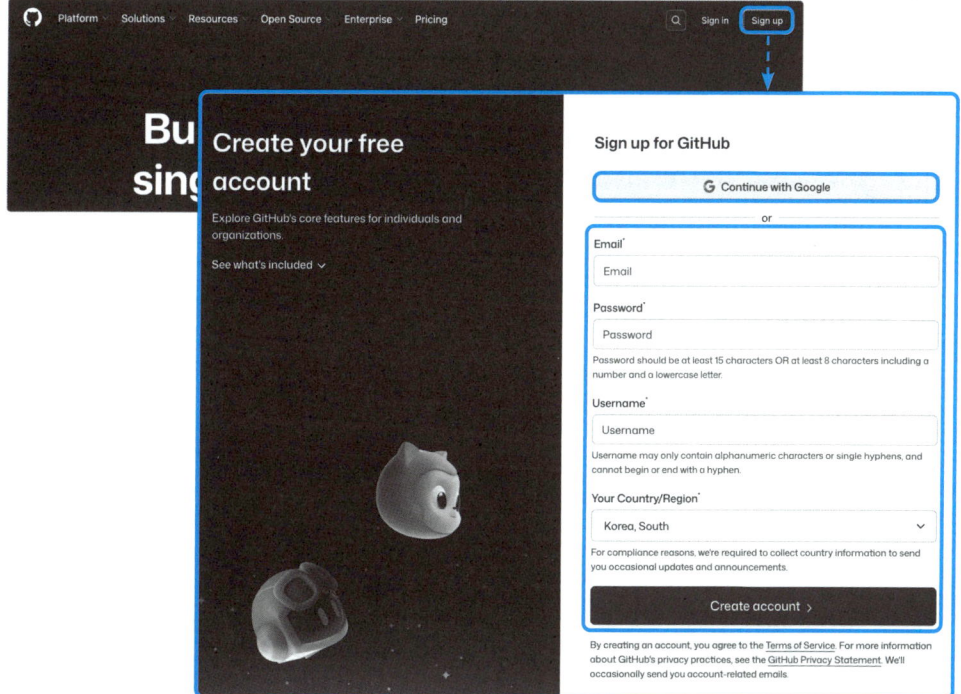

[Sign up] 버튼을 누르면 회원 가입 페이지로 이동합니다. 구글 계정을 가지고 있다면 [Continue with Google]로 바로 로그인할 수 있습니다. 구글 계정을 사용하고 싶지 않다면 이메일, 비밀번호, 계정이름, 국가를 채워넣고 [Create account]를 눌러 회원 가입을 진행합니다. 이메일 인증만 해주면 깃허브를 사용할 수 있습니다.

04 깃허브에 로그인하면 대시보드가 보입니다. 이제 새로운 프로젝트를 만들겠습니다. 깃허브에서는 프로젝트 단위를 리포지터리라고 부릅니다. [New] 버튼을 눌러 새로운 리포지터리를 생성합니다.

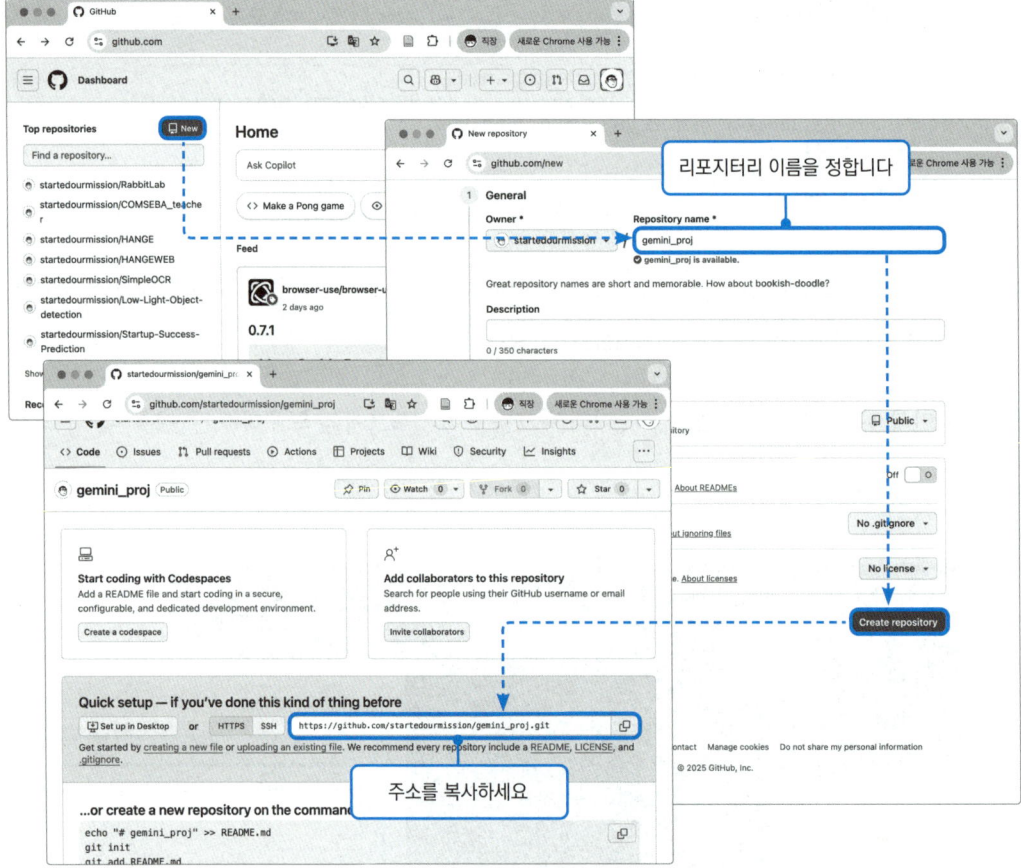

리포지터리 이름을 짓고 [Create repository] 버튼을 누르면 리포지터리가 생깁니다. 해당 리포지터리로 이동하고 리포지터리 주소를 복사하세요.

05 컴퓨터 설치된 깃과 방금 만든 깃허브 계정을 연결하겠습니다. 다음 명령어를 입력하세요. 여러분의 계정 이름과 이메일을 정확히 입력하세요. git remote add origin 명령어 뒤에는 복사한 리포지터리 주소를 붙여넣습니다.

```
git config --global user.name "계정 이름"
git config --global user.email "이메일"
git remote add origin https://github.com/startedourmission/gemini_proj.git
```

06 이번에는 gh 인증을 수행하겠습니다. 다음 명령어를 입력하면 인증 방식을 선택할 수 있습니다. 깃허브, HTTPS, Login with a web browser를 선택하고 Enter 를 누르면 웹브라우저를 실행합니다. 웹브라우저로 실행된 깃허브 인증 페이지에서 터미널에 나타난 코드를 화면에 입력하고 인증 절차를 마무리하면 됩니다.

```
gh auth login
```

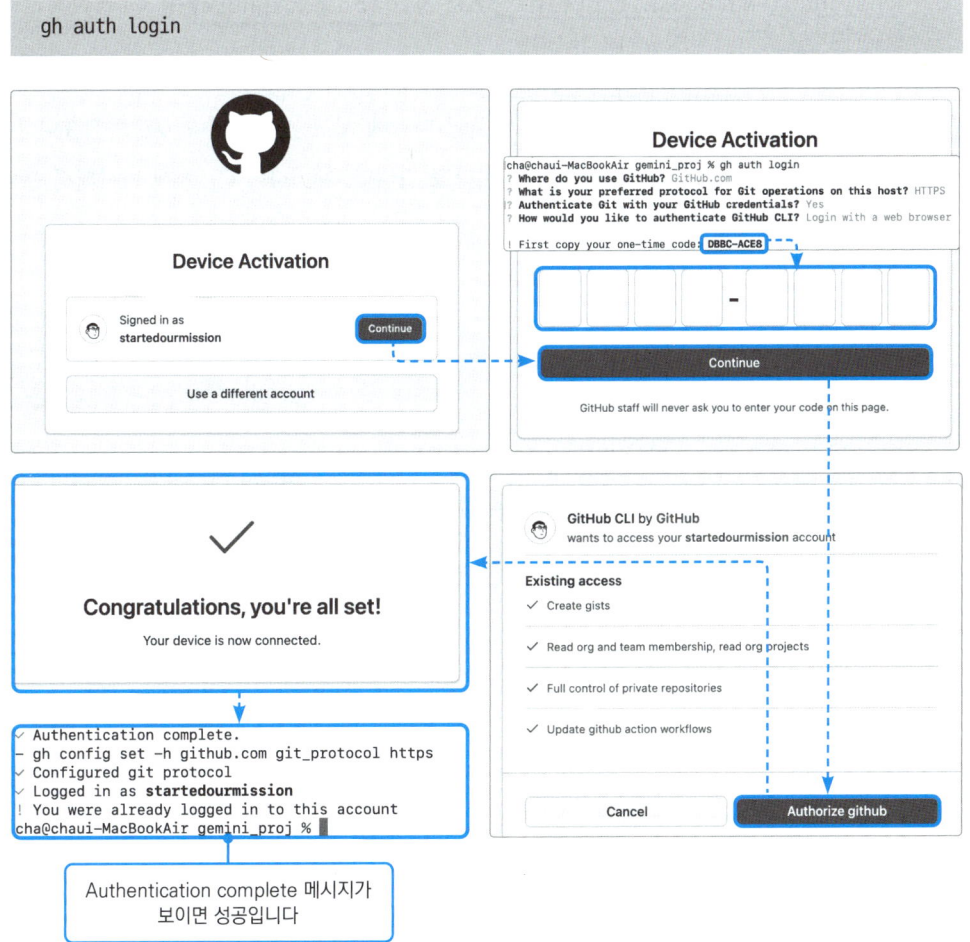

Authentication complete 메시지가 보이면 성공입니다

07 깃허브를 사용할 때는 깃허브에 업로드하면 안 되는 디렉터리와 파일을 지정하는 것이 중요합니다. 공개된 리포지터리는 누구나 볼 수 있기 때문입니다. 그 파일 목록을 명시하는 파일이 .gitignore입니다. 지금은 .gemini 디렉터리를 깃허브에 업로드하지 않겠습니다. 이 파일을 수정하기 위해 제미나이 CLI를 실행하고 다음 프롬프트를 입력합니다.

.gemini/를 .gitignore에 추가해줘

작업이 끝나면 수정이 잘되었는지 직접 파일 내용을 확인합니다. 깃허브 공개 리포지터리에 올라가면 누구나 해당 프로젝트 내용을 볼 수 있습니다. 깃허브에 업로드하기 전에는 API 키, 유저 정보 등 민감한 정보가 포함된 파일을 .gitignore에 적어놓았는지 반드시 확인하세요.

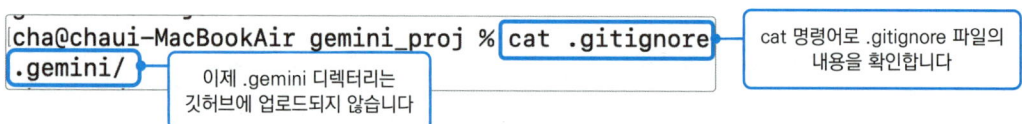

08 이제 간단한 프로젝트 설명을 README.md 파일에 적고 깃허브에 업로드하겠습니다. 프로젝트를 깃허브에 업로드하는 작업을 push라고 합니다. 제미나이 CLI에게 지시해서 프로젝트 push를 요청하세요.

README를 작성하고 프로젝트를 push해.

몇 번의 권한 요청을 수락하면 깃허브에 프로젝트를 업로드합니다. 깃허브 리포지터리에 접속해 확인해 보세요.

> **NOTE** 깃은 add, commit, push 명령어로 프로젝트를 단계별로 저장합니다.

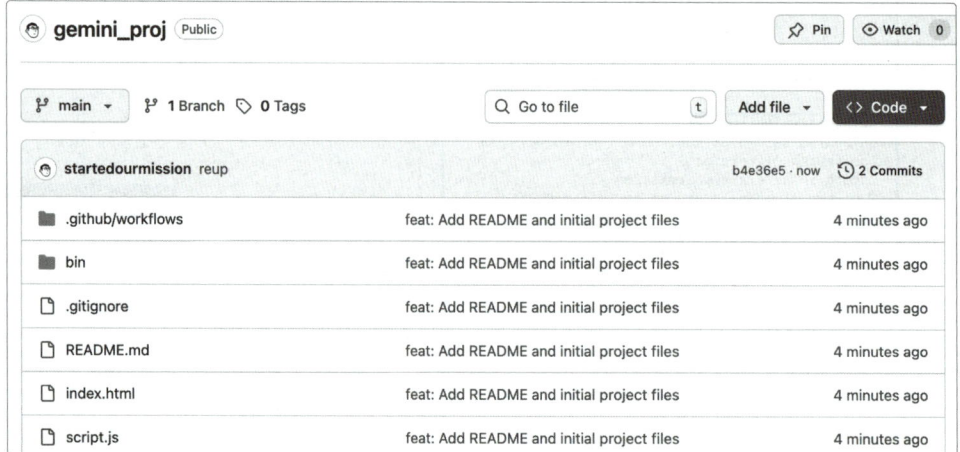

요즘 바이브 코딩

파트
03

나만의 제미나이 CLI를 만드는 AI 개인화

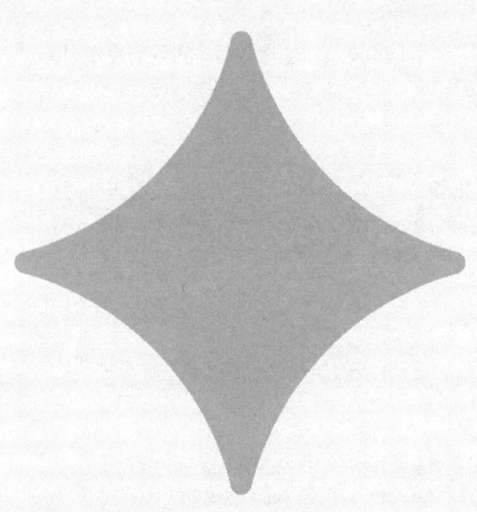

[챕터 11] 설정 파일 알아보기

[챕터 12] 안전하게 작업하기

[챕터 13] 커스텀 도구 만들기

[챕터 14] MCP로 제미나이 CLI 확장하기

[챕터 15] 확장 기능 정의하기

[챕터 11]

설정 파일 알아보기

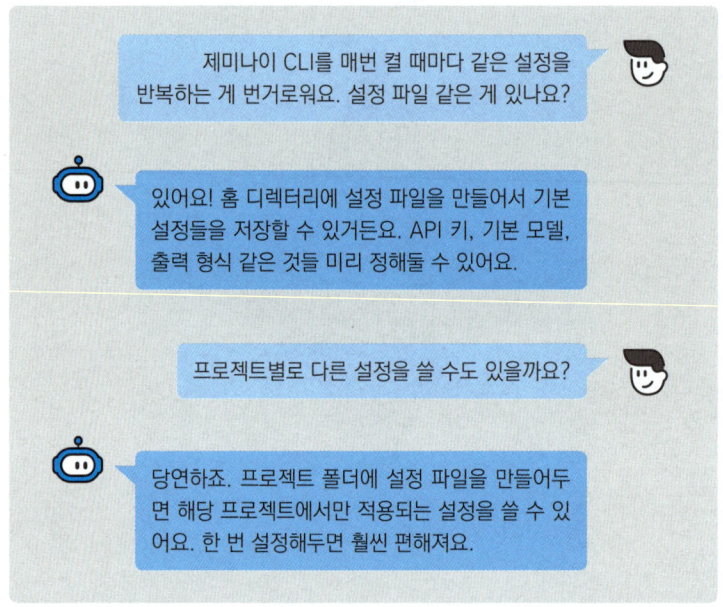

항상 따라야 하는 지침과 규칙을 매번 지시하는 것은 귀찮은 일입니다. 게다가 제미나이 CLI 자체의 기능과 관련한 지침은 프롬프트나 컨텍스트로는 다루기 어렵습니다. 지금부터 제미나이 CLI의 완벽한 개인화를 위해 설정 파일의 종류와 작성 방법을 알아봅니다.

제미나이 CLI 설정

제미나이 CLI는 환경 변수, 커맨드라인 인자, 설정 파일 등 여러 경로를 통해 유연하고 세밀한 커스터마이징을 지원합니다. 여러 개의 설정이 있다면 우선순위가 높은 순서대로 적용합니다.

1. **커맨드라인 인자** : CLI 실행 시 직접 전달하는 옵션
2. **환경 변수** : 시스템 또는 세션 단위의 변수
3. **Project 설정 파일** : ⟨project⟩/.gemini/settings.json
4. **User 설정 파일** : ~/.gemini/settings.json
5. **기본값** : 별도로 설정하지 않은 경우

이런 단계별 설정 방식을 통해 다양한 시나리오에 맞춰 유연하게 제미나이 CLI 설정을 구성할 수 있습니다. 이전 챕터에서 커맨드라인 인자에 대해 배웠으니 나머지 설정 방식인 환경 변수와 settings.json 설정 파일을 다루는 방법을 알아보겠습니다.

나를 위한 도구를 만드는 settings.json

제미나이 CLI를 처음 사용할 때는 기본 설정만으로도 충분합니다. 하지만 본격적으로 활용하다 보면 금세 한계를 느끼게 됩니다. 매번 파일 읽기 승인을 누르기 귀찮거나 복잡한 기능을 사용할 때 답답한 마음이 듭니다. 이때 필요한 것이 settings.json입니다. 이 파일로 제미나이 CLI를 나만의 도구로 변신시킬 수 있습니다.

JSON 파일이 뭔가요?

setting.json 파일에 대해 알아보기 전에 .json이 무슨 뜻인지 간단하게 알아보겠습니다. JSON^{Java Script Object Notation}은 정보를 저장하는 형식입니다. 파일 이름이 .json으로 끝나면 JSON 파일이라는 뜻입니다. {로 시작해서 "키": "값" 형태로 정보를 저장하고 }로 닫은 형태를 취합니다. 사람이 읽기도 쉽고 프로그램이 읽기도 쉬워서 다양한 분야에서 흔하게 사용합니다. JSON의 기본 규칙은 다음과 같이 간단합니다.

- 문자열은 반드시 큰따옴표(")로 감싼다.
- 숫자는 별도의 기호 없이 사용한다.
- true/false로 불린^{Boolean}값을 지원한다.
- 배열은 대괄호로 표시한다.
- 객체는 중괄호로 표시한다.
- 각 항목은 쉼표로 구분하며 마지막 항목 뒤에는 쉼표를 사용하지 않는다.

다음은 한 사람의 이름과 나이를 JSON 형식으로 저장하는 간단한 예시입니다.

```
{
    "name": "홍길동",
    "age": 30
}
```

JSON 형식은 설정 파일 용도로 사용하기에 아주 적합합니다. 구조가 명확하고 실수할 여지가 적습니다. YAML처럼 들여쓰기 때문에 고생할 일도 없고 XML처럼 복잡하고 길게 구성할 필요가 없습니다.

> **NOTE** YAML과 XML도 JSON과 비슷한 용도로 사용하는 파일 형식입니다.

settings.json 파일이 뭔가요?

제미나이 CLI 같은 도구는 설정 종류가 많고 복잡해 JSON 파일로 관리합니다. JSON의 구조가 이런 복잡성을 깔끔하게 정리해줍니다. 제미나이 CLI의 설정을 정리한 문서가 settings.json 파일입니다.

이 파일은 특정 프로젝트 디렉터리에만 영향을 끼치는 프로젝트 설정 파일과 전체 설정을 관리하는 유저 설정 파일로 나눕니다.

01 ~/.gemini 디렉터리에 들어가면 settings.json 파일이 보일 겁니다. 이 파일이 전체 프로젝트에 영향을 끼치는 설정 파일입니다. 한 번 내용을 확인하겠습니다.

파일 이름 : ~/.gemini/settings.json
```
{
  "general": {
    "preferredEditor": "vim",
    "vimMode": false
  },
  "security": {
    "auth": {
      "selectedType": "oauth-personal"
…생략…
```

복잡해 보여도 이미 알고 있는 내용입니다. 이전에 했던 로그인 방식, 설정한 테마, 외부 편집기 설정 같은 것들이 그대로 적혀 있을 뿐입니다. 주의할 점이 있다면 **직접 설정 파일을 수정할 때는 텍스트를 대소문자까지 정확하게 적고 JSON 문법도 준수해야 합니다.** 이 파일을 편집하기 위한 편집기는 따로 정해져 있지 않습니다. 메모장, vim, VSCode 등 여러분에게 익숙하고 편한 편집기를 사용해서 이 파일을 열고 수정하면 됩니다.

02 현재 실행 중인 프로젝트에 settings.json을 만들려면 다음 명령어를 사용하여 .gemini 디렉터리를 만들고 해당 디렉터리로 이동한 뒤 settings.json 파일을 생성합니다.

```
mkdir .gemini
cd .gemini
touch settings.json
```

03 간단하게 바꿔볼 수 있는 설정을 건드려보겠습니다. 테마를 Ayu 테마로 바꾸고 팁을 숨기는 옵션을 설정했습니다.

파일 이름 : .gemini/settings.json
```
{
  "ui":{
    "theme":"Ayu",
```

```
      "hideTips":true
  }
}
```

04 다시 프로젝트 디렉터리로 이동한 뒤 제미나이 CLI를 실행하세요. 테마가 바뀌었고 팁 문구가 사라졌습니다. 프롬프트로 다루기 힘든 설정도 바꿀 수 있다는 말의 의미를 알겠습니다.

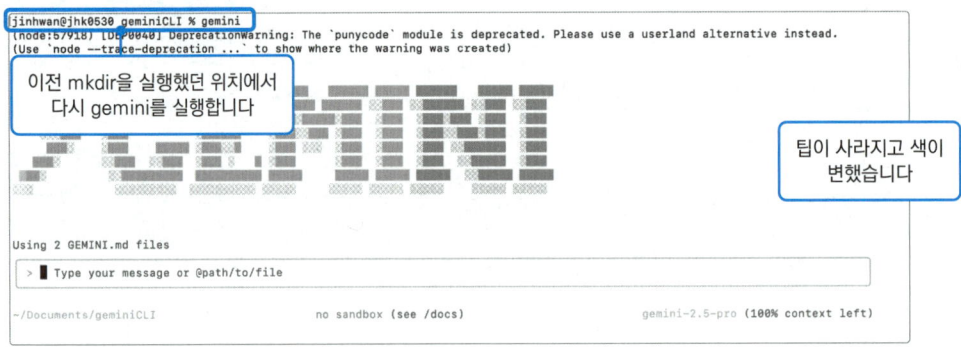

settings.json 주요 설정 항목

자주 사용하는 설정 항목을 정리했습니다. 제미나이 CLI를 최대한으로 활용하고 싶다면 이런 항목을 하나씩 살펴보는 것도 도움이 됩니다. 모든 설정을 외우거나 다 알아야 하는 것이 아닙니다. 이 외에도 기능이 많고 계속 추가되고 있다는 사실 정도만 알아두면 좋습니다.

설정		설명
general	previewFeatures	미리보기 기능 활성화
	preferredEditor	파일 열기에 선호하는 에디터
	vimMode	Vim 키 바인딩 활성화
	checkpointing.enabled	세션 복구용 체크포인트 활성화
	enablePromptCompletion	AI 기반 프롬프트 자동 완성 제안
ui	theme	UI 색상 테마
	hideTips	유용한 팁 숨기기
	hideBanner	애플리케이션 배너 숨기기
	showMemoryUsage	메모리 사용 정보 표시
	showCitations	생성된 텍스트에 인용 표시
ide	enabled	IDE 통합 모드 활성화

model	name	사용할 제미나이 모델명
context	fileName	메모리에 로드할 컨텍스트 파일명
	includeDirectories	작업 공간에 포함할 추가 디렉토리
	fileFiltering.respectGitIgnore	.gitignore 파일 준수 여부
tools	autoAccept	안전한 도구 호출(읽기 전용 등) 자동 수락
	sandbox	샌드박스 활성화 여부 또는 프로필 경로
	shell.showColor	셸 출력에 색상을 표시합니다.
security	auth.selectedType	현재 인증 유형

> **NOTE** 일부 옵션은 슬래시 커맨드 /settings로 설정할 수 있습니다.

.env에 환경 변수 설정하기

settings.json이 아닌 .env 파일을 통해 설정할 수 있는 방법도 있습니다. .env 파일은 환경 변수를 파일에 저장해두고 필요할 때마다 제미나이 CLI 같은 프로그램이 자동으로 불러 올 수 있도록 하는 텍스트 파일입니다. 환경 변수$^{Environment\ Variable}$는 운영체제나 셸이 관리하는 전역 설정값입니다. 프로그램이 실행될 때 프로그램 내부에서 값을 선언하고 사용하는 것이 아닌 프로그램 외부에서 값을 불러옵니다. 주로 프로그램의 동작 방식이나 API 키, 비밀번호 등의 민감한 정보를 안전하게 전달하는 데 사용합니다.

예를 들어 API 키를 소스 코드에 직접 고정된 값으로 적는 하드 코딩 방식을 사용한다면 나중에 이 소스 코드를 공개했을 때 제3자가 무단으로 API 키를 악용할 수도 있습니다. 실제로 많은 보안 사고가 키 하드코딩에서 비롯된 데이터 유출에서 시작됩니다. 다음 예시처럼 프로그램 소스 코드에 민감한 정보를 적으면 위험합니다. 다른 사람이 여러분의 할당량을 몰래 사용할 수 있습니다.

```
GEMINI_API_KEY = "my-api-key-1234"  # 위험한 코드
```

export는 환경 변수를 추가할 수 있는 셸 명령어입니다. 직접 소스 코드에 적는 대신 이 명령어를 셸에 입력해 값을 환경 변수로 저장합니다.

```
export GEMINI_API_KEY="my-api-key-1234"  # 환경 변수로 저장합니다
```

이렇게 저장한 환경 변수는 다른 사람이 알 수 없습니다. 소스 코드에서는 환경 변수 이름으로 불러와 사용하면 안전합니다. 실제 API KEY를 소스 코드에 노출하지 않는 대표적인 방법입니다.

```python
import os
API_KEY = os.getenv("GEMINI_API_KEY")  # 환경 변수 이름으로 불러옵니다
```

환경 변수에는 settings.json에서 못하는 설정도 있습니다. 이번에는 제미나이 모델 종류를 바꾸고 제미나이 CLI 테마 색상을 슬래시 명령어로 선택할 수 없는 색상으로 바꿔보겠습니다.

```
GEMINI_MODEL=gemini-2.5-flash
NO_COLOR=1
```

> **NOTE** settings.json와 마찬가지로 하위 디렉터리의 환경 변수를 우선으로 적용합니다.

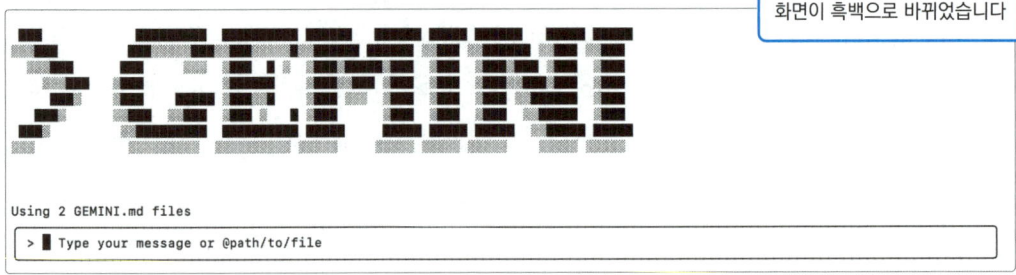

화면이 흑백으로 바뀌었습니다

환경 변수는 일반적으로 자주 사용하는 기능은 아닙니다. 필요한 순간이 오면 다음 표를 참고하세요.

환경 변수	설명
GEMINI_API_KEY	API 연동에 사용하는 제미나이 API 키
GEMINI_MODEL	기본으로 사용할 제미나이 모델 지정
GOOGLE_API_KEY	Google Cloud API연동에 사용하는 키
GOOGLE_CLOUD_PROJECT	사용할 Google Cloud 프로젝트 ID 지정
GOOGLE_APPLICATION_CREDENTIALS	Google 서비스 계정 인증 파일 경로 지정
GEMINI_SANDBOX	샌드박스 환경 사용 여부 및 실행 방식을 지정 ("docker", "podman", true 등)
DEBUG, DEBUG_MODE	디버그 모드를 활성화
NO_COLOR	CLI 출력에서 색상을 사용하지 않도록 설정
CLI_TITLE	CLI의 제목을 원하는 이름으로 변경

모든 settings.json 설정 항목과 환경 변수 목록이 궁금하다면 다음 링크에서 확인하세요.

- **settings.json 문서** : bit.ly/44doOLP

3초 꿀팁 영문 표기법의 종류

지금까지 다양한 변수의 이름을 살펴보았습니다. 어떤 변수는 대문자를 사용하고 어떤 변수는 소문자를 사용합니다. 무슨 규칙이 있는 걸까요? 프로그램을 만들 때는 항상 파일명, 변수명, 함수명 등 작명에 신경을 써야 합니다. 그리고 수많은 이름의 일관성을 유지하기 위한 규칙이 중요합니다. 그래야 다른 사람과 협업할 수 있고 혼자 개발하더라도 나중에 헷갈리지 않습니다.

```
userName   # 로어 카멜 케이스
UserName   # 어퍼 카멜 케이스
user_name  # 스네이크 케이스
user-name  # 케밥 케이스
USER_NAME  # 매크로 케이스
```

[챕터 12]

안전하게 작업하기

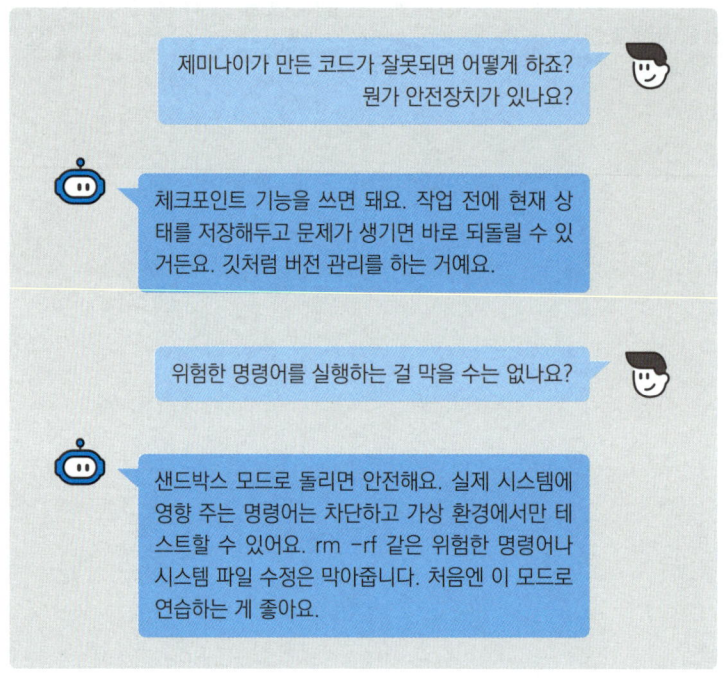

체크포인트는 제미나이 CLI가 **프로젝트 디렉터리의 파일을 변경하는 작업을 수행하기 직전**에 프로젝트의 상태를 스냅샷으로 저장하는 기능입니다. 체크포인팅을 사용하여 AI가 생성한 코드를 적용했거나 파일을 수정한 후에 예상치 못한 문제가 발생했을 때 만들어둔 스냅샷을 사용하면 단 한 번의 명령어로 변경 이전의 깨끗한 상태로 돌아갈 수 있습니다.

체크포인트가 뭔가요?

체크포인트 기능을 활성화하면 제미나이 CLI가 파일 시스템을 수정하는 도구(write_file, replace 등)를 실행할 때 다음과 같은 정보를 담은 체크포인트를 자동으로 만듭니다.

- **깃 스냅샷**: 프로젝트의 전체 파일 상태를 특별한 깃 저장소(~/.gemini/history/⟨project_hash⟩)에 커밋합니다. 이 저장소는 사용자의 실제 프로젝트 깃 저장소와 완전히 별개로 동작해 기존 작업에 영향을 주지 않습니다.
- **대화 기록**: 제미나이 CLI와 나눈 전체 대화 내역을 함께 저장합니다.
- **툴 호출 정보**: 실제로 실행할 도구 호출 정보도 함께 보관됩니다.

```
cha@chaui-MacBookAir gemini_proj % ls -al ~/.gemini/history/
total 0
drwxr-xr-x   4 cha  staff   128 10  1 14:47 .
drwxr-xr-x  11 cha  staff   352 10 17 09:42 ..
drwxr-xr-x   5 cha  staff   160  8 22 17:28 5dfe6dd92b1de804e4764152f378384958c6d8ffd448b361679e81c4b9580d38
drwxr-xr-x   5 cha  staff   160 10  1 14:47 f8396ae488743a1b2c28b0e9979ec02ec0bc584c5f4a259ebbd1c55c5751e90f
cha@chaui-MacBookAir gemini_proj % ls -al ~/.gemini/history/5dfe6dd92b1de804e4764152f378384958c6d8ffd448b361679e81c4b9580d38
total 16
drwxr-xr-x   5 cha  staff   160  8 22 17:28 .
drwxr-xr-x   4 cha  staff   128 10  1 14:47 ..
drwxr-xr-x  12 cha  staff   384  8 22 17:32 .git
-rw-r--r--   1 cha  staff    86  8 22 17:28 .gitconfig
-rw-r--r--   1 cha  staff   109  8 22 17:28 .gitignore
cha@chaui-MacBookAir gemini_proj %
```

> 프로젝트 고유 번호입니다
> 내부는 깃 저장소 형태입니다

이렇게 체크포인트를 저장하면 언제든지 저장 당시의 상태로 손쉽게 돌아갈 수 있습니다. 또한 파일 뿐 아니라 대화 기록, 툴 호출 정보까지 함께 복원하기 때문에 정확히 그때로 돌아간듯한 상태에서 바로 작업을 이어갈 수 있습니다.

체크포인트 활성화

제미나이 CLI을 처음 설치했다면 체크포인트 기능이 비활성화 상태일 겁니다. settings.json 파일을 수정해 활성화할 수 있습니다.

파일 이름 : ~/.gemini/settings.json

```json
{
  "general": {
    "checkpointing": {
      "enabled": true
    }
  }
}
```

체크포인트 기능을 켜면 /restore 명령어가 활성화됩니다. 명령어를 입력해서 체크포인트 기능이 잘 동작하는지 확인해보기 바랍니다.

/restore 명령어가 활성화됩니다

/restore 체크포인트 복원

이후 복원 등 관리는 /restore 명령어를 사용합니다. /restore 명령을 입력하면 현재 프로젝트의 모든 체크포인트 목록을 출력합니다. 파일 이름에는 타임스탬프, 수정 대상 파일, 실행된 도구 정보가 포함되어 있어 쉽게 구분할 수 있습니다. 이후 특정 체크포인트로 복원하기 위해 원하는 체크포인트 파일 이름을 입력하면 해당 시점의 파일 상태, 대화, 도구 호출 정보까지 한 번에 복원할 수 있습니다.

01 체크포인트를 실습해보기 위해 앞서 만든 square.py에서 사용자에게 출력하는 부분을 한글이 아닌 영어로 변경하겠습니다. 체크포인트 저장은 자동으로 이뤄집니다.

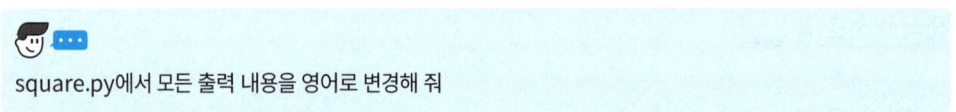

square.py에서 모든 출력 내용을 영어로 변경해 줘

제미나이 CLI는 사용자의 허가가 필요한 Edit 명령어를 사용해 코드를 변경합니다.

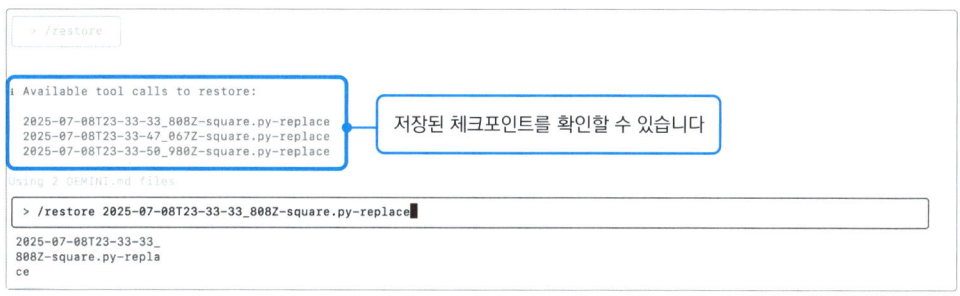

02 작업이 완료된 이후 /restore 명령어를 사용하면 저장한 체크포인트 목록을 확인할 수 있습니다.

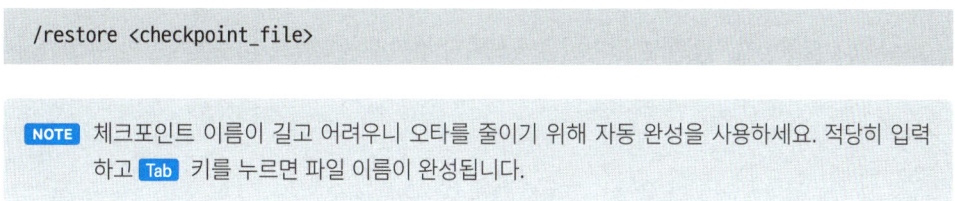

03 /restore 뒤의 체크포인트의 이름을 입력하여 작업 이전의 내용으로 복원합니다. 복원 과정 또한 파일의 내용을 변경하는 것이기 때문에 사용자에게 허가를 요청합니다.

```
/restore <checkpoint_file>
```

> **NOTE** 체크포인트 이름이 길고 어려우니 오타를 줄이기 위해 자동 완성을 사용하세요. 적당히 입력하고 Tab 키를 누르면 파일 이름이 완성됩니다.

04 작업을 허가하면 체크포인트를 생성한 시점부터 대화를 이어갑니다. 주의할 점으로 작업 시간은 사용자의 시간 KST이 아닌 협정 세계시 UTC를 사용합니다. 또한 모든 체크포인트는 제미나이 CLI 세션을 종료할 때 사라집니다.

```
> /restore 2025-07-08T23-23-31_116Z-square.py-replace    restore 명령어을 입력합니다

✓ Edit square.py:    print(f"{number}의 제곱은 {squ... =>    print(f"The square of {num...
     6          # Calculate the square
     7          square = number ** 2
     8          # Print the result
     9    -     print(f"{number}의 제곱은 {square}입니다 .")
     9    +     print(f"The square of {number} is {square}.")
    10      except ValueError:
    11          print("잘못된 입력입니다. 숫자를 입력해주세요.")

| Restored project to the state before the tool call.

? Edit square.py:   print("잘못된 입력입니다. 숫자를 입력해주 ... =>   print("Invalid input. Plea...
     8          # Print the result
     9          print(f"The square of {number} is {square}.")
    10      except ValueError:
    11    -     print("잘못된 입력입니다. 숫자를 입력해주세요.")
    11    +     print("Invalid input. Please enter a number.")

 Apply this change?
 ● Yes, allow once
 ○ Yes, allow always
 ○ Modify with external editor
 ○ No (esc)
```

변경 내용을 표시하고 허가를 기다립니다

보안 강화를 위한 격리 환경, 샌드박싱

제미나이 CLI는 셸 명령 실행이나 파일 수정 등 시스템에 위험할 수 있는 작업을 샌드박스^{Sandbox} 환경 안에서 실행할 수 있도록 지원합니다. 이 기능을 활용하면 실제 시스템을 보호하면서 다양한 실험과 자동화 작업을 안심하고 수행할 수 있습니다. 샌드박싱 기능은 기본적으로 꺼져 있지만 명령어를 사용하거나 설정 파일을 수정해 활성화할 수 있습니다. 터미널에서 gemini 명령어에 -s 또는 --sandbox 명령어를 사용하면 터미널을 종료하기 전까지 샌드박스 기능을 사용할 수 있습니다.

```
gemini --sandbox
gemini -s
```

yolo 모드를 사용할 때 샌드박스 기능을 활성화하고 싶다면 설정 파일을 수정하세요. .env와 settings.json 중 아무거나 하나만 수정하면 됩니다.

```
GEMINI_SANDBOX=true
```
파일 이름 : .env

```json
{
  "tools" : {
    "sandbox": true
  }
}
```
파일 이름 : settings.json

샌드박스 기능을 활성화하면 제미나이 CLI 상태 창 아래에 sandbox가 표기되며 해당 세션의 작업이 시스템의 다른 부분에 접근하는 것을 제한하여 잠재적인 위험을 방지합니다. 예를 들어 인터넷에서 untrusted_script.py라는 파이썬 스크립트를 내려받았다고 가정하겠습니다. 이 스크립트의 개발자가 악의적인 목적으로 시스템 파일에 접근하는 등 위험한 작업을 수행할 수 있습니다. 샌드박스 모드는 이런 상황을 방지합니다.

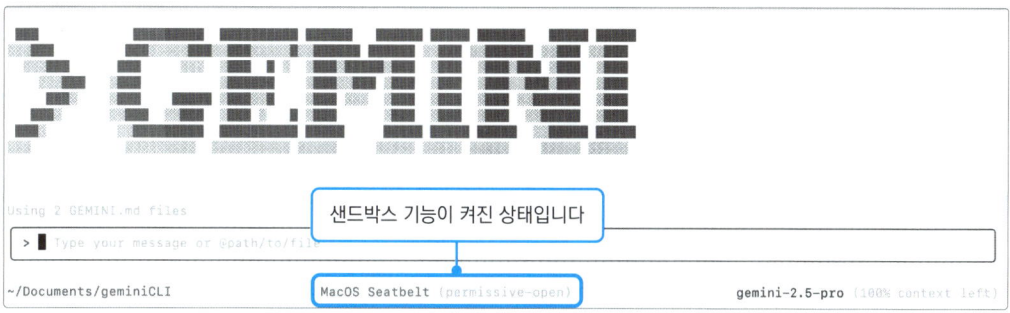

NOTE macOS에서 샌드박스를 실행하는 경우 macOS Seatbelt라는 자체 제공 기능을 사용합니다.

챕터 13
커스텀 도구 만들기

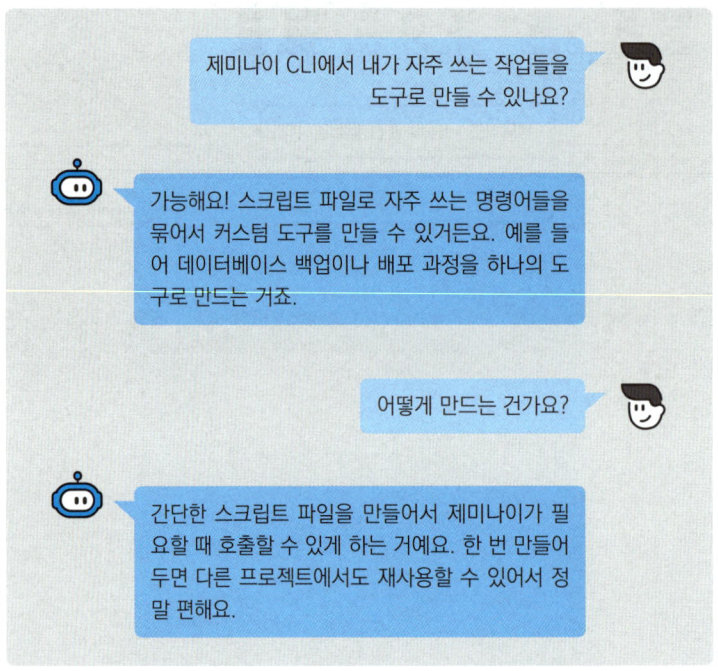

현대의 다양한 직무에서 같은 형식으로 여러 차례 반복되는 작업은 개발자가 아니더라도 누구나 경험하는 일입니다. 제미나이 CLI의 숨겨진 기능, 커스텀 도구로 업무 자동화가 가능합니다. 커스텀 도구를 활용하면 나만의 명령어를 만들어 반복적인 작업을 간편하게 수행할 수 있습니다.

커스텀 도구 알아보기

커스텀 도구는 제미나이 CLI에서 기본적으로 제공하지 않는 도구를 추가하는 기능입니다. 길고 복잡한 프롬프트를 사용하지 않더라도 정해진 흐름에 따라 파일 생성, 메시지 전송, 데이터 변환 등 반복 작업을 수행합니다. 커스텀 도구를 추가하기 전에 먼저 /tools를 사용해 현재 제미나이 CLI에서 사용할 수 있는 도구를 확인하겠습니다.

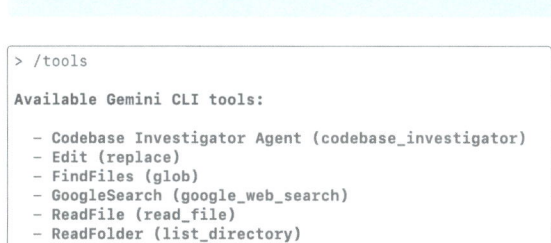

```
> /tools
Available Gemini CLI tools:

  - Codebase Investigator Agent (codebase_investigator)
  - Edit (replace)
  - FindFiles (glob)
  - GoogleSearch (google_web_search)
  - ReadFile (read_file)
  - ReadFolder (list_directory)
  - SaveMemory (save_memory)
  - SearchText (search_file_content)
  - Shell (run_shell_command)
  - WebFetch (web_fetch)
  - WriteFile (write_file)
  - WriteTodos (write_todos)
```

> **NOTE** 커스텀 도구는 셸 스크립트를 사용하므로 윈도우 환경에서 실행하기 어렵습니다.

커스텀 도구를 추가하면 이 목록에 나만의 도구가 보입니다. 언제든지 내가 만든 기능을 사용할 수 있습니다. 커스텀 도구의 핵심은 두 개의 스크립트와 두 개의 설정 파일입니다. 이 네 개의 파일을 수정하면 커스텀 도구를 추가할 수 있습니다.

1. **Discovery Script**: 이 프로젝트에서 사용할 커스텀 도구를 제미나이 CLI에 도구의 이름, 설명, 파라미터 등을 알려주는 스크립트입니다.

2. **Execution Script**: 제미나이 CLI가 특정 커스텀 도구를 실행하라고 요청했을 때 실제 작업을 처리하는 스크립트입니다.

3. **settings.json**: 위 두 스크립트를 어디서 찾아 실행해야 하는지 제미나이 CLI에 알려주는 설정 파일입니다.

4. **GEMINI.md**: 커스텀 도구를 조금 더 잘 사용할 수 있도록 지침을 제공합니다.

간단한 커스텀 도구 생성하기

가장 기본이면서도 모든 자동화의 출발점이 되는 echo라는 도구를 실제로 추가하고 실행하는 과정을 따라해보겠습니다. 입력한 문자를 컴퓨터가 그대로 다시 출력하는 기능입니다.

01 먼저 echo 도구의 명세를 제미나이 CLI에 알려주는 스크립트를 만들겠습니다. 프로젝트 디렉터리에 실행 파일을 의미하는 bin 디렉터리를 만들고 그 안에 get_tools라는 파일을 생성합니다. **이 파일은 확장자를 사용하지 않습니다.**

```
mkdir bin
cd bin
touch get_tools
```

02 get_tools 파일을 생성했다면 파일을 열어 다음 텍스트를 입력합니다. 텍스트 편집기는 VSCode, Vim, 커서 등 여러분에게 편한 도구를 사용하면 됩니다.

```bash
#!/bin/bash
cat <<EOF
[
  {
    "name": "echo",
    "description": "A tool that returns the input text as it is.",
    "parameters": {
      "type": "object",
      "properties": {
        "text": {
          "type": "string",
          "description": "The string to return."
        }
      },
      "required": ["text"]
    }
  }
]
EOF
```

파일 이름 : get_tools

- "name": "echo", → 여기를 수정하면 제미나이 도구 목록에 보이는 이름을 설정할 수 있습니다
- "description": → 여기를 수정하면 제미나이가 이 도구로 어떤 작업을 할지 결정할 수 있습니다
- } → 새로운 도구를 추가할 때는 이곳에 쉼표를 넣고 이어서 작성하면 됩니다

이 스크립트는 bash라는 셸 언어로 작성되어 있습니다. 도구의 이름과 기능을 제미나이 CLI가

이해할 수 있도록 셸 언어 안에 JSON으로 적어놓은 파일입니다. 도구를 추가하려면 마지막 `}`에 `,`를 붙이고 새로운 도구 설정 JSON을 작성하면 됩니다.

03 같은 폴더에 call_tool이라는 이름의 파일을 만들고 다음 코드를 작성합니다.

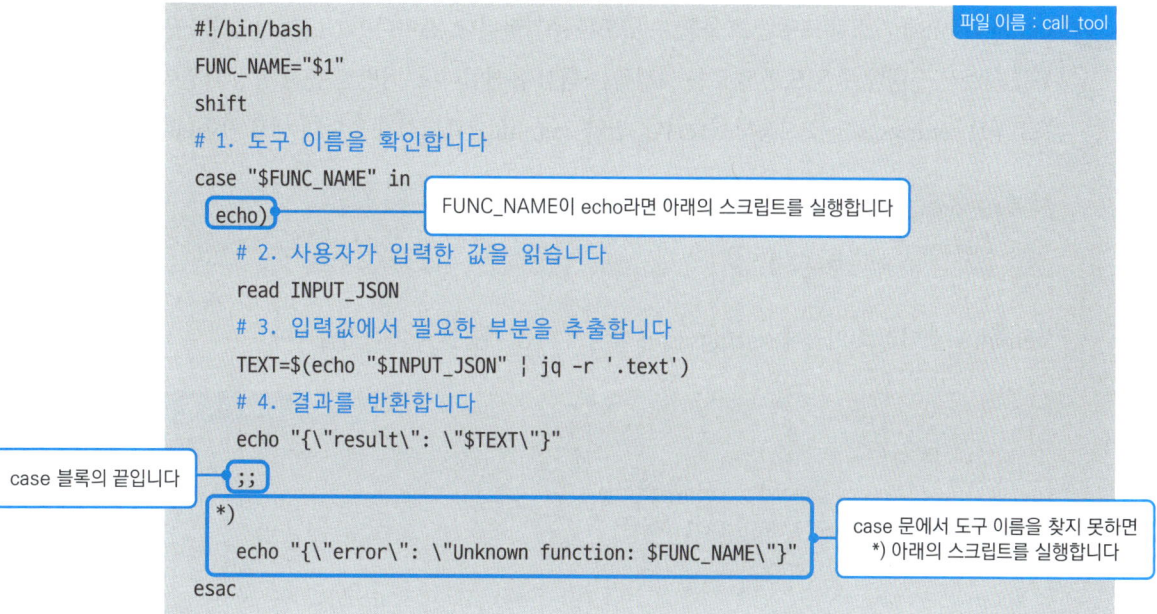

call_tool은 커스텀 도구가 실제로 어떻게 동작할지 제미나이 CLI에게 알려줍니다. 이 스크립트 코드의 동작 과정을 순서대로 살펴보면 다음과 같습니다.

1. **함수명(도구 이름) 확인 :** 스크립트는 맨 처음 전달받은 값이 어떤 도구인지 확인합니다. 여기서는 echo가 맞는지 검사합니다.

2. **입력값 읽기 :** 사용자가 입력한 text 파라미터를 표준 입력에서 읽어옵니다. 이 값은 제미나이 CLI가 자동으로 전달해줍니다.

3. **필요한 값만 추출 :** 입력받은 내용이 JSON 형식이므로 여기서는 jq라는 도구를 써서 .text라는 항목만 뽑아냅니다.

4. **결과 반환 :** 받은 값을 그대로 { "result": "여기에 입력한 텍스트" } 형식의 JSON으로 만들어 돌려줍니다.

이렇게 하면 사용자가 echo 도구를 실행하면서 '테스트'라고 입력했을 때 스크립트가 { "result": "테스트" }라는 결과를 만들어 제미나이 CLI로 돌려보냅니다.

04 두 스크립트 파일에 chmod +x를 사용해 실행할 수 있는 권한을 추가합니다.

```
chmod +x get_tools
chmod +x call_tool
```

05 settings.json에 커스텀 도구를 호출할 수 있도록 추가합니다. 제미나이 CLI가 사용자가 만든 도구를 찾아서 실행할 수 있도록 경로를 지정하는 핵심 옵션입니다. 이번엔 유저 설정 파일이 아닌 프로젝트 settings.json을 사용하겠습니다. 만약 .gemini 디렉터리가 없다면 새로 만듭니다.

```
mkdir .gemini
cd .gemini
```

.gemini 디렉터리로 이동해 settings.json 파일에 다음 내용을 추가하겠습니다.

파일 이름 : .gemini/settings.json
```
{
   "tools": {
      "discoveryCommand": "bin/get_tools",
      "callCommand": "bin/call_tool"
   }
}
```

toolDiscoveryCommand는 bin/get_tools 스크립트를 실행해 등록된 도구 목록을 JSON으로 출력합니다. toolCallCommand는 echo 도구를 호출하면 bin/call_tool 스크립트를 실행해 사용자의 입력값을 전달하고 결과를 받아옵니다. 이런 방식 덕분에 제미나이 CLI의 내부 코드를 직접 바꾸지 않고 스크립트만 추가해 원하는 도구를 자유롭게 만들어 사용할 수 있습니다.

06 GEMINI.md에 echo 커스텀 도구 사용법을 표기합니다. 이 단계는 반드시 해야 하는 것은 아니지만 제미나이 CLI가 효과적으로 도구를 선택하도록 도와줍니다.

파일 이름 : GEMINI.md
```
## Echo
- echo 도구는 다음과 같이 사용합니다.
- 예시: echo "Hello, world!"
- 입력한 따옴표 안의 문자열을 그대로 반환합니다.
```

07 제미나이 CLI을 실행하고 /tools 명령어를 입력하겠습니다. 성공적으로 추가했다면 echo 도구가 보입니다. 지금부터 echo 명령어를 사용할 수 있다는 뜻입니다.

커스텀 도구는 사용자가 원하는 기능을 직접 프로그래밍해 제미나이 CLI에 삽입하는 강력한 기능입니다. 방금 만든 get_tools와 call_tool 파일은 셸 스크립트라는 프로그래밍 언어를 사용하죠. 그렇다고 프로그래밍을 할 줄 알아야만 사용할 수 있는 것은 아닙니다. 만들고 싶은 도구를 제미나이 CLI에게 알려주고 코드 작성을 지시하면 됩니다.

> **NOTE** 제미나이 CLI는 커스텀 도구보다 MCP, 확장 기능 사용을 먼저 고려하며, 사용자가 커스텀 도구를 사용할 것이라 가정하지 않습니다. 사용하는 AI 모델에 따라서 원하는 도구를 사용하지 못할 수 있습니다.

[챕터 14]

MCP로 제미나이 CLI 확장하기

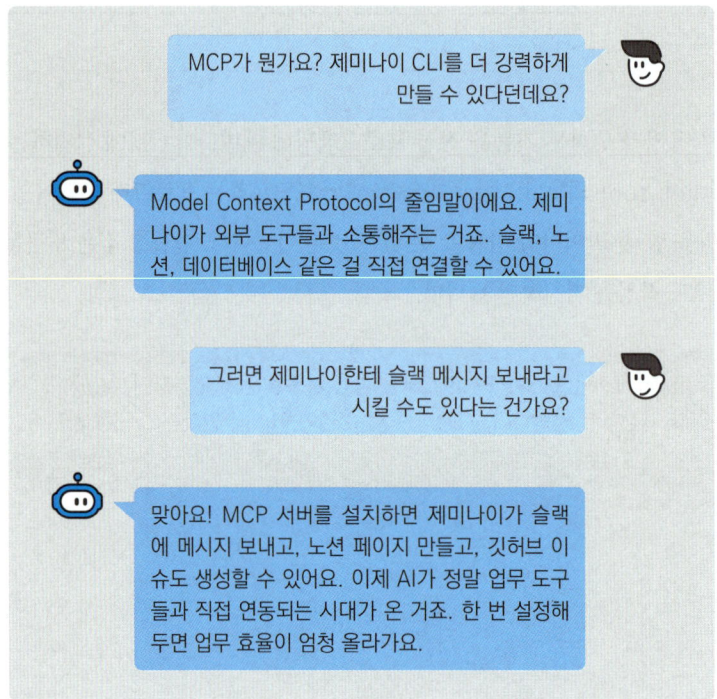

제미나이 CLI를 확장하는 가장 강력한 기능을 소개합니다. 이 장에서는 MCP[Model Context Protocol]를 활용하여 제미나이 CLI를 더욱 강력하게 만드는 방법을 단계별로 안내합니다.

MCP 이해하기

MCP는 앤트로픽에서 정의한 AI 모델이 외부 서버(MCP 서버, 이하 MCP)와 통신하여 해당 서버가 제공하는 다양한 도구를 사용하는 프로토콜입니다. 여기서 외부 서버라는 단어는 AI 모델이 자체적으로 제공하지 않는 기능이라고 생각하면 좋습니다. 제미나이 CLI도 이 AI 모델에 해당하므로 MCP를 추가해 앞서 다룬 옵시디언, 깃허브, 지라, 사내 데이터베이스 등 다양한 외부 서비스와 직접 연동할 수 있습니다.

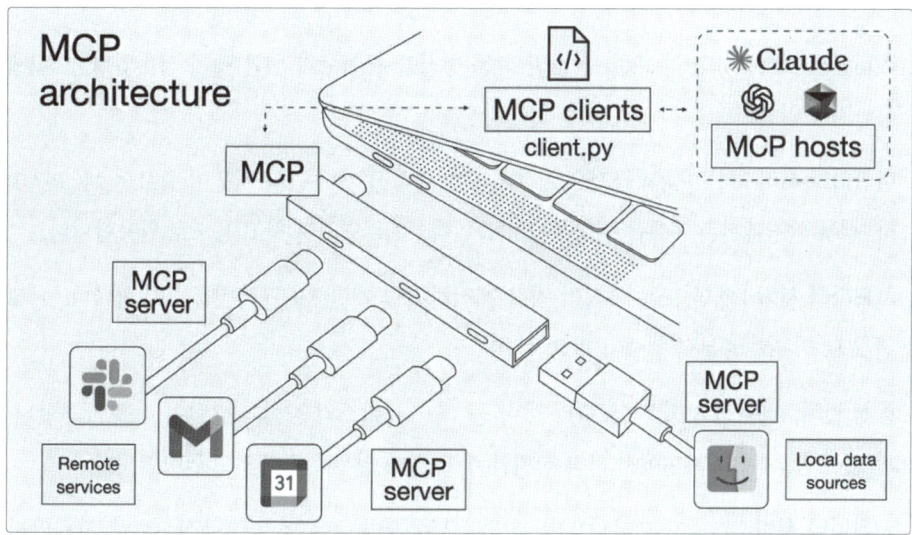

MCP의 동작 흐름은 다음과 같습니다. 이 동작 흐름은 앞서 다룬 내부 도구의 사용 방법과 크게 다르지 않습니다.

1. 사용자가 터미널에 프롬프트를 입력합니다.
2. AI가 프롬프트를 분석하여 외부 도구가 필요한 작업이면 MCP 서버에 프롬프트 명령을 전달합니다.
3. MCP 서버는 외부 서비스와 통신하며 작업을 수행합니다.
4. 외부 서비스 수행 결과는 다시 AI를 통해 사용자에게 반환됩니다.

제미나이 CLI는 MCP를 settings.json으로 관리합니다. 설정 파일에 MCP 내용을 작성해 저장하면 사용자가 제미나이 CLI를 시작할 때마다 설정 파일에 정의된 정보를 바탕으로 MCP 서버를 백그

라운드에서 자동으로 실행하고 관리합니다. 이런 구조 덕분에 사용자는 터미널을 벗어나서 각 서비스를 실행하지 않고도 제미나이 CLI에서 외부 서비스를 손쉽게 활용할 수 있습니다.

MCP 서버의 종류 알아보기

그렇다면 이 유용한 MCP를 누가 만드는 걸까요? MCP라는 체계는 클로드로 유명한 앤트로픽에서 만들었습니다. 이 체계를 사용하여 전 세계 개발자가 MCP 서버를 만들고 운영합니다. 누가, 어떤 용도로 MCP 서버를 만들었는지에 따라 다섯 가지로 분류합니다.

1. **레퍼런스 서버** : MCP의 표준 구현 및 작동 방식을 보여주기 위한 예제 서버입니다. 실제로 사용하지는 않습니다.

2. **아카이브 서버** : 더 이상 적극적으로 유지·보수되지 않거나 공식 지원이 종료된 MCP 서버입니다. 실무 환경에서는 사용을 권장하지 않습니다. 주로 연구나 참고 용도로 활용합니다.

3. **서드파티 서버** : 개인 또는 조직이 직접 제작하여 공개한 MCP 서버를 의미합니다. 실제 사용 전 코드 리뷰와 충분한 검증이 필요합니다.

4. **공식 인테그레이션 서버** : 서드파티 서버 중 해당 서비스의 공식 개발팀이 직접 제공합니다. 호환성, 보안, 사용성 측면에서 가장 신뢰할 수 있으며 실무 현장에서도 권장합니다.

5. **커뮤니티 서버** : 개발자 커뮤니티가 자발적으로 개발·공유합니다. 공식적으로 지원되지 않는 다양한 MCP가 있습니다. 다만 안정성과 유지보수는 커뮤니티의 역량에 따라 달라질 수 있습니다.

지금까지 개발된 수많은 MCP 서버가 있습니다. 지금 사용할 수 있는 MCP를 보여주는 다양한 사이트가 있지만 이 책에서는 대표적인 세 사이트를 소개합니다. 여러분에게 필요한 MCP가 있는지 확인해보세요.

- **제미나이 CLI Extensions** : geminicli.com/extensions
- **MCP 공식 깃허브** : github.com/modelcontextprotocol/servers
- **스미더리** : smithery.ai

옵시디언 MCP 사용하기

MCP를 사용해 무엇을 할 수 있는지 체험하기 위해 옵시디언^{Obsidian}이라는 도구를 써보겠습니다. 옵시디언은 마크다운 문법을 사용하는 노트 애플리케이션입니다. 노션과 비슷하지만 개인 지식 관리에 특화된 기능으로 인기가 많습니다. 특히 노트 간의 링크와 연결과 그래프 뷰 기능을 사용해 메모로 작성한 자신의 생각, 프로젝트, 연구 내용을 네트워크 구조로 연결하거나 관리할 수 있습니다. 2025년 2월부터 개인 뿐 아니라 회사에서도 쉽게 사용할 수 있도록 완전 무료를 선언했기 때문에 사용성이 훨씬 더 좋아졌습니다.

> **NOTE** 옵시디언이 더 궁금하다면 《세컨드 브레인은 옵시디언》 도서를 추천합니다.

01 옵시디언을 설치합니다. 옵시디언 공식 홈페이지에서 다운로드 버튼을 누르세요.

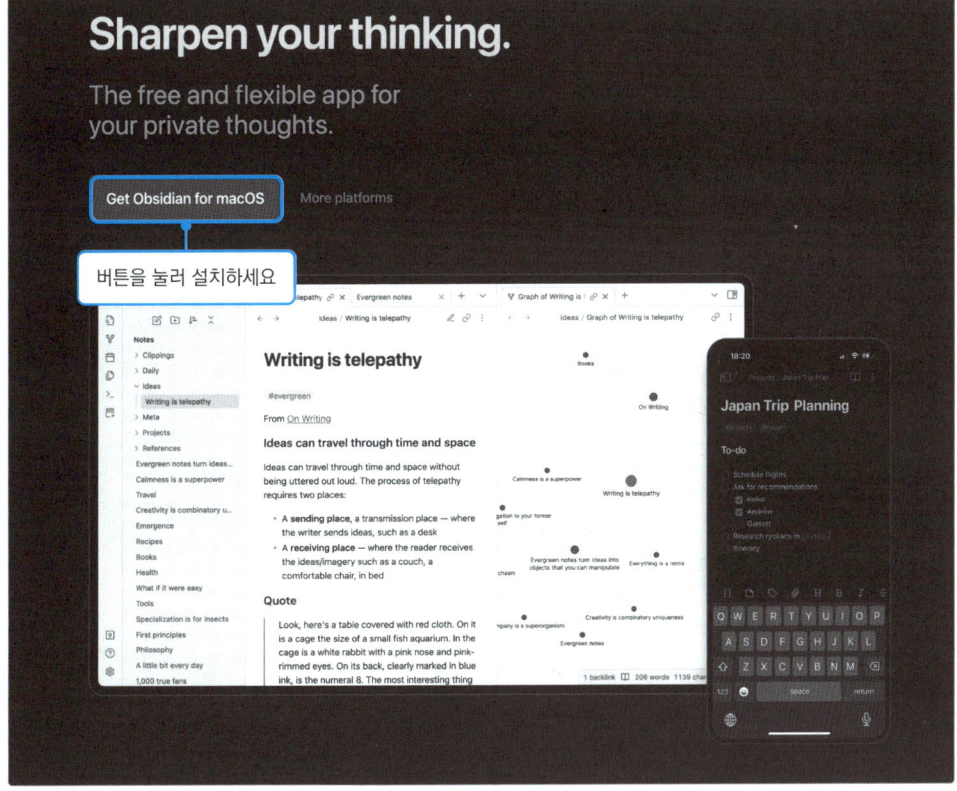

02 옵시디언 MCP 서버 사용을 위해서는 옵시디언에서 REST API 플러그인을 설치해야 합니다. 옵시디언 화면 왼쪽 아래에 있는 ⚙ 버튼을 클릭해 설정 페이지를 열어줍니다.

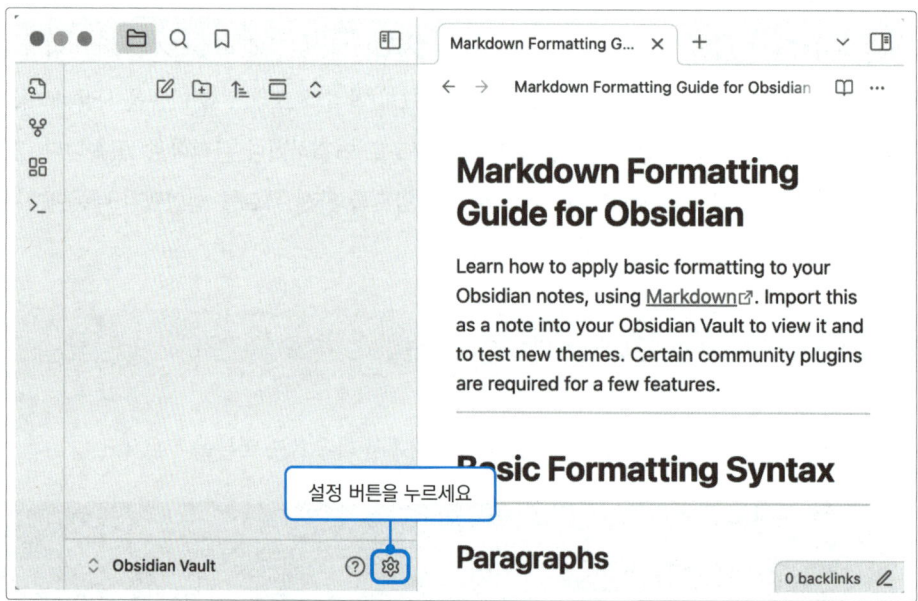

03 왼쪽 사이드바에서 [Community plugins]를 클릭한 뒤 [Turn on community plugins] 버튼을 눌러 플러그인 기능을 활성화합니다.

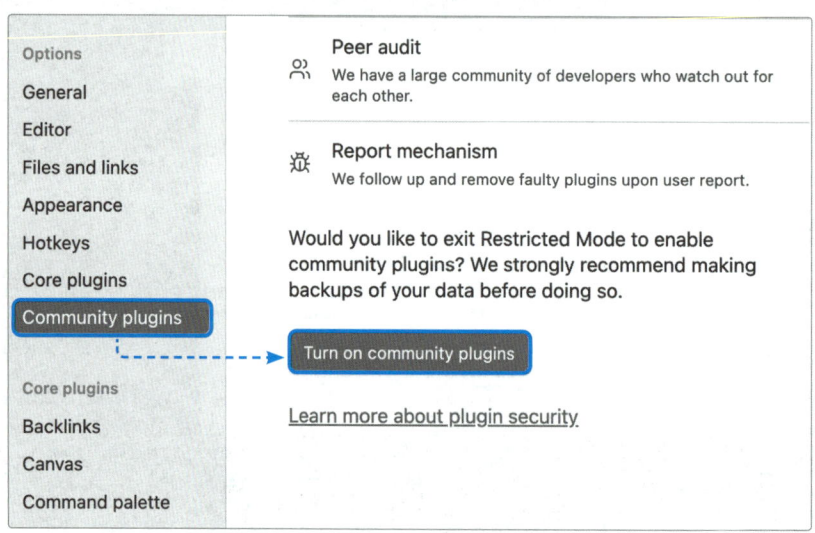

04 커뮤니티 플러그인을 찾을 수 있는 버튼이 나타납니다. [Browse]를 눌러 플러그인 검색창을 열고 'Local REST API'를 검색합니다. 플러그인을 설치하고 [Enable]을 클릭해 활성화합니다.

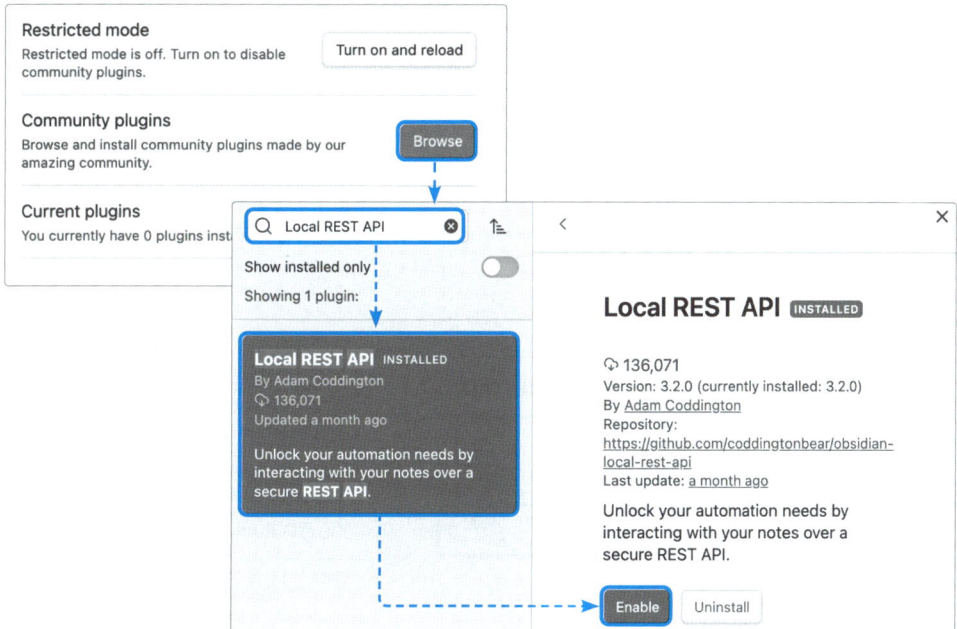

05 플러그인 페이지에서 API 키의 값을 확인합니다. 이 값은 외부로 유출하면 안 됩니다.

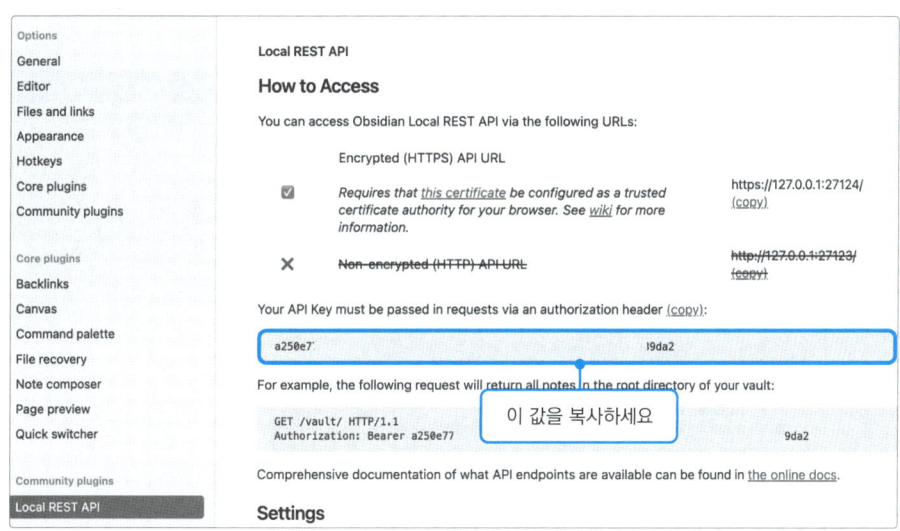

06 제미나이 CLI의 .gemini/settings.json 설정 파일에 mcpServers 설정 블록을 추가합니다. 다음 링크에서 설정값 원본을 확인할 수 있습니다.

- **옵시디언 MCP 깃허브**: github.com/MarkusPfundstein/mcp-obsidian

Configuration

Obsidian REST API Key

There are two ways to configure the environment with the Obsidian REST API Key.

1. Add to server config (preferred)

```
{
  "mcp-obsidian": {
    "command": "uvx",
    "args": [
      "mcp-obsidian"
    ],
    "env": {
      "OBSIDIAN_API_KEY": "<your_api_key_here>",
      "OBSIDIAN_HOST": "<your_obsidian_host>",
      "OBSIDIAN_PORT": "<your_obsidian_port>"
    }
  }
}
```

- `"command": "uvx"` → 사용하는 명령어를 확인합니다
- `"OBSIDIAN_HOST"`, `"OBSIDIAN_PORT"` → 이 부분은 필수가 아니므로 생략합니다

settings.json 파일을 열어 설정값을 붙여넣습니다. 그리고 OBSIDIAN_API_KEY 부분에 플러그인 페이지에서 복사한 API 키를 붙여넣으세요.

파일 이름 : .gemini/settings.json

```
{
  "theme": "Google Code",
  "selectedAuthType": "oauth-personal",
  "mcpServers": {
    "mcp-obsidian": {
      "command": "uvx",
      "args": [ "mcp-obsidian" ],
      "env": {
        "OBSIDIAN_API_KEY": "a250e7...689da2"
      }
    }
  }
}
```

- `"theme"`, `"selectedAuthType"` → 기존 내용에 이어서 작성합니다

07 옵시디언 MCP는 uvx라는 명령어를 사용합니다. uvx는 파이썬의 패키지 관리자 uv를 의미하며 옵시디언 MCP를 실행하려면 컴퓨터에 파이썬과 uv가 모두 설치되어 있어야 합니다. uv가 없다면 컴퓨터에 맞는 명령어를 입력해 설치하세요.

설치 방법	명령어
macOS	brew install uv
리눅스	curl -LsSf https://astral.sh/uv/install.sh
윈도우	powershell -ExecutionPolicy ByPass -c "irm https://astral.sh/uv/install.ps1 | iex"
pip	pip install uv

08 제미나이 CLI를 새로 실행하면 1 MCP server라는 문구를 확인할 수 있습니다. MCP 서버 1개가 정상적으로 연결되었다는 뜻입니다.

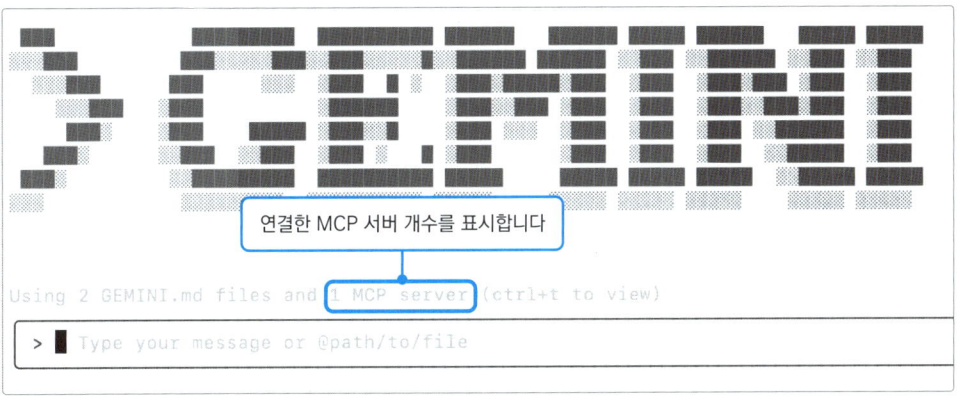

연결한 MCP 서버 개수를 표시합니다

잘 설치했는지 확인하기 위해 제미나이 CLI에게 간단한 노트 생성을 요청하겠습니다.

오늘 날짜를 제목으로 옵시디언에 일일 회고 노트 템플릿을 작성해줘

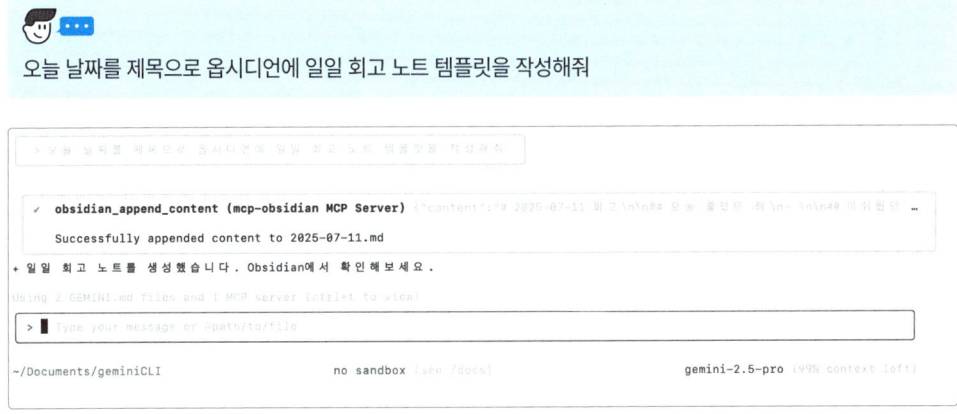

챕터 14 MCP로 제미나이 CLI 확장하기

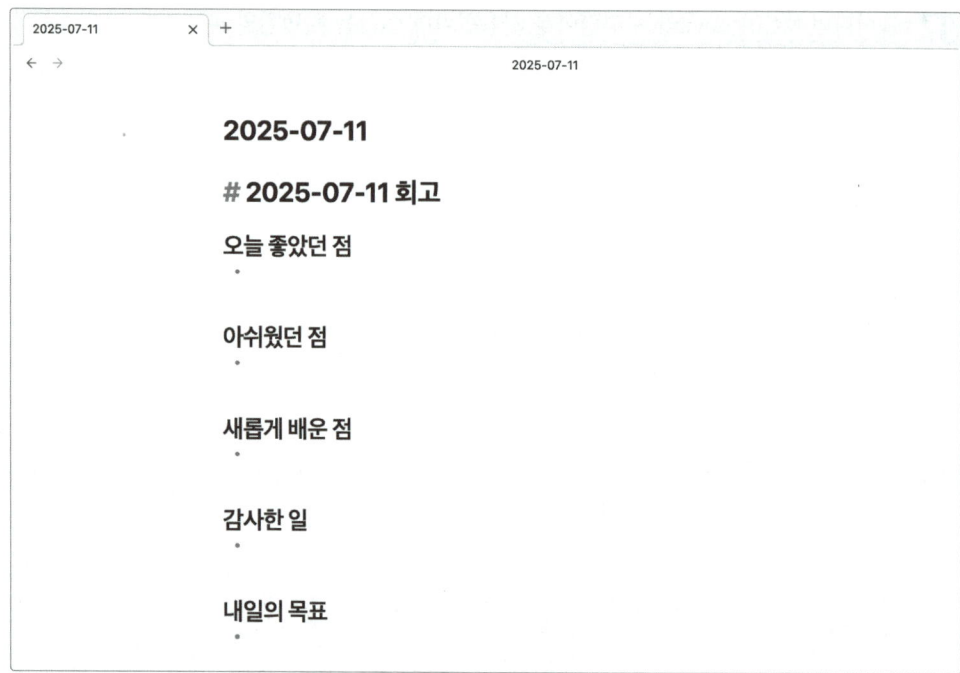

다양한 MCP 기능 확인하기

설치한 MCP의 종류와 각 MCP가 어떤 기능을 포함하는지 궁금하다면 슬래시 명령어를 사용하면 됩니다. 지금은 옵시디언 MCP만 설치했으므로 옵시디언 MCP의 기능만 출력되겠네요.

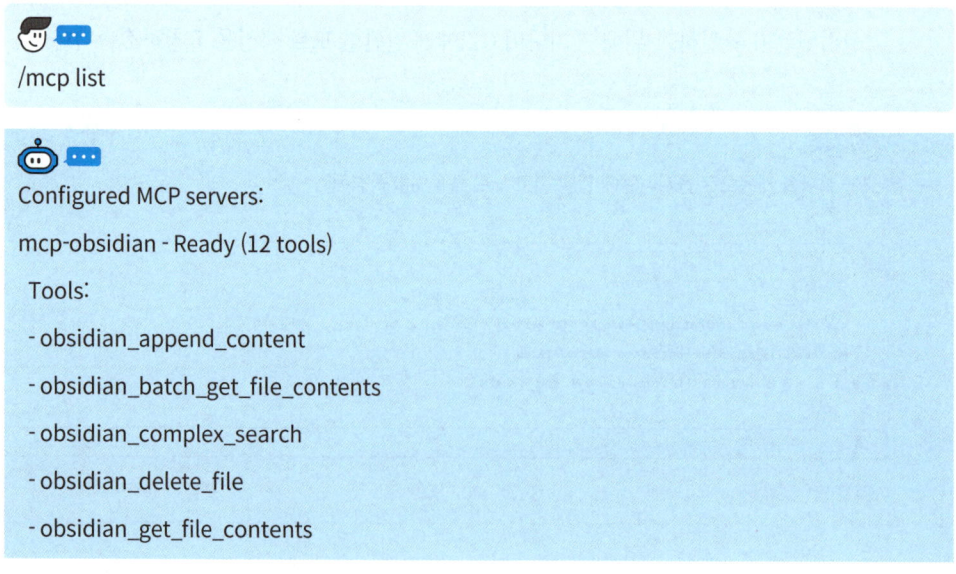

- obsidian_get_periodic_note
- obsidian_get_recent_changes
- obsidian_get_recent_periodic_notes
- obsidian_list_files_in_dir
- obsidian_list_files_in_vault
- obsidian_patch_content
- obsidian_simple_search

Tips:
- Use /mcp desc to show server and tool descriptions
- Use /mcp schema to show tool parameter schemas
- Use /mcp nodesc to hide descriptions
- Use /mcp auth <server-name> to authenticate with OAuth-enabled servers
- Press Ctrl+T to toggle tool descriptions on/off

총 12개의 도구가 보입니다. 이름을 보면 기능을 유추할 수 있습니다. 아래에 있는 Tips 부분을 살펴보면 숨어 있는 설명이나 도구 구성을 확인할 수 있습니다.

- /mcp desc를 사용하여 서버 및 도구 설명을 표시합니다.
- /mcp schema를 사용하여 도구 매개변수 스키마를 표시합니다.
- /mcp nodesc를 사용하여 설명을 숨깁니다.
- /mcp auth 〈서버 이름〉을 사용하여 OAuth가 활성화된 서버에 인증합니다.
- Ctrl+T를 눌러 도구 설명을 켜거나 끕니다.

이번엔 desc 옵션으로 도구 설명까지 출력하겠습니다.

/mcp desc

mcp-obsidian - Ready (12 tools)
Tools:

- obsidian_append_content

  Append content to a new or existing file in the vault.

- obsidian_batch_get_file_contents

  Return the contents of multiple files in your vault, concatenated with headers.

- obsidian_complex_search

  Complex search for documents using a JsonLogic query.

  Supports standard JsonLogic operators plus 'glob' and 'regexp' for pattern matching. Results must be non-falsy.

  Use this tool when you want to do a complex search, e.g. for all documents with certain tags etc.

- obsidian_delete_file

  Delete a file or directory from the vault.

- obsidian_get_file_contents

  Return the content of a single file in your vault.

- obsidian_get_periodic_note

  Get current periodic note for the specified period.

- obsidian_get_recent_changes

  Get recently modified files in the vault.

- obsidian_get_recent_periodic_notes

  Get most recent periodic notes for the specified period type.

- obsidian_list_files_in_dir

  Lists all files and directories that exist in a specific Obsidian directory.

- obsidian_list_files_in_vault

  Lists all files and directories in the root directory of your Obsidian vault.

- obsidian_patch_content

  Insert content into an existing note relative to a heading, block reference, or frontmatter field.

- obsidian_simple_search

  Simple search for documents matching a specified text query across all files in the vault.

  Use this tool when you want to do a simple text search

이렇게 MCP의 자세한 정보를 파악할 수 있습니다. MCP가 할 수 있는 일과 못하는 일을 정확히 파악하는 것은 중요합니다. 애초에 할 수 없는 일을 시키고 실망하는 일을 줄일 수 있으니까요.

지금까지 옵시디언 MCP를 사용해 제미나이 CLI의 기능을 확장하는 방법을 알아보았습니다. MCP를 활용하는 제미나이 CLI는 단순한 코드 생성 도구를 넘어 옵시디언 노트 관리도 할 수 있는 AI로 변합니다. MCP의 확장성은 무궁무진합니다. 필요한 MCP 서버를 계속 덧붙여 CI/CD 파이프라인 제어나 클라우드 리소스 관리 등 개발 워크플로에 필요한 모든 작업을 처리하는 AI 중앙 허브로 만들 수 있습니다.

> **바이브 UP!**
> **3초 꿀팁** 공식 문서에 mcpServers가 없고 mcp만 있어요!

MCP 설정 파일 형식은 환경에 따라 약간 다릅니다. 제미나이 CLI는 mcpServers 블록 안에 설정값을 저장합니다. 클로드 데스크톱 등 다양한 프로그램이 같은 형식을 사용합니다. 하지만 Visual Studio Code는 servers 블록 안에 설정값을 저장하죠. 그래서 MCP 공식 문서에서는 두 방법을 같이 안내하는 경우가 많습니다. 만약 mcpServers 대신 mcp 블록만 있다면 mcp 블록의 'servers' 내용을 mcpServers 블록으로 사용하면 됩니다. 메신저로 많이 쓰는 슬랙의 MCP를 통해 어떤 차이가 있는지 알아보겠습니다.

```json
{
  "mcp": {
    "inputs": [
      {
        "type": "promptString",
        "id": "slack_bot_token",
        "description": "Slack Bot Token (starts with xoxb-)",
        "password": true
      },
      {
        "type": "promptString",
        "id": "slack_team_id",
        "description": "Slack Team ID (starts with T)"
      }
    ],
    "servers": {
      "slack": {
        "command": "npx",
        "args": ["-y", "@modelcontextprotocol/server-slack"],
        "env": {
          "SLACK_BOT_TOKEN": "${input:slack_bot_token}",
          "SLACK_TEAM_ID": "${input:slack_team_id}"
        }
      }
    }
  }
}
```

```json
{
  "mcpServers": {
    "slack": {
      "command": "npx",
      "args": [
        "-y",
        "@modelcontextprotocol/server-slack"
      ],
      "env": {
        "SLACK_BOT_TOKEN": "xoxb-your-bot-token",
        "SLACK_TEAM_ID": "T01234567",
        "SLACK_CHANNEL_IDS": "C01234567, C76543210"
      }
    }
  }
}
```

두 설정값이 달라 보이지만 사실은 똑같습니다. args는 의미 없는 줄 바꿈을 없애면 똑같습니다. 토큰과 팀 아이디는 사용자가 슬랙에서 받은 값을 입력하는 부분이라 똑같습니다. SLACK_CHANNEL_IDS는 선택적 항목이기 때문에 없어도 문제없는 옵션이죠.

[챕터 15]

확장 기능 정의하기

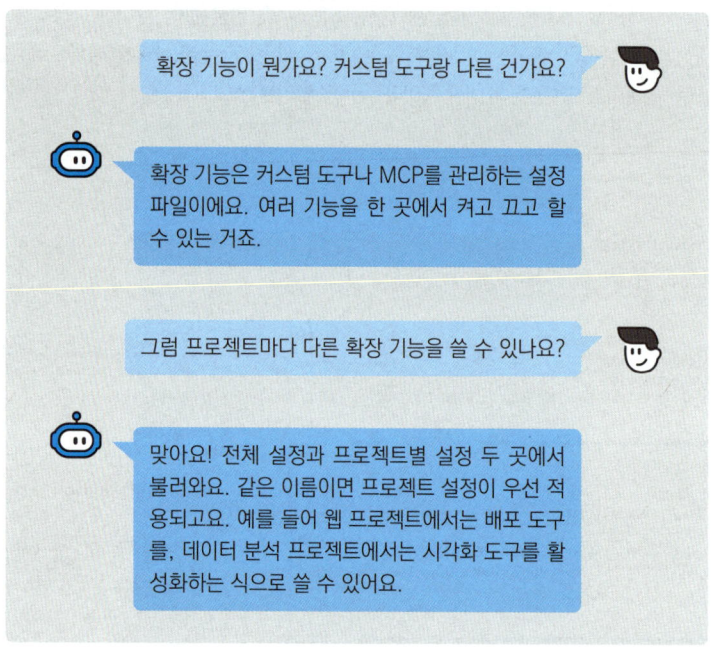

지금까지 제미나이 CLI를 확장하는 방법을 알아보았습니다. 그런데 여러 가지 도구를 만들고 MCP까지 연결하다 보면 나중에 관리하기 어려워지는 시점이 찾아옵니다. 이 확장들을 체계적으로 관리하는 방법을 살펴보겠습니다.

확장 기능의 구조와 동작 원리

제미나이 CLI 확장 기능^{Extension}은 커스텀 도구와 MCP 등 사용자가 추가한 기능을 마치 스마트폰 앱처럼 관리할 수 있는 설정 파일입니다. 제미나이 CLI를 실행하면 두 개의 위치에서 확장 기능을 자동으로 불러옵니다. 만약 같은 이름의 확장이 두 디렉터리에 모두 있다면 여타 설정 파일처럼 프로젝트 디렉터리의 확장이 우선 적용됩니다.

1. **<PROJECT>/.gemini/extensions** : 프로젝트별 확장 디렉터리
2. **~/.gemini/extensions** : 사용자 홈 디렉터리의 글로벌 확장 디렉터리

각 확장 기능은 고유한 이름의 디렉터리로 존재합니다. 그 안에는 확장 설정 파일인 **gemini-extension.json이 반드시 포함되어야 합니다.** 만약 현재 프로젝트에 my-extension이라는 확장 기능이 있다면 확장 설정 파일은 다음 경로에 있습니다.

- <PROJECT>/.gemini/extensions/my-extension/gemini-extension.json

gemini-extension.json

gemini-extension.json 파일은 확장 기능의 상세 구성을 담고 있습니다. 예시를 위해 가상의 확장 기능인 my-extension의 확장 설정 파일의 구조를 살펴보겠습니다.

파일 이름 : gemini-extension.json
```json
{
  "name": "my-extension",
  "version": "1.0.0",
  "mcpServers": {
    "my-server": {
      "command": "node my-server.js"
    }
  },
  "contextFileName": "GEMINI.md",
  "excludeTools": ["run_shell_command"]
}
```

이 파일에는 다섯 개의 주요 옵션이 있습니다. 하나씩 살펴보겠습니다.

- **name** : 확장 기능의 이름입니다. 확장 기능의 디렉터리 이름과 반드시 일치해야 합니다. 제미나이 CLI가 확장 기능을 식별하는 데 사용합니다.

- **version** : 확장의 버전 정보입니다.

- **mcpServers** : MCP 서버를 지정합니다. 만약 settings.json 파일과 확장에서 같은 이름의 MCP 서버를 모두 정의한 경우 settings.json의 설정이 우선 적용됩니다.

- **contextFileName** : 확장 컨텍스트로 사용할 파일 이름입니다. 이 값을 생략하면 확장 기능 디렉터리에 있는 GEMINI.md를 사용합니다.

- **excludeTools** : 확장 기능 동작 시 모델에서 제외할 도구 이름을 배열로 지정합니다. 도구마다 명령어 수준의 세부 제한도 설정할 수 있습니다.

이 중 excludeTools는 특히 유용한 옵션입니다. 확장 기능이 불필요한 도구를 사용하거나 셸 명령어를 잘못 입력하면 위험할 수 있습니다. 그래서 run_shell_command를 입력해 셸 명령어를 사용할 수 없도록 제한할 수 있습니다. 특정 명령어와 옵션만 제한할 수도 있습니다. run_shell_command(rm -rf)처럼 사용하면 됩니다.

확장 기능과 settings.json의 차이

확장 기능은 settings.json과 유사하면서 다른 부분이 있기에 헷갈리곤 합니다. 이 기능은 동시에 사용하여 서로 보완할 수 있는 부분이 있습니다. 가상의 시나리오를 통해 두 방법의 차이를 알아보겠습니다.

확장 기능만 사용하기

여러 개발팀이 하나의 저장소에서 협업한다면 각 팀에 특화된 개발 환경과 정책이 필요합니다. 이때 확장 기능을 활용하면 좋습니다. 먼저 프론트엔드 개발팀에는 이렇게 확장 기능을 정의합니다.

- 위험한 셸 명령 및 파일 조작 도구 차단
- 프론트엔드 전용 컨텍스트 파일
- 린트 규칙, 스타일 가이드 문서, 전용 MCP 서버 포함

그리고 백엔드 팀에는 다음과 같이 확장 기능을 정의합니다.

- 백엔드 작업에 특화된 도구 및 MCP 서버 제공
- DB 접근 등 팀 특화 정책 반영

settings.json과 확장 기능을 함께 사용하기

프로젝트 전체에 일관된 기본 정책은 settings.json에 정의하고 역할이나 상황에 따라 필요한 확장은 별도로 구성해서 적용합니다. 이렇게 하면 대규모 프로젝트에 유리하고 복잡한 설정과 확장 기능도 체계적으로 관리할 수 있습니다. settings.json에는 전체 프로젝트의 기본 동작, 보안 정책, 컨텍스트 파일을 지정합니다.

파일 이름 : settings.json
```
{
  "sandbox": true,
  "checkpointing": { "enabled": true },
  "contextFileName": "GEMINI.md"
}
```

확장 기능에는 MCP 서버와 테스트 자동화 확장 기능을 정의합니다.

파일 이름 : gemini-extension.json
```
{
  "name": "test-automation",
  "version": "1.0.0",
  "mcpServers": {
    "test-runner": {
      "command": "python",
      "args": ["run_tests.py"],
      "cwd": "./ci/scripts"
    }
  },
  "contextFileName": "TEST_CONTEXT.md",
  "excludeTools": ["run_shell_command(rm -rf)", "WriteFileTool"]
}
```

이렇게 하면 프로젝트의 공통 정책은 settings.json이 담당하고 개별 작업이나 팀 특화 정책은 필요한 확장만 골라 적용할 수 있습니다.

요즘 바이브 코딩

파트
04

일상과 업무를 혁신하는 생산성 레시피

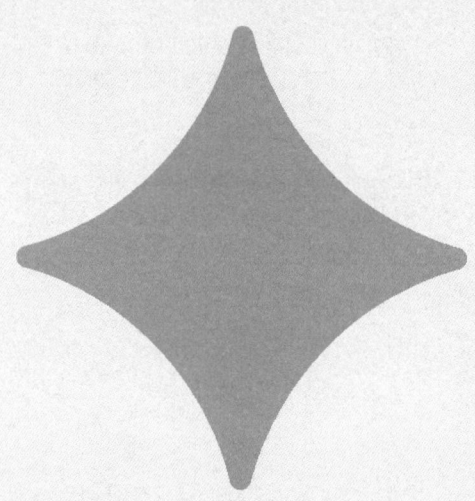

[챕터 16]　마크다운 업무 보고서 만들기

[챕터 17]　발표 자료 만들기

[챕터 18]　프로젝트 공유하기

[챕터 19]　파일 관리 자동화하기

[챕터 20]　체계적으로 문서 작업하기

[챕터 16]

마크다운 업무 보고서 만들기

개발자가 아니더라도 제미나이 CLI를 활용할 수 있는 방법은 다양합니다. 특히 새로운 기술과 지식을 학습하고 시장의 트렌드를 파악하는 등 자료 조사 및 연구에 유용합니다. 제미나이 CLI는 파일과 웹을 포함해 여러 소스의 정보를 빠르게 수집하고 방대한 양의 자료의 핵심을 핵심을 꿰뚫어 볼 수 있는 강력한 리서치 도구입니다. 이 챕터에서는 제미나이 CLI를 활용해 리서치 전문가로 거듭나는 구체적인 방법을 알아봅니다.

자료 조사하기

'신규 핀테크 서비스의 스테이블 코인 도입 의사결정'이라는 가상의 시나리오로 실습하겠습니다. 스테이블 코인이 뭔지 정확하게 모르지만 자료를 수집하고 팀에게 보고를 해야 하는 상황에 제미나이 CLI를 사용합니다.

> A사는 글로벌 송금 및 결제 서비스를 준비하는 핀테크 기업입니다.
>
> 해외 사용자와의 빠른 자금 정산, 저렴한 수수료, 변동성 최소화 등 다양한 요구를 충족하기 위해 스테이블 코인 기반 결제 시스템을 도입하려 합니다.
>
> 그러나 시장에는 USDT, USDC, DAI 등 다양한 스테이블 코인이 존재하고, 각 담보 구조, 시장 신뢰도, 규제 준수 상황이 상이합니다. 또한 최근에는 각국의 정책 변화, 스테이블 코인 발행사의 이슈, 새로운 기술적 위험 등이 지속적으로 보고되고 있습니다.
>
> 이에 따라 경영진은 다음과 같은 리서치 과업을 데이터팀과 기획팀에 지시합니다.
>
> - 주요 스테이블 코인별(USDT, USDC, DAI 등) 담보 구조, 투명성, 시장 규모, 규제 리스크, 기술적 안정성 등 핵심 요소를 객관적으로 비교·분석할 것
> - 최근 발행량 변화, 규제 이슈, 실사용 사례 등 최신 시장 동향을 조사할 것
> - 자사 서비스 도입에 가장 적합한 스테이블 코인을 선정하고, 그 이유와 예상 리스크를 경영진에 보고할 것

우리 팀은 공식 웹사이트, 백서, 시장 리포트, 뉴스 기사, 전문 리서치 자료, PDF 등 다양한 곳에서 정보를 수집해야 합니다. 그리고 모든 자료를 체계적으로 정리, 요약, 비교해 신속하게 의사결정 보고서를 완성해야 하는 상황입니다. 과거에는 각종 웹사이트, 공식 문서, 시장 리포트를 번거롭게 오가며 자료를 수집하고 수동으로 자료를 검토하여 정리한 다음 결과 보고서를 만들어야 하지만 제미나이 CLI로 이 모든 과정들에 크게 도움을 받을 수 있습니다.

01 먼저 프롬프트에 첫 번째 지시 사항을 입력합니다.

스테이블 코인 별 (USDT, USDC, DAI) 담보 구조, 투명성, 시장 규모, 규제 리스크, 기술적 안정성 등 핵심 요소를 객관적으로 비교 분석 해줘

02 결과를 확인하고 개선 계획을 세웁니다. 제미나이 CLI가 열심히 답변을 했지만 이 결과는 2개의 문제가 있습니다. 일단 이렇게 터미널에 출력된 내용은 그대로 활용하기가 어렵습니다. /copy를 사용해도 좋지만 처음부터 마크다운 파일로 저장하면 좋겠죠. 두 번째는 조사 결과에 AI의 환각이 들어가지 않았다는 것을 알 수 없어 조사 결과에 신뢰성이 부족합니다. 문제를 해결하기 위해 세 가지 설정을 추가하겠습니다.

1. 조사 결과를 마크다운 파일로 출력
2. 조사 결과에 확인할 수 있는 출처 표기
3. 주요 스테이블코인에 대해 설명하는 공식 자료를 추가로 사용

이 프로젝트를 위한 컨텍스트를 만들겠습니다. 현재 디렉터리에 stablecoin 디렉터리를 새로 만들고 그 안에 .gemini/GEMINI.md을 작성합니다.

```
mkdir stablecoin
cd stablecoin
mkdir .gemini
cd .gemini
touch GEMINI.md
cd ..
```

공식 자료를 찾을 때는 직접 검색하는 것을 권장하지만 제미나이 CLI의 GoogleSearch 도구를 활용해 찾을 수도 있습니다.

USDT, USDC, DAI에 대해 설명하는 공식 자료의 링크를 조사해줘

```
✓ GoogleSearch Searching the web for: "USDT official documentation"
  Search results for "USDT official documentation" returned.
✓ GoogleSearch Searching the web for: "USDC official documentation"
  Search results for "USDC official documentation" returned.
✓ GoogleSearch Searching the web for: "DAI official documentation"
  Search results for "DAI official documentation" returned.
```

+ 조사된 공식 자료 링크는 다음과 같습니다.

USDT (Tether)

* 공식 웹사이트: https://tether.to (https://tether.to)
* 백서 (Whitepaper): https://tether.to/en/whitepaper (https://tether.to/en/whitepaper)
* 투명성 보고서: https://tether.to/en/transparency/ (https://tether.to/en/transparency/)

USDC (USD Coin)

* 공식 웹사이트: https://www.circle.com/en/usdc (https://www.circle.com/en/usdc)
* 개발자 문서: https://developers.circle.com/docs/usdc (https://developers.circle.com/docs/usdc)

DAI (Dai Stablecoin)

* 공식 웹사이트: https://makerdao.com/en/ (https://makerdao.com/en/)
* 개발자 문서: https://docs.makerdao.com/ (https://docs.makerdao.com/)

03 이렇게 얻은 링크를 사용해 GEMINI.md 파일에 자료 조사 규칙을 작성합니다.

> 파일 이름 : GEMINI.md

```
## 자료 조사
- 조사 결과는 markdown 형식의 파일로 작성합니다.
- 조사의 각 항목마다 확인할 수 있는 링크를 표기합니다.
## 활용 자료
- 조사 과정에는 다음 웹페이지의 내용도 활용해야 합니다.
  USDT (Tether)
    * 공식 웹사이트: https://tether.to
    * 백서 (Whitepaper): https://tether.to/en/whitepaper
```

```
        * 투명성 보고서: https://tether.to/en/transparency/
    USDC (USD Coin)
        * 공식 웹사이트: https://www.circle.com/en/usdc
        * 개발자 문서: https://developers.circle.com/docs/usdc
    DAI (Dai Stablecoin)
        * 공식 웹사이트: https://makerdao.com/en/
        * 개발자 문서: https://docs.makerdao.com/
```

04 앞서 작성한 프롬프트에 더해 스테이블코인에 대해 알지 못하는 사람을 대상으로 개략적인 설명을 포함하도록 수정하여 제미나이 CLI로 리서치를 하겠습니다.

스테이블코인에 대해 모르는 사람을 대상으로 전반적인 개요를 설명하고, 스테이블코인 별 (USDT, USDC, DAI) 담보 구조, 투명성, 시장 규모, 규제 리스크, 기술적 안정성 등 핵심 요소를 객관적으로 비교 분석하는 리서치 자료를 생성해 줘.

제미나이 CLI가 웹 조사와 파일 생성에 필요한 사용자 허가를 포함해 업데이트된 프로젝트 컨텍스트를 반영하여 리서치를 시작합니다.

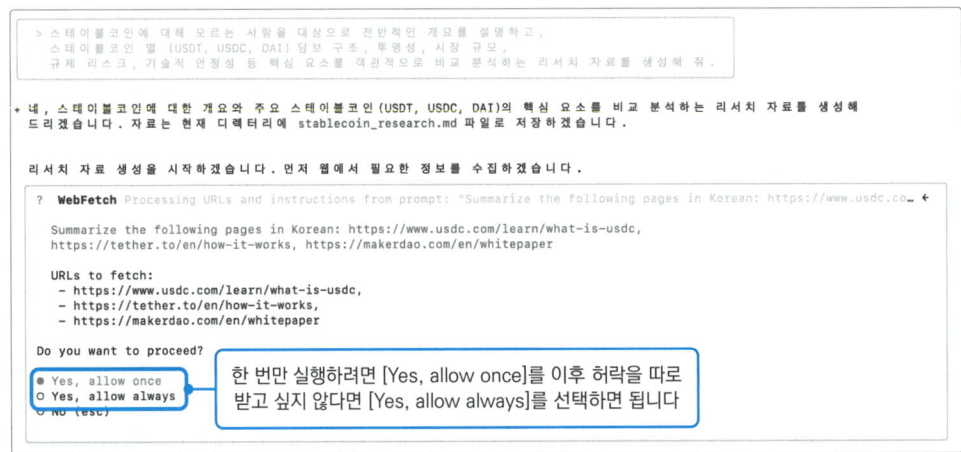

이 과정에서 여러 번의 도구를 사용하고 매번 사용자의 허가를 구하기 때문에 [Yes, allow always]를 사용하는 것도 괜찮습니다. 조사가 끝나면 제미나이 CLI는 조사 결과를 프로젝트에 마크다운 파일로 저장합니다.

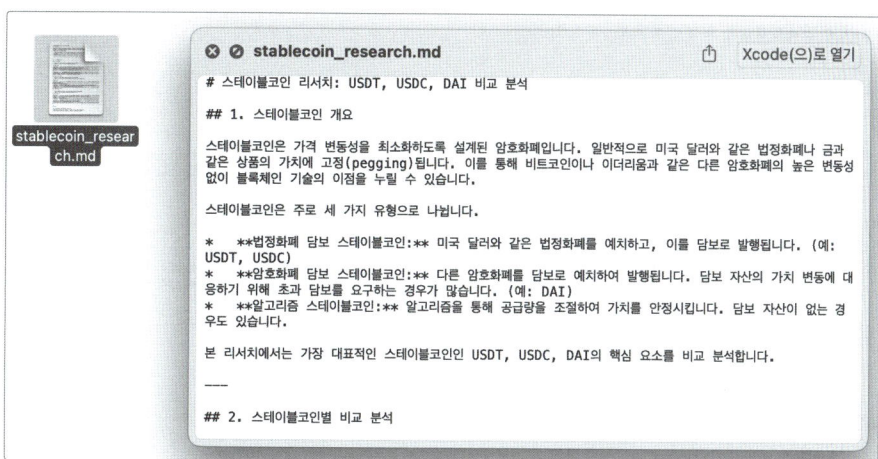

지금은 간편한 실습을 위해 단순한 프롬프트를 사용했습니다. 프롬프트 엔지니어링 관점에서 우수한 프롬프트는 아닙니다. 실제로 사용할 때는 더욱 정교한 프롬프트와 함께 추가 내용을 조사하고 컨텍스트 파일도 업데이트하세요. 더욱 완성도 높은 리서치 보고서를 만들 수 있습니다.

대용량 PDF 리포트에서 스테이블 코인 핵심 내용 요약하기

이번에는 해외 기관에서 작성한 리포트를 제미나이 CLI로 핵심만 빠르게 정리하겠습니다.

01 먼저 제미나이 CLI에 컨설팅 회사를 포함해 해외 주요 연구 기관 및 국책 기관에서 발간한 스테이블코인 관련 보고서를 찾도록 요청합니다.

컨설팅 회사를 포함해 해외 주요 연구 기관 및 국책 기관에서 발간한 스테이블코인 관련 보고서를 찾아줘

```
주요 기관 스테이블코인 보고서 리스트
[컨설팅 회사]

1. PwC (PricewaterhouseCoopers)
   * 보고서: Unlocking the future of finance with stablecoins (2025.05)
   * 내용: 스테이블코인이 전통 금융과 디지털 혁신을 어떻게 연결하는지에 대한 분석
   * 링크: https://www.pwc.com/m1/en/publications/unlocking-the-future-of-finance-with-stablecoins.html
     (https://www.pwc.com/m1/en/publications/unlocking-the-future-of-finance-with-stablecoins.html)

2. Deloitte (딜로이트)
   * 보고서: 2025, The year of the payments stablecoin (2024.11)
   * 내용: 결제 수단으로서 스테이블코인의 역할과 금융 시스템에 미칠 영향 전망
   * 링크: https://www.deloitte.com/global/en/our-thinking/insights/industry/financial-services/payments-stablecoin.html
     (https://www.deloitte.com/global/en/our-thinking/insights/industry/financial-services/payments-stablecoin.html)

3. Boston Consulting Group (BCG)
   * 보고서: The Five Tests for Stablecoin Viability (2024.03)
   * 내용: 스테이블코인의 잠재력과 성공 가능성을 평가하기 위한 5가지 기준 제시
   * 링크: https://www.bcg.com/publications/2024/five-tests-for-stablecoin-viability
     (https://www.bcg.com/publications/2024/five-tests-for-stablecoin-viability)

[국제기구 및 국책 기관]

4. 금융안정위원회 (FSB - Financial Stability Board)
   * 보고서: High-Level Recommendations for the Regulation, Supervision and Oversight of Global Stablecoin Arrangements
     (2020.10)
   * 내용: 글로벌 스테이블코인의 규제, 감독 및 감시에 대한 국제적 권고안
   * 링크: https://www.fsb.org/2020/10/regulation-supervision-and-oversight-of-global-stablecoin-arrangements/
     (https://www.fsb.org/2020/10/regulation-supervision-and-oversight-of-global-stablecoin-arrangements/)

5. 국제결제은행 (BIS - Bank for International Settlements)
   * 보고서: Guidance on stablecoin arrangements (2023.07)
   * 내용: 지급결제 및 시장인프라 위원회 (CPMI)와 국제증권감독기구 (IOSCO)가 공동으로 발표한 스테이블코인 관련 지침
   * 링크: https://www.bis.org/cpmi/publ/d217.htm (https://www.bis.org/cpmi/publ/d217.htm)

6. 미국 재무부 (U.S. Department of the Treasury)
   * 보고서: Report on Stablecoins (2021.11)
   * 내용: 스테이블코인의 이점과 리스크를 분석하고 의회에 입법을 촉구한 대통령 직속 금융시장 실무그룹의 보고서
   * 링크: https://home.treasury.gov/system/files/136/StableCoinReport_Nov1_508.pdf
     (https://home.treasury.gov/system/files/136/StableCoinReport_Nov1_508.pdf)
```

제미나이 CLI가 구글 검색 도구를 사용해 사용자에게 리포트를 확인할 수 있는 링크를 전달합니다. 링크에 접속해 필요한 문서인지 확인하고 파일로 내려받으세요. 제미나이 CLI에게 다운로드까지 지시해도 되지만 확인하는 과정을 거치기를 권장합니다.

> **NOTE** 자료의 신빙성이 중요할수록 AI의 환각을 간과하지 마세요. 리포트의 제목과 발행 기관을 검색해 교차검증하세요.

02 프로젝트에 reports라는 디렉터리를 만들어 내려받은 파일을 모아놓겠습니다. @에 각 파일을 일일이 태그하지 않고 디렉터리를 통째로 태그할 수 있습니다.

@reports/에 있는 리포트들의 내용을 종합, 정리, 요약해 줘

이후 리포트에서 강조하는 주요 리스크 요인과, 회사에서 스테이블 코인을 활용하려 할 때 주의해야 할 포인트를 추가로 설명해줘

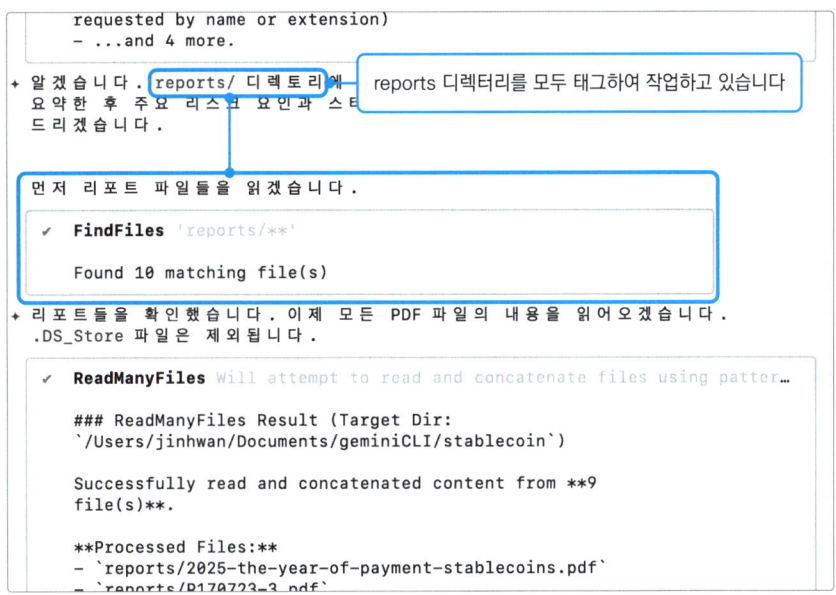

리포트 요약 작업도 마찬가지로 프로젝트의 GEMINI.md에 작성해둔 설정을 활용하므로 제미나이 CLI가 요약한 내용을 파일로 저장합니다.

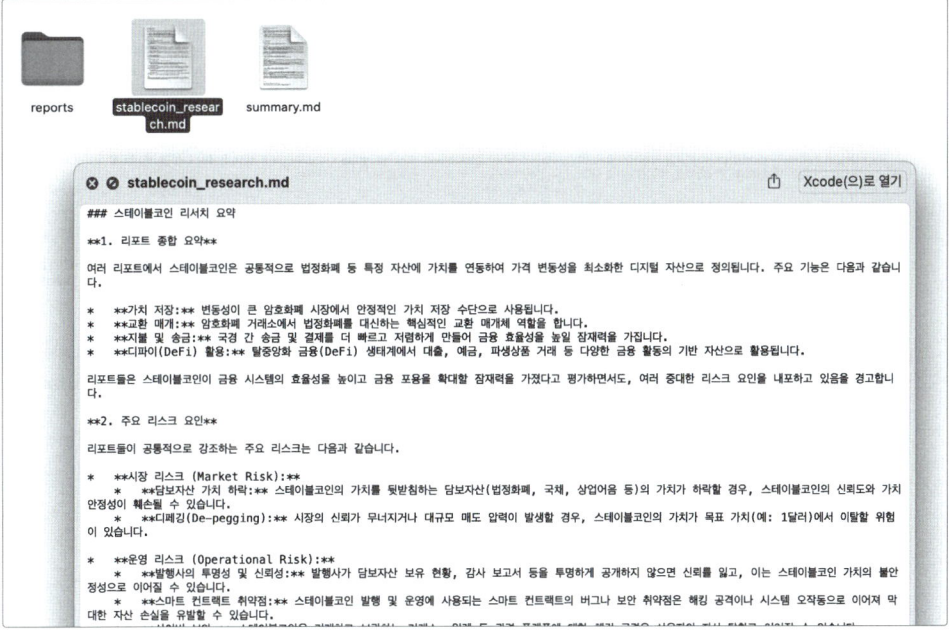

03 지금까지 작성한 보고서를 직접 수정하거나 마크다운 서식으로 렌더링된 모습으로 보고 싶을 수 있습니다. 마크다운 편집에 가장 적합한 도구 중 하나는 옵시디언입니다. 이전 챕터에서 학습한 옵시디언 MCP를 사용해 보고서를 옵시디언으로 보내겠습니다.

작성한 보고서를 옵시디언으로 옮겨줘.

스테이블 코인

1. 스테이블코인 개요

스테이블코인이란?

스테이블코인은 암호화폐의 한 종류로, 가치가 안정적으로 유지되도록 설계된 디지털 자산입니다. 미국 달러(USD)나 유로(EUR)와 같은 법정화폐, 또는 금과 같은 실물 자산에 가치를 1:1로 연동(pegging)하는 경우가 일반적입니다.

왜 필요한가?

비트코인이나 이더리움과 같은 일반적인 암호화폐는 가격 변동성이 매우 큽니다. 이러한 변동성은 투자 자산으로서는 매력적일 수 있지만, 일상적인 거래나 가치 저장 수단으로 사용하기에는 불안정합니다. 스테이블코인은 이러한 문제를 해결하기 위해 등장했으며, 다음과 같은 장점을 가집니다.

- **가치 안정성**: 법정화폐와 가치가 연동되어 있어 가격 변동에 대한 위험이 적습니다.
- **빠르고 저렴한 전송**: 블록체인 기술을 기반으로 하므로, 전통적인 금융 시스템보다 빠르고 저렴하게 전 세계로 자금을 이전할 수 있습니다.
- **암호화폐 시장의 교량 역할**: 암호화폐 거래소에서 변동성이 큰 암호화폐를 매매할 때, 스테이블코인을 중간 다리로 활용하여 손쉽게 거래하고 자산을 보관할 수 있습니다.
- **디파이(DeFi, 탈중앙화 금융)의 핵심**: 디파이 서비스에서 대출, 예금, 이자 농사 등 다양한 금융 활동에 안정적인 가치 척도로 사용됩니다.

2. 주요 스테이블코인 비교 분석: USDT, USDC, DAI

항목	USDT (Tether)	USDC (USD Coin)	DAI (MakerDAO)
담보 구조	중앙화된 명목화폐 담보 - 현금 및 현금 등가물(단기 국채, 기업어음 등)을 포함한 다양한 자산으로 구성된 준비금을 통해 1 USDT ≈ 1 USD 가치를 유지합니다. - 준비금의 구체적인 구성은 논란의 대상이 되기도 했습니다.	중앙화된 명목화폐 담보 - 주로 현금과 단기 미국 국채로 구성된 준비금을 통해 1 USDC ≈ 1 USD 가치를 유지합니다. - 상대적으로 보수적이고 안정적인 자산으로 준비금을 구성합니다.	탈중앙화된 암호화폐 담보 - 이더리움(ETH), 랩트비트코인(WBTC) 등 다양한 암호화폐를 스마트 컨트랙트(Maker Vault)에 담보로 예치하고, 이를 기반으로 1 DAI ≈ 1 USD 가치의 DAI를 발행합니다. - 담보 가치가 일정 수준 이하로 떨어지면 자동으로 청산되어 DAI의 가치를 보호합니다.
투명성	중간 - 웹사이트를 통해 준비금 현황을 매일 공개하고, 분기별로 회계법인의 감사를 받은 증명 보고서를 발행합니다. - 과거 투명성 문제로 규제 당국의 조사를 받은 이력이 있습니다.	높음 - 매월 세계적인 회계법인(Grant Thornton)이 감사한 준비금 증명 보고서를 발행하여 투명성을 높게 유지하고 있습니다. - 미국 규제 하에 운영되어 상대적으로 신뢰도가 높습니다.	매우 높음 - 모든 담보 및 발행 내역이 이더리움 블록체인 상에 투명하게 공개됩니다. - 누구나 실시간으로 총 담보 비율과 시스템의 건전성을 확인할 수 있습니다.
시장 규모	1위 - 가장 먼저 출시된 스테이블코인으로, 압도적인 시장 점유율과 유동성을 자랑합니다. - 대부분의 암호화폐 거래소에서 기축 통화로 사용됩니다.	2위 - 기관 투자자 및 규제를 중시하는 사용자들이 선호하며, 빠르게 성장하고 있습니다. - 디파이 생태계에서 널리 사용됩니다.	4~5위권 - USDT, USDC에 비해 시장 규모는 작지만, 탈중앙화라는 독보적인 특징으로 인해 디파이 핵심 사용자들에게 높은 지지를 받고 있습니다.
규제 리스크	높음 - 발행 주체인 Tether사가 미국 규제 당국으로부터 여러 차례 조사 및 벌금을 부과받은 바 있습니다. - 준비금 자산 구성에 대한 의혹이 완전히 해소되지 않아 잠재적인 규제 리스크가 존재합니다.	중간 - 발행 주체인 Circle사가 미국 금융 규제를 준수하며 운영되므로, 규제 친화적입니다. - 다만, 미국 정부의 암호화폐 규제 강화 시 직접적인 영향을 받을 수 있습니다.	불확실 - 탈중앙화된 프로토콜(DAO)에 의해 운영되므로, 기존 금융 규제를 적용하기 어렵습니다. - 향후 디파이 및 DAO에 대한 규제 방향성에 따라 리스크가 발생할 수 있습니다.
기술적 안정성	높음 - 이더리움, 트론, 솔라나 등 다양한 블록체인 네트워크에서 발행되어 특정 네트워크의 문제 발생 시 위험을 분산할 수 있습니다.	높음 - USDT와 마찬가지로 여러 블록체인을 지원하여 높은 안정성과 접근성을 제공합니다.	중간 - 스마트 컨트랙트 기반으로 운영되므로, 코드의 버그나 해킹에 대한 잠재적인 위험이 존재합니다. - 하지만, 수년간 안정적으로 운영되며 여러 차례의 감사를 통해 신뢰성을 검증받았습니다.

3. 결론

- **USDT (Tether)**: 가장 높은 시장 점유율과 유동성을 원한다면 좋은 선택입니다. 하지만 규제 리스크와 투명성에 대한 우려를 인지해야 합니다.
- **USDC (USD Coin)**: 높은 투명성과 규제 준수를 우선시한다면 가장 적합한 선택입니다. 기관 및 보수적인 투자자에게 인기가 많습니다.
- **DAI (MakerDAO)**: 탈중앙화와 검열 저항성을 가장 중요한 가치로 생각한다면 유일한 대안입니다. 모든 것이 블록체인 상에 투명하게 공개된다는 점이 가장 큰 장점이지만, 스마트 컨트랙트 리스크를 감수해야 합니다.

투자 및 사용 시 유의사항:

스테이블코인은 암호화폐 시장의 변동성을 피할 수 있는 유용한 도구이지만, 100% 안전한 자산은 아닙니다. 각 스테이블코인의 담보 구조와 운영 방식에 따른 잠재적 리스크를 충분히 이해하고, 자신의 투자 성향과 목적에 맞는 스테이블코인을 선택하는 것이 중요합니다.

[챕터 17]

발표 자료 만들기

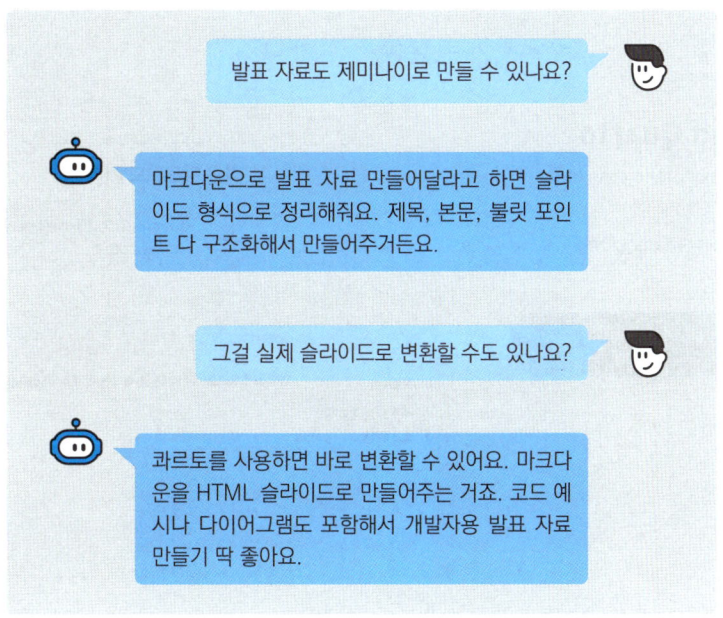

보고서 내용은 잘 작성했지만, 아무래도 마크다운 보고서를 좋아하는 상사는 없겠죠. 이제 작성한 내용을 사용해서 발표 자료를 만들겠습니다. 마크다운은 구조가 간단하고 확장성이 좋아서 슬라이드로도 쉽게 바꿀 수 있습니다. 마크다운 문서를 발표 자료로 만드는 도구는 여러 가지가 있습니다. 저는 콰르토와 reveal.js를 사용하겠습니다.

> **NOTE** Marp, MarkSlides 등 마크다운을 슬라이드로 만드는 다양한 서비스가 있습니다.

콰르토 설치하기

콰르토^{Quarto}는 마크다운 파일을 고품질의 문서, 블로그, 논문, 프레젠테이션 슬라이드 등 다른 문서 형식으로 만드는 오픈 소스 도구입니다. Pandoc 기반이라서 R, Python 등 프로그래밍 언어와 연동이 가능하고 다양한 문서 형식을 지원한다는 특징이 있습니다. 콰르토를 터미널에서 실행하기 위해 콰르토 CLI를 설치하겠습니다.

- **콰르토 설치 링크**: quarto.org/docs/download

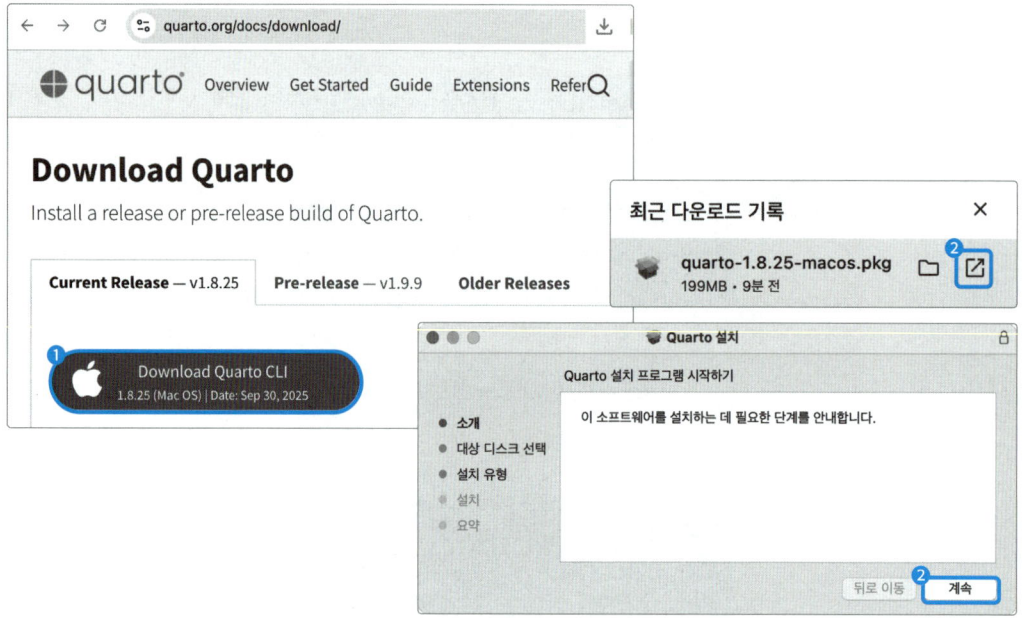

❶버튼을 누르면 설치 프로그램이 내려받아집니다. ❷설치 프로그램을 실행하고 ❸[계속 → 계속 → 설치]을 누르면 자동으로 설치가 끝납니다. 설치가 끝났다면 터미널에서 다음 명령어를 입력해보세요. 버전 정보가 표시되면 정상적으로 설치가 완료된 겁니다.

```
quarto --version
```

콰르토로 슬라이드 만들기

마크다운 파일은 두 번의 과정을 거쳐 콰르토 슬라이드로 변합니다. md파일을 qmd파일로 변경하고 렌더링을 합니다. 이 과정은 전혀 복잡하지 않습니다. 바로 제미나이 CLI에게 슬라이드 제작을 요청 하겠습니다.

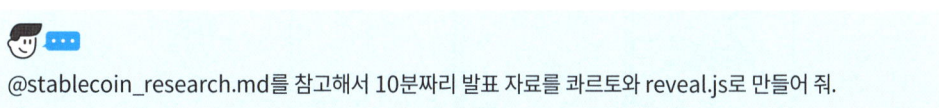

@stablecoin_research.md를 참고해서 10분짜리 발표 자료를 콰르토와 reveal.js로 만들어 줘.

이렇게 지시하면 두 과정을 순식간에 수행하고 최종 결과물인 presentation.html 파일을 생성합니다. 이 파일을 실행하면 브라우저에서 발표 자료를 확인할 수 있습니다.

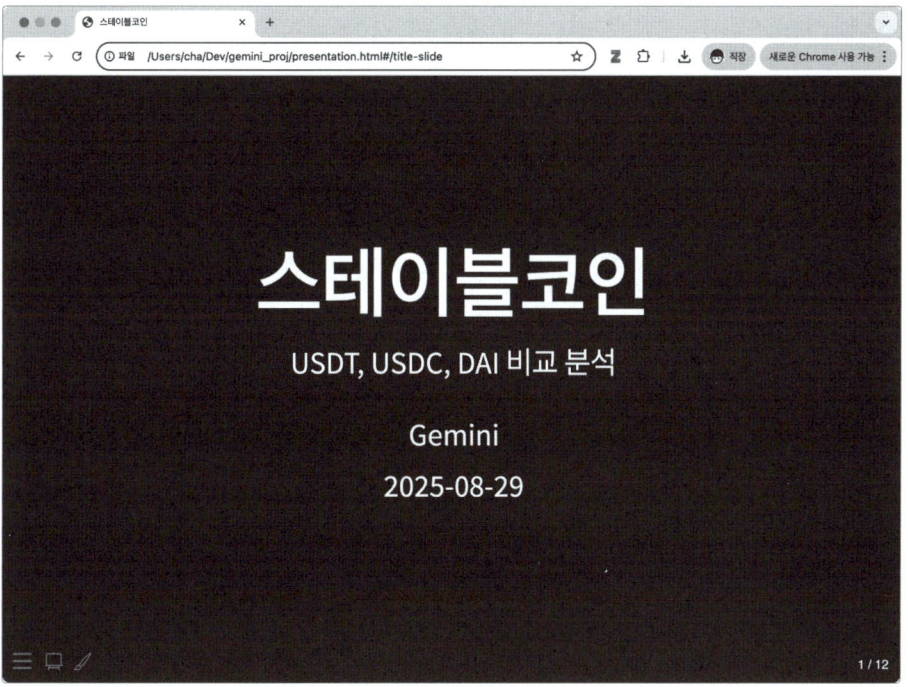

만약 qmd 파일만 생성하고 렌더링을 안해준다면 다시 제미나이 CLI에게 요청하거나 터미널에서 렌 더링 명령어를 직접 입력하세요. qmd 파일을 수정했을 때도 이 명령어로 바로 렌더링하면 됩니다.

```
quarto render <SLIDEFILE>.qmd
```

⟨SLIDEFILE⟩ 부분에는 stable_presentation과 같이 파일 이름을 입력합니다. 이 명령어를 실행하면 qmd 파일과 같은 위치에 html 파일로 슬라이드가 생기는 것을 볼 수 있습니다.

슬라이드를 만들면 files로 끝나는 이름의 디렉터리가 자동으로 생성됩니다. 이 디렉터리에는 html 슬라이드를 구성하기 위해 필요한 라이브러리와 에셋 코드가 있습니다. 새로운 디렉터리가 생기는 것이 마음에 들지 않으면 슬라이드 구성 정보를 html 파일 안에 저장하도록 설정을 변경할 수 있습니다. qmd 파일 설정에 embed-resources: true를 추가하면 됩니다.

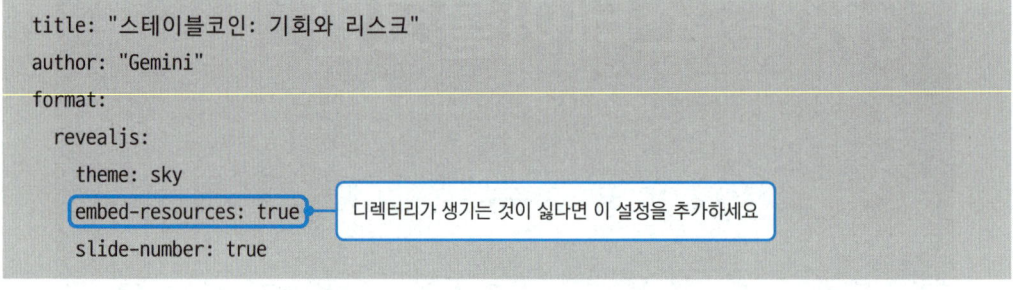

[챕터 18]

프로젝트 공유하기

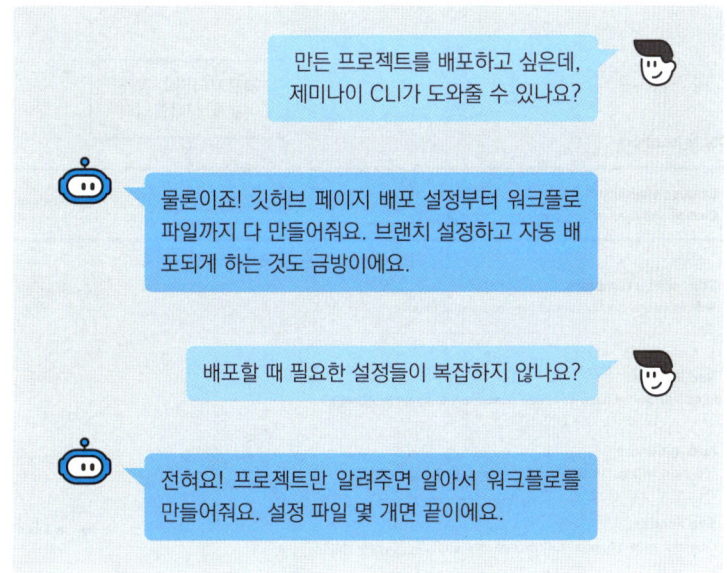

만든 보고서와 발표 자료를 다른 사람에게 쉽게 공유하고 싶다면 깃허브 페이지를 이용해보세요. 깃허브 페이지GitHub Pages는 깃허브를 사용해 웹사이트를 손쉽게 배포할 수 있는 무료 호스팅 서비스입니다. 개인 블로그, 포트폴리오, 이력서, 커뮤니티 등 다양한 용도로 사용할 수 있습니다. 이번 장에서는 쾌르토로 만든 HTML 슬라이드를 깃허브 페이지에 게시해 누구나 접근할 수 있게 공개하는 법을 안내합니다.

깃허브 저장소 준비

먼저 깃허브에 접속하여 깃허브 리포지터리를 생성합니다. 생성을 위해 필요한 정보는 리포지터리 이름입니다. 지금은 stablecoin-report라는 이름을 사용하겠습니다. 또한 Visibility에서 Public이 아닌 Private를 선택합니다. 깃허브 페이지를 만드는 기능에는 차이가 없지만 Public을 선택하면 깃허브 페이지의 내용 뿐 아니라 리포지터리의 내용도 모두에게 공개됩니다.

- 깃허브 리포지터리 생성 : github.com/new

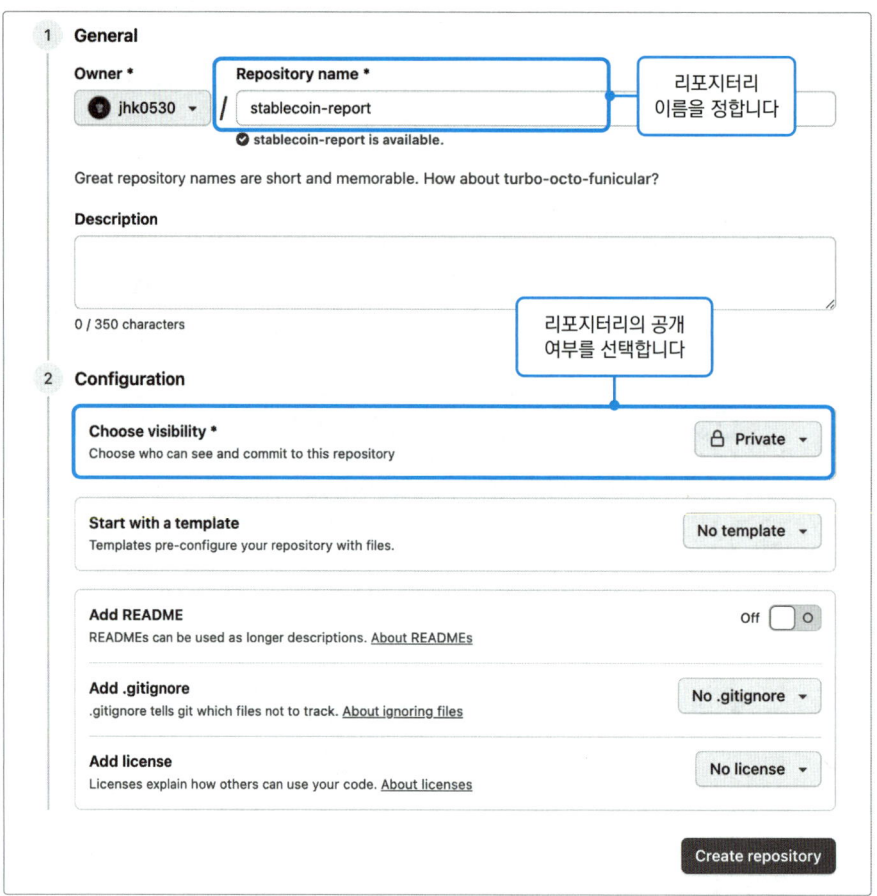

이제 터미널에 git clone 명령어를 입력해 리포지터리를 내 컴퓨터로 옮겨오겠습니다. URL은 직접 입력하지 않고 주소창을 복사하여 붙여넣습니다.

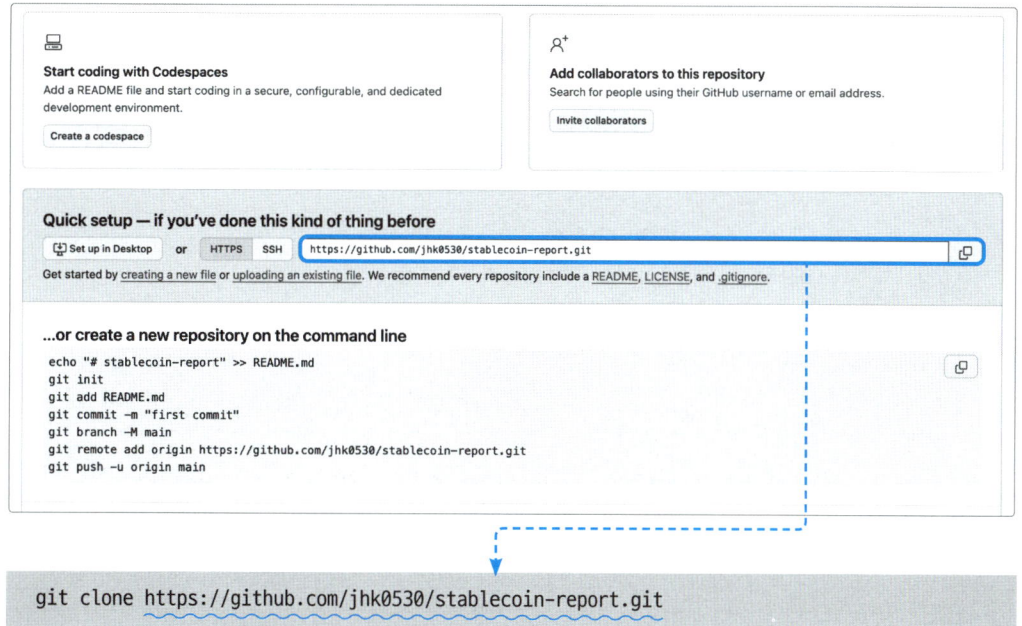

깃허브 페이지 생성

stablecoin 디렉터리에 stablecoin-report 디렉터리가 새롭게 생기는 것을 확인한 뒤, 제미나이 CLI를 실행해 이를 바탕으로 깃허브 페이지를 만들겠습니다.

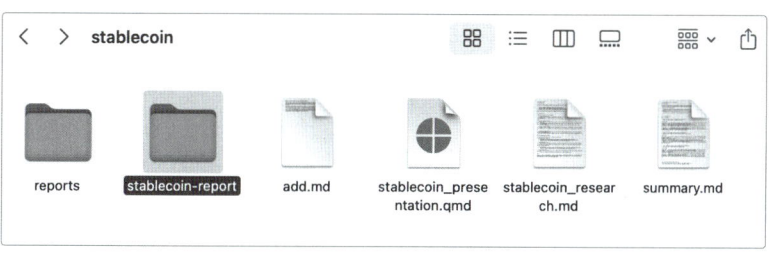

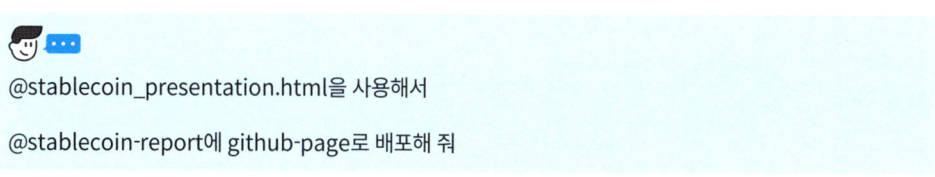

```
+ 알겠습니다. stablecoin_presentation.html 파일을 stablecoin-report 저장소에
  복사하고 GitHub Pages로 배포하는 과정을 진행하겠습니다.

  먼저, 생성된 stablecoin_presentation.html 파일을 stablecoin-report
  디렉토리로 이동하겠습니다.

    ? Shell mv stablecoin_presentation.html stablecoin-report/ ←

      mv stablecoin_presentation.html stablecoin-report/

    Allow execution?

    ● Yes, allow once
    ○ Yes, allow always "mv ..."
    ○ No (esc)
```

제미나이 CLI는 html 파일을 옮기고 깃허브 페이지를 만듭니다. 사용자는 깃허브에서 제미나이 CLI가 안내하는 대로 stablecoin-report 리포지터리의 설정에서 페이지를 main/root로 설정합니다.

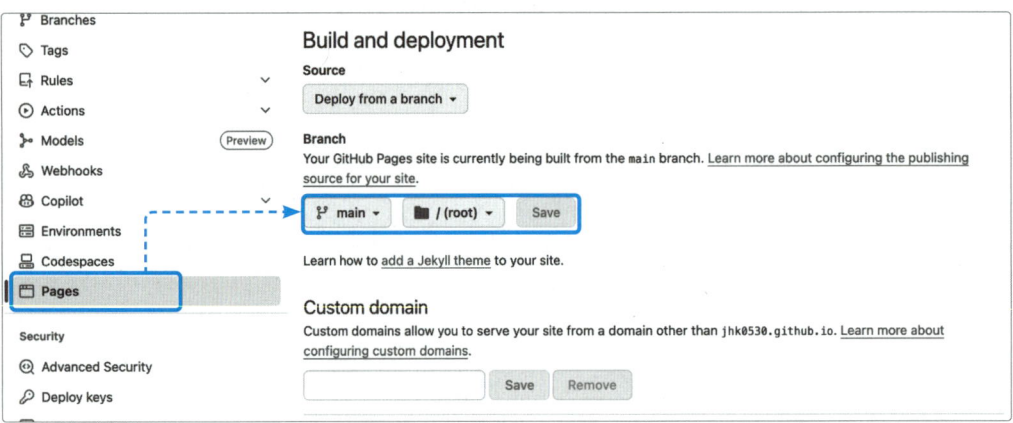

깃허브 페이지는 배포에 시간이 걸립니다. 배포 현황을 확인하고 싶거나 배포 과정에서 발생한 오류를 파악하고 싶을때는 리포지터리의 [Action] 탭을 눌러 All Workflow 부분을 확인하면 됩니다.

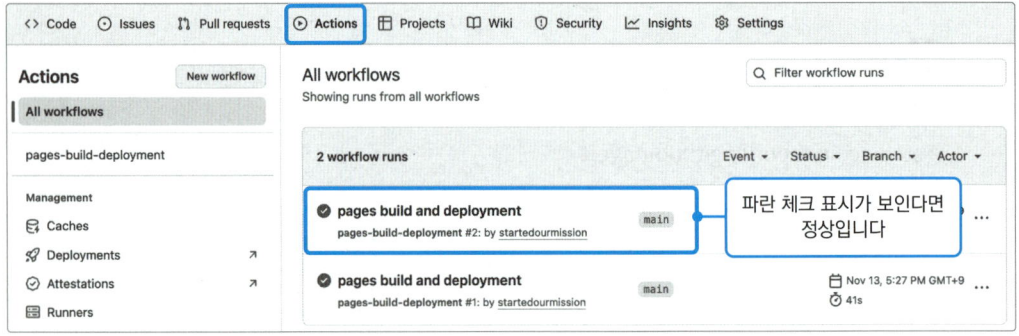

최종 결과

이 작업까지 끝나면 제미나이 CLI로 자료 조사부터 작성까지 마친 보고서를 누구나 볼 수 있습니다. 웹브라우저에 주소만 입력하면 됩니다. 다음과 같이 주소를 입력하세요.

- **깃허브 아이디** : .github.io/리포지터리 이름

실습에서 만든 저의 발표 자료도 다음 주소에 접속하면 확인할 수 있습니다.

- **스테이블 코인 보고서 발표 자료** : jhk0530.github.io/stablecoin-report

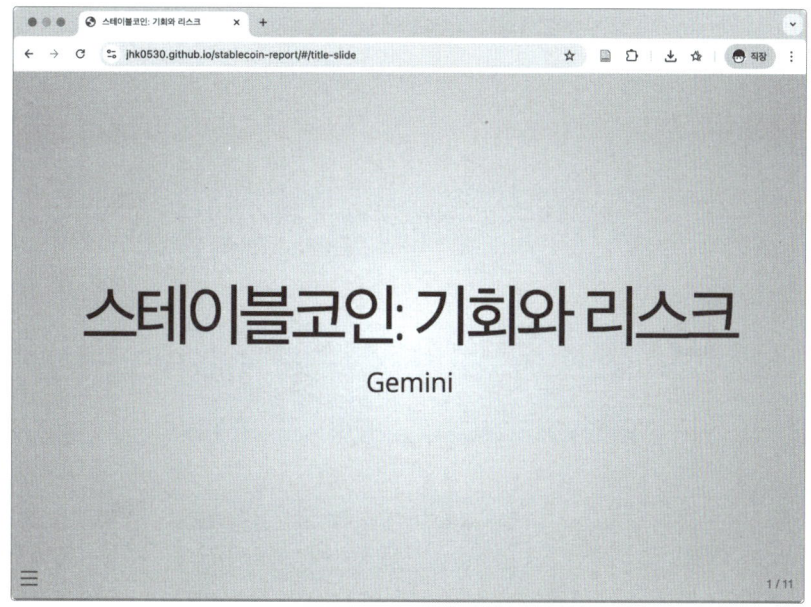

이렇게 보고서 작성 워크플로를 제미나이 CLI로 한 번에 끝낼 수 있습니다. 자료 수집, 요약, 논리 구조화, 시각화까지 모두 자동화해 생산성을 극대화하세요. 이제 여러분은 단순한 정보 수집가가 아닙니다. 정보의 핵심을 꿰뚫고 가치를 창출하는 'AI 리서치 전문가'입니다.

[챕터 19]

파일 관리 자동화하기

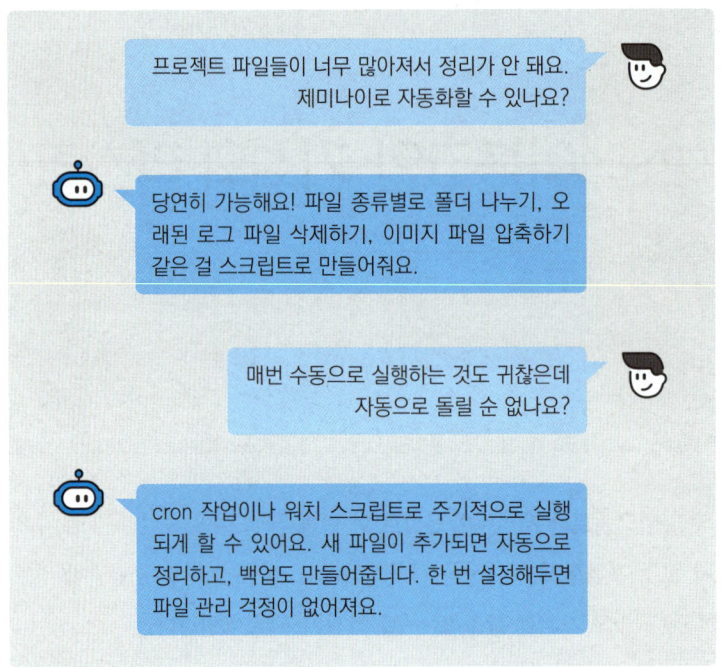

컴퓨터를 오래 사용하다 보면 폴더 정리, 백업, 특정 내용 추출 같은 단순하지만 반복적으로 귀찮은 파일 관리 업무에 시달립니다. 제미나이 CLI와 간단한 셸 스크립트의 힘을 빌리면 반복 작업을 자동화하여 시간을 아끼고 실수도 줄일 수 있습니다. 이 장에서는 실제 업무와 생활에서 자주 마주치는 파일 관리 자동화 사례를 다룹니다.

이미지 파일 정리하기

여행 후 스마트폰·카메라 사진을 옮겼더니 파일명으로는 사진의 내용을 알 수 없습니다. 사진을 미리 보면 내용을 알 수 있지만 사용자가 모든 사진을 확인하고 이름을 변경하는 것은 번거로운 일입니다. 사진 개수가 매우 많다면 더욱 어렵겠죠. 제미나이 CLI는 이미지를 입력받아 형태를 파악할 수 있는 기능이 있습니다. 이제부터 이미지 파일을 체계적으로 정리하는 방법을 알려주겠습니다.

실습에서는 실제 여행사진을 활용하지 않고 위키미디어 커먼스에서 자유롭게 사용할 수 있는 항공사별 비행기 이미지 18장을 사용합니다. 실습 이미지는 다음 링크에서 내려받을 수 있습니다.

- **실습용 이미지 :** github.com/jhk0530/airplanes

실습용 이미지의 파일 이름은 IMG1, IMG2, IMG3… 형식입니다. 18장의 이미지에는 각기 다른 항공사의 비행기 이미지가 있습니다. 파일 이름만 봐도 어떤 항공사 비행기의 사진인지 파악할 수 있도록 정리하겠습니다.

01 먼저 airplanes라는 프로젝트 디렉터리를 만들고 이미지들을 저장합니다.

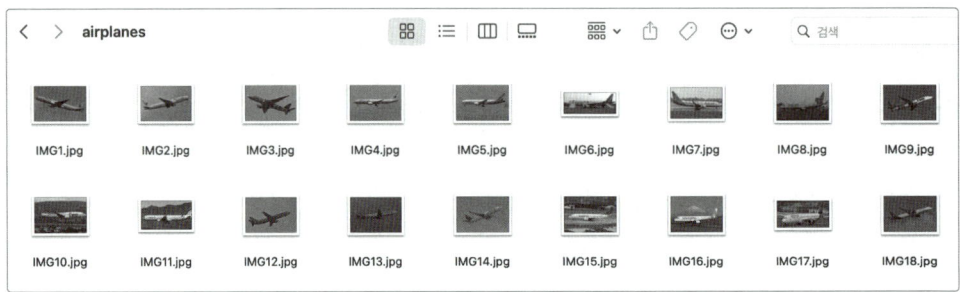

02 프로젝트 디렉터리로 이동하여 제미나이 CLI를 실행합니다. 디렉터리 안의 이미지를 확인하고 이름을 변경하도록 지시합니다. 저는 AirBusan-1, AirBusan-2, AirPremia-1, AirPremia-2처럼 항공사마다 번호를 붙이고 싶기 때문에 적당히 번호를 붙이는 것이 아닌 항공사별 인덱스라고 짚어주었습니다.

>
> 현재 디렉터리에 있는 비행기 이미지의 내용을 확인해서 "항공사 - 항공사별 인덱스"의 형식으로 이름을 변경해줘. 파일 이름에는 공백이 없도록 해

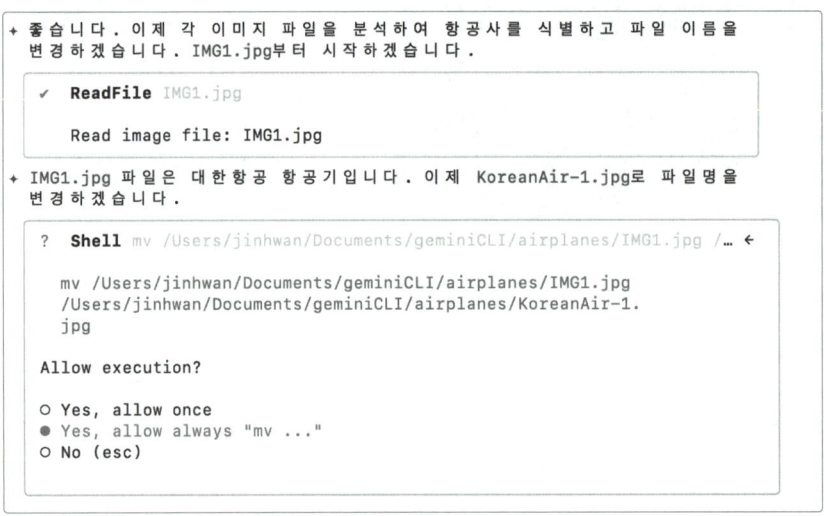

제미나이 CLI는 각 이미지에 대해 ReadFile 도구를 사용해 파일을 직접 읽어 이미지를 확인합니다. 이미지 별로 어떤 항공사의 이미지인지 인식한 뒤 셸 명령어 mv를 사용하여 이미지의 이름을 바꾸는 작업을 자동으로 시행합니다.

03 이때 이름을 바꾸는 작업은 사용자의 허가가 필요합니다. 매번 파일 이름 변경 요청을 허가하면 자동화하는 의미가 없기 때문에 [Yes, allow always "mv …"]를 사용하여 이후 작업을 자동으로 수행하도록 합니다.

```
✦ 모든 이미지 파일의 이름을 성공적으로 변경했습니다. 이제 변경된 파일 목록을
  보여드리겠습니다.

  ✓ ReadFolder

      Listed 19 item(s).

✦ 모든 파일의 이름이 성공적으로 변경되었습니다. 요청하신 대로
  "항공사-항공사별 INDEX" 형식으로 수정되었으며, 파일 이름에 공백은 없습니다.

  변경된 파일 목록은 다음과 같습니다.

   1 .DS_Store          ← .DS_Store는 macOS에서 사용하는
   2 AirBusan-1.jpg       시스템 파일이므로 신경쓰지 않아도 됩니다
   3 AirBusan-2.jpg
   4 AirPremia-1.jpg
   5 AirPremia-2.jpg
   6 AirSeoul-1.jpg
   7 AirSeoul-2.jpg
   8 AsianaAirlines-1.jpg
   9 AsianaAirlines-2.jpg
  10 EastarJet-1.jpg
  11 EastarJet-2.jpg
  12 JejuAir-1.jpg
  13 JejuAir-2.jpg
  14 JinAir-1.jpg
  15 JinAir-2.jpg
  16 KoreanAir-1.jpg
  17 KoreanAir-2.jpg
  18 TwayAir-1.jpg
  19 TwayAir-2.jpg
```

제미나이 CLI가 프롬프트의 의도대로 이미지의 이름을 일괄 변경했습니다. 이런 작업은 이미지 외에도 여러 PDF 문서에도 적용할 수 있습니다. 키워드 별로 디렉터리를 만들어서 자동으로 이동하도록 할 수도 있습니다. 단, 파일의 용량이 너무 크면 제미나이 CLI의 한도를 넘어 사용될 수 있습니다. 파일 이름 변경과 같이 실행에 시간이 걸리는 작업은 제미나이 CLI 채팅 화면이 아닌 커맨드라인에서 사용하는 것도 좋은 방법입니다. gemini -y를 사용해 yolo 모드로 작업해보세요.

키워드로 데이터 추출하기

대용량의 텍스트 파일에서 필요한 것은 전체 데이터가 아닙니다. 특정 조건을 만족하는 핵심 정보만 효율적으로 찾아내는 것이 중요합니다. 이번에는 고객 리뷰 데이터에서 특정 키워드가 포함된 문장만 추출하는 실습을 진행합니다. 키워드 추출은 로그, 소셜 미디어, 뉴스 기사 데이터 등 다양한 분야에서 활용할 수 있습니다.

01 먼저 공개적으로 사용할 수 있는 UCSD의 아마존 상품 리뷰 데이터를 준비하겠습니다.

- **UCSD 아마존 23 :** amazon-reviews-2023.github.io

> **NOTE** 연구 목적으로 사용하거나 실제 서비스 개발에 사용하려면 반드시 Citation에 있는 논문을 인용해야 합니다.

Grouped by Category에서 [review]를 클릭해 원하는 데이터를 다운로드한 뒤 압축을 풀어 데이터를 확인합니다. 실습에서는 크기가 작은 Helath_and_Personal_Care를 사용합니다.

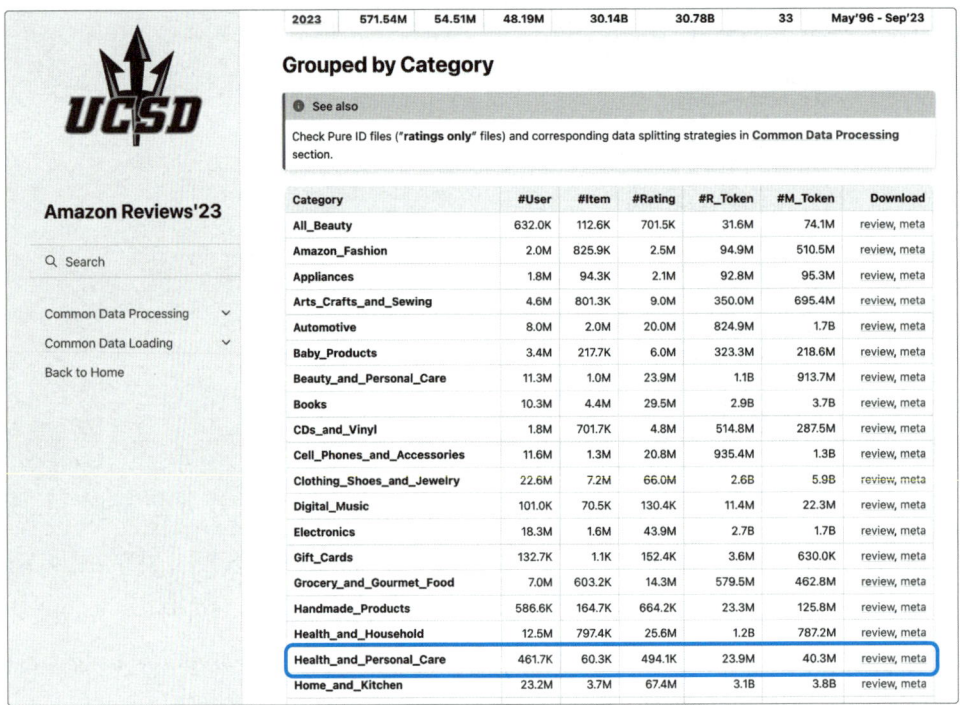

내려받은 파일의 압축을 해제하면 jsonl 형식의 파일이 있습니다. jsonl은 여러 개의 JSON 파일을 한 파일에 모아놓은 형식입니다. 하나의 리뷰가 하나의 JSON 형식으로 구성되어 49만 여개의 리뷰가 이 파일에 모두 있습니다. 파일을 열어보면 평점, 제목, 리뷰, 사진 등 다양한 정보로 구성되어 있네요.

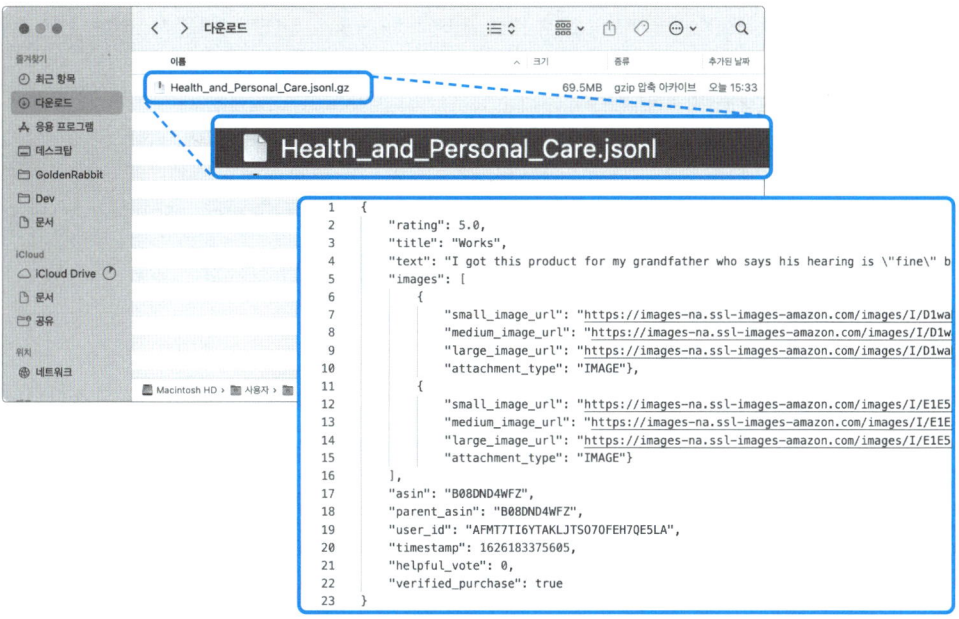

크기가 작은 편인 데이터를 골랐음에도 49만 여개의 리뷰가 있습니다. 이렇게 거대한 데이터 안에서 특정 키워드를 찾고 분리하는 작업을 수동으로 하는 것은 쉽지 않습니다. 이런 상황에서 제미나이 CLI가 빛을 발합니다.

02 프로젝트 디렉터리를 만들고 리뷰 파일을 프로젝트 디렉터리에 옮기겠습니다. 이 디렉터리에서 제미나이 CLI를 실행합니다.

```
mkdir review
cd review
gemini
```

03 제목에서 가격(price)와 추천(recommend) 키워드가 들어간 리뷰를 추출하고 별도의 디렉터리에 저장하겠습니다. 데이터를 분류하거나 다른 곳으로 옮길 때는 원본 파일에서 몇 번째 데이터였는지 같이 저장하면 나중에 찾아보기 좋습니다.

> @Health_and_Personal_Care.jsonl 파일에서 title이나 text에 'price', 'recommend'가 들어간 리뷰들을 각각 price, recommend라는 디렉터리를 새롭게 만들고 그 안에 review.md라는 이름으로 저장해 줘. review.md에 저장할 때 원래 파일에서의 line number를 함께 저장해줘

> Health_and_Personal_Care.jsonl 파일의 크기가 20MB를 초과하여 직접 읽을 수 없습니다. 이로 인해 요청하신 작업을 수행할 수 없습니다.
>
> 파일을 처리하려면 다음 중 하나를 수행해야 합니다.
> 1. 파일 크기를 줄여서 다시 시도합니다.
> 2. 파일 처리 로직을 직접 제공하여 셸 명령어를 통해 처리하도록 합니다.

파일 크기가 너무 커서 작업을 완료할 수 없다는 메시지가 나옵니다. 제미나이 CLI는 한 번에 **20MB** 이상의 파일을 읽을 수 없기 때문입니다. 방대한 양의 자료를 분석할 때는 반드시 이런 문제가 생깁니다.

 이런 상황에는 셸 명령어 split을 사용해 리뷰 파일을 10,000개씩 분리하도록 요청합니다. 이렇게 대용량의 데이터는 작은 파일로 나누어 작업하면 됩니다.

> @Health_and_personal_Care.jsonl 파일을 split 명령어를 사용해서 10000줄 단위로 분리한 다음 다시 작업해 줘.

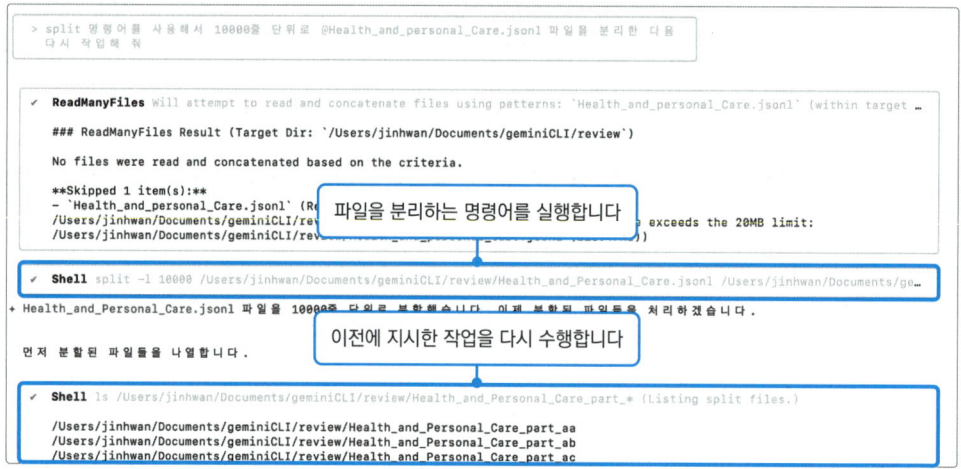

제미나이 CLI가 파이썬 스크립트를 생성하여 파일을 자동으로 분리합니다. 시간이 소요되는 작업이니 조금 기다립니다.

05 생성된 폴더에서 JSON 파일을 열어봅니다. 키워드를 검색하면 데이터가 올바르게 분리되었다는 것을 확인할 수 있습니다.

◀ 원본 데이터 파일

◀ 데이터 추출 결과

원본 데이터의 순서를 함께 기록했습니다

'price' 키워드를 포함한 데이터만 모였습니다

price/review.md에는 price 키워드가 있는 데이터만 있고 recommend/review.md에는 recommend 키워드가 있는 데이터만 있습니다. 방대한 데이터에서 필요한 데이터만 추출하는 작업이 순식간에 끝났습니다. 이렇게 분리한 리뷰는 데이터 분석, 마케팅, 인공지능 훈련 데이터 등 다양한 용도로 활용할 수 있습니다.

crontab으로 일간 뉴스 자동으로 정리하기

매일 같은 시간에 최신 뉴스를 검색하고 그 결과를 마크다운 파일로 저장하는 작업은 자동화하기 좋은 작업입니다. 명령어와 스케줄링 도구를 이용해 자동화하면 작업 누락이나 실수 없이 꾸준하게 정보를 쌓을 수 있습니다. 스케줄러 도구는 다양한 종류가 있고 어느 것을 사용해도 괜찮습니다. 이번에는 macOS 환경을 기준으로 crontab 자동화 실습을 진행합니다. crontab은 유닉스 계열 운영체제에서 특정 명령어나 스크립트를 지정한 시간 간격마다 자동 실행하는 대표적인 스케줄러 도구입니다.

> **NOTE** 윈도우에서 사용할 수 있는 자동화 도구는 작업 스케줄러, nncron 등이 있습니다.

01 먼저 주기적으로 실행할 셸 스크립트를 작성하겠습니다. 프로젝트 디렉터리에 .sh로 끝나는 파일을 만들어 다음 내용을 작성하세요. 저는 daily_news.sh로 이름을 짓겠습니다.

> 파일 이름 : daily_news.sh
>
> ```
> #!/bin/bash
> SCRIPT_DIR="/Users/<USERNAME>/Documents/geminiCLI/daily"
> gemini -y -p "오늘의 주요 AI 뉴스를 요약해서 ${SCRIPT_DIR}/news-$(date +%y%m%d).md에 저장해줘"
> ```
>
> (결과를 저장할 디렉터리의 절대 경로로 변경하세요)

작성한 스크립트에 대해 간단하게 설명하겠습니다.

1. #!/bin/bash는 Bash 셸에서 실행되는 스크립트라는 뜻입니다. zsh나 sh 등 다른 셸을 사용해도 괜찮습니다.

2. SCRIPT_DIR 이름으로 결과를 저장할 폴더를 지정합니다. **<USERNAME> 부분은 여러분의 컴퓨터에 맞게 변경하세요**

3. 제미나이 CLI 실행 명령어입니다. 스크립트 형태로 제미나이 CLI를 실행하기 위한 -p와 권한 허가 요청을 생략하기 위한 -y 옵션을 넣습니다.

4. 파일 이름에 경로와 날짜를 포함하도록 지정합니다.

02 crontab -e 명령어로 편집기에 진입합니다. 별도로 설정하지 않았다면 vi라는 텍스트 편집기를 실행합니다. vi는 터미널 전용 메모장이라고 생각하면 됩니다.

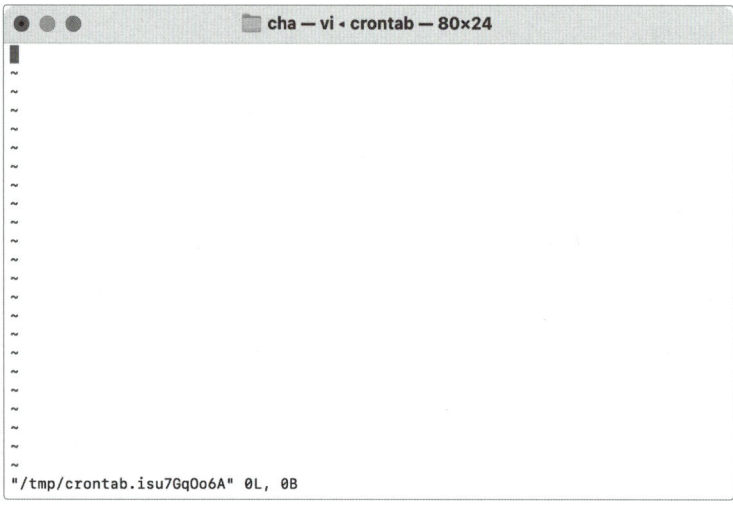

> **NOTE** crontab 사용이 어렵다면 crontab.guru에 접속해보세요. 간단한 crontab 사용법과 대시보드를 제공합니다.

03 vi는 `i`를 누르면 텍스트를 입력할 수 있는 편집 모드로 바뀝니다. 실행 주기를 분, 시, 일, 월, 요일 순서로 설정합니다. 매일 오전 9시마다 실행하려면 이렇게 적어두세요.

```
0 9 * * * /Users/<USERNAME>/Documents/geminiCLI/daily/daily_news.sh
```

crontab에서 *은 '전부'라는 뜻입니다. 0 9 * * *은 0분, 9시, 매일, 매월, 모든 요일에 스크립트를 실행한다는 뜻입니다. 텍스트를 다 작성했다면 `ESC`를 눌러 편집 모드에서 빠져나옵니다.

04 `:wq` + `Enter`를 누르면 파일을 저장하고 터미널로 돌아옵니다. 설정한 스케줄은 crontab -l 명령어로 확인할 수 있습니다.

```
jinhwan@jhk0530 daily % crontab -l
0 9 * * * /Users/jinhwan/Documents/geminiCLI/daily/daily_news.sh
jinhwan@jhk0530 daily %
```

입력한 내용이 그대로 보이면 성공입니다

이렇게 설정하면 오전 9시에만 실행되기 때문에 스크립트가 잘 실행되는지 테스트하기 어렵습니다. 우선은 가까운 임의 시간으로 수정하여 작동하는 것을 확인하세요. 잘 작동한다면 원하는 시간대로 다시 수정하면 됩니다.

05 만약 crontab이 잘 작동하는지 기록을 남기고 싶다면 스크립트를 수정합니다. 저는 같은 디렉터리의 cron.log라는 파일에 로그를 남기겠습니다. 다시 터미널에 crontab -e를 입력해 규칙을 수정합니다.

```
0 9 * * * /Users/<USERNAME>/Documents/geminiCLI/daily/daily_news.sh >> /Users/<USERNAME>/Documents/geminiCLI/daily/cron.log 2>&1
```

기존 코드에 추가합니다

06 스케줄이 작동할 수 있도록 권한을 부여합니다. [시스템 설정 > 개인 정보 보호 및 보안 > 전체 디스크 접근 권한]에서 터미널과 cron을 활성화하세요.

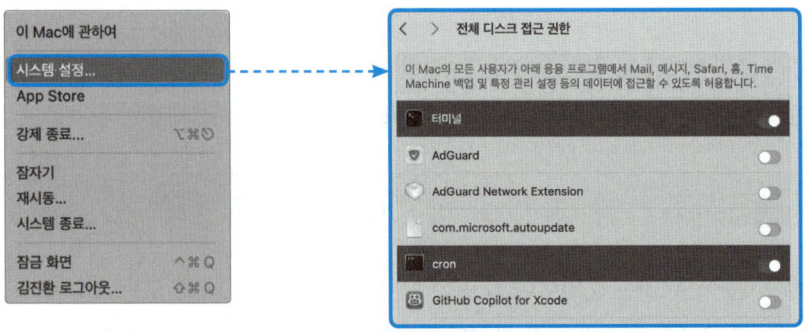

만약 cron이 없다면 설정의 아래 + 버튼을 클릭한 뒤 command + Shift + G 를 눌러 디렉터리를 입력할 수 있도록 한 뒤 /usr/sbin을 입력하여 sbin 디렉터리로 이동합니다. 이후 cron을 선택해 추가합니다.

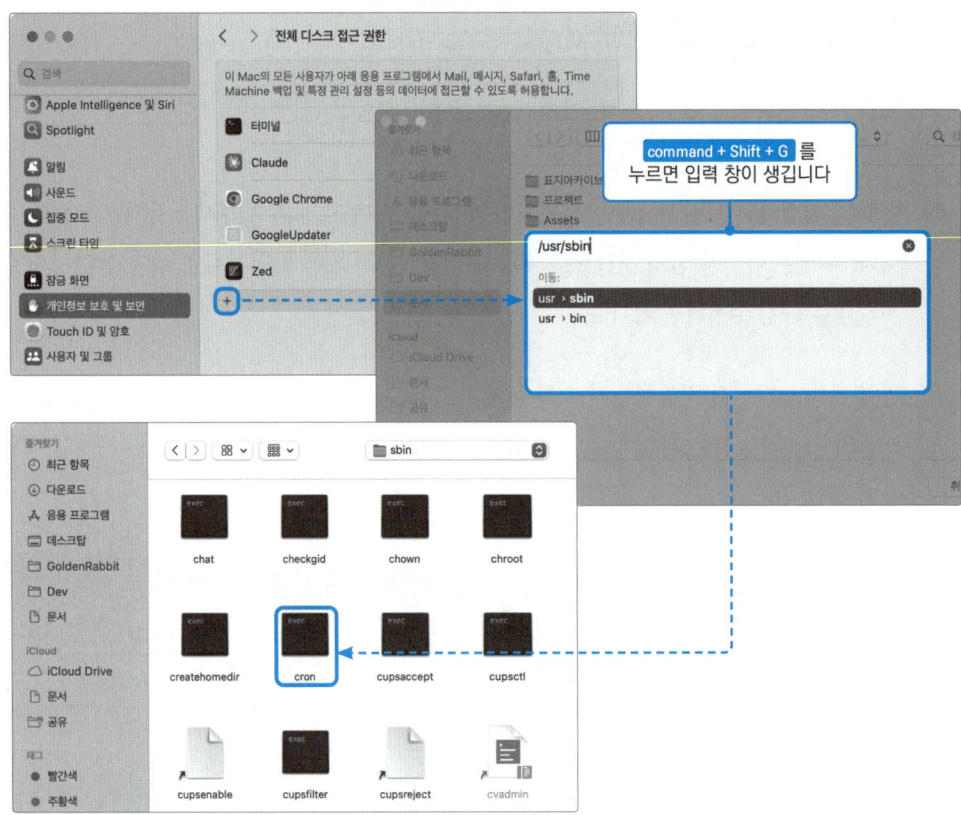

07 리눅스와 macOS는 모든 파일에 읽기(r), 쓰기(w), 실행(x) 권한을 별도로 부여합니다. 실행 권한이 없으면 crontab이 파일을 실행할 수 없어 Permission denied나 Operation not permitted 에러가 발생합니다. ls -l 명령어로 현재 디렉터리에 있는 파일의 권한을 확인할 수 있습니다.

```
cha@chaui-MacBookAir daily % ls -l
total 8
-rw-r--r--  1 cha  staff  102  9 15 14:27 daily_news.sh
cha@chaui-MacBookAir daily %
```
소유자는 읽기와 쓰기가 가능하고 그 외 사용자는 읽기만 가능한 파일입니다

맨 왼쪽을 확인하세요. -rw-r--r--는 -, rw-, r--, r--로 끊어서 읽습니다. 맨 앞의 -는 파일이라는 뜻입니다. 디렉터리라면 d로 표시합니다. 다음부터는 권한을 의미합니다. 왼쪽부터 파일 소유자, 같은 그룹, 모든 사람에 대한 권한입니다. -rw-r--r--는 이 항목이 디렉터리가 아닌 파일이며 소유자는 읽기와 쓰기가 가능합니다. 그 외 모든 사람은 읽기만 할 수 있고 파일 수정을 할 수 없습니다. 그리고 파일을 만든 소유자를 포함한 모든 사람이 이 파일을 실행할 수 없습니다.

08 daily_news.sh 파일에 실행 권한을 추가합니다. 실행 권한 변경 명령어는 chmod입니다. +x는 실행할 수 있는 권한을 추가합니다. 그 뒤에는 권한을 부여할 파일의 경로를 입력합니다.

```
chmod +x ./daily_news.sh  # 제미나이 CLI가 daily_news.sh를 실행할 권한을 부여합니다.
```

명령어를 실행하고 ls -l를 사용해 실행 권한(x)이 제대로 부여되었는지 확인합니다.

```
cha@chaui-MacBookAir daily % ls -l
total 8
-rwxr-xr-x  1 cha  staff  102  9 15 14:27 daily_news.sh
cha@chaui-MacBookAir daily %
```
모든 사용자가 실행할 수 있습니다

명령어를 정확히 입력했다면 x가 세 개 표시됩니다. 그렇지 않다면 경로를 잘못 입력하지 않았는지 점검하세요.

09 제미나이 CLI가 curl, node, uvx 등 명령어를 실행하려면 실행하려는 명령어 프로그램의 위치 PATH를 지정해줘야 합니다. 이 경로는 which 〈명령어〉 형식으로 명령어를 입력하면 알 수 있습니다. 여러 경로를 입력한다면 :로 구분하고 끝에는 $PATH를 붙입니다. 만약 제미나이 CLI가 uvx를 사용하려면 다음 명령어를 추가해 경로를 지정해야 합니다.

```
export PATH="/opt/homebrew/bin/uvx:$PATH"
```

command not found 오류가 발생하면 이 과정이 필요한 명령어라는 뜻입니다. brew 외에도 이 오류가 발생한다면 환경 변수에 경로를 추가하세요. 지금 수행할 뉴스 수집 자동화는 node와 local/bin 경로만 추가하면 됩니다. 다음은 최종 스크립트입니다.

파일 이름 : daily_news.sh

```
#!/bin/bash
SCRIPT_DIR="/Users/cha/Dev/gemini_proj/daily"
export PATH=/Users/<USERNAME>/.npm-global/bin:/usr/local/bin:/opt/homebrew/bin:$PATH
gemini -y -p "오늘의 주요 AI 뉴스를 요약해서 ${SCRIPT_DIR}/news-$(date +%y%m%d).md에 저장해줘"
```

10 crontab 설정이 끝났습니다. 완성했습니다. 지정한 시간에 crontab이 동작하는지 확인하세요. 그날의 뉴스를 요약한 마크다운 파일과 cron.log 기록이 생겨야 합니다.

```
cron.log                                                          콘솔(으)로 열기

(node:29281) [DEP0040] DeprecationWarning: The `punycode` module is deprecated. Please use a userland alternative instead.
(Use `node --trace-deprecation ...` to show where the warning was created)
Loaded cached credentials.
네, 오늘의 주요 AI 뉴스를 검색하여 요약하고 지정된 경로에 저장하겠습니다. 먼저 뉴스 검색부터 시작하겠습니다.요청하신 대로 오늘의 주요 AI 뉴스를 요약하여 `/Users/jinhwan/Documents/geminiCLI/daily/news-250714.md` 파일에 저장했습니다.
```

```
news-250714.md                                                    Xcode(으)로 열기

# 2025년 7월 14일 주요 AI 뉴스 요약

## 주요 동향 및 전망

*   **정부 및 공공기관 투자 확대**: 한국 정부가 AI를 경제 성장의 핵심 동력으로 보고 투자를 확대하고 있습니다. 특히 생성형 AI에 대한 투자 의향이 67%로 아태지역 평균을 상회했으며, 2026년까지 소버린 AI(자국 AI) 투자는 현재보다 두 배 이상 늘어날 전망입니다.
*   **AI 인재 경쟁 심화**: AI 기술이 발전하면서 최고 수준의 전문가를 확보하기 위한 기업들의 경쟁이 치열해지고 있습니다. 특히 메타는 경쟁사에서 수백억 원대 보상 패키지를 제시하며 인재를 공격적으로 영입하고 있는 것으로 알려졌습니다.
*   **AI 기반 사이버 위협 증가**: AI를 이용한 딥페이크와 사칭 사기가 고도화되면서 새로운 안보 위협으로 떠오르고 있습니다. 미국에서는 고위 관료를 사칭한 사례가 발생해 FBI와 국무부가 긴급 경고를 발령하기도 했습니다.

## 신기술 및 산업별 적용 사례

*   **xAI, 'Grok 4' 공개**: 일론 머스크가 이끄는 xAI가 멀티모달 기능을 갖춘 차세대 언어모델 'Grok 4'를 공개하며 AI 시장에 새로운 바람을 일으키고 있습니다.
*   **OpenAI, AI 기반 웹 브라우저 출시 임박**: OpenAI가 AI 기반의 웹 브라우저 출시를 앞두고 있어, 구글 크롬이 지배하는 시장에 도전장을 내밀었습니다.
*   **KAIST, 최적 측면 조합 예측 AI 개발**: 국내 연구진이 AI를 이용해 최고의 성능을 내는 수전해 측면 조합을 예측하는 기술을 개발했습니다. 이는 신소재 개발에 드는 시간과 비용을 획기적으로 줄일 수 있을 것으로 기대됩니다.
*   **금융권의 AI 도입**: 케이뱅크는 AI를 기반으로 고객 행동 패턴을 분석해 개인에게 맞는 금융 상품을 추천하는 시스템에 대한 연구 논문을 발표하는 등 금융권에서도 AI 도입이 활발합니다.
*   **재난 및 보건 분야 활용**: AI 에이전트 기술이 발전하면서 재난 예측, 건강 관리 등 공공 안전 분야에서도 활용 가능성이 주목받고 있습니다.

## 시장 현황

*   **국내 AI 시장 6조원 돌파**: 지난해 국내 AI 시장 규모가 6조 원을 넘어서며 안정적인 성장세에 들어섰다는 분석이 나왔습니다.
*   **생성형 AI 상용화 가속**: 2025년에는 생성형 AI의 상용화가 더욱 확산하여 금융, 헬스케어, 제조업 등 다양한 산업에 도입이 가속화될 전망입니다. 2030년 전 세계 기업용 생성형 AI 시장 규모는 1,029억 달러에 이를 것으로 예상됩니다.
```

이제 이 PC가 정상적으로 작동하는 동안은 crontab이 매일 설정해둔 시간에 자동으로 스크립트를 실행하도록 하고, 스크립트에서는 제미나이 CLI가 뉴스를 수집해 그 결과를 저장합니다.

챕터 20

체계적으로 문서 작업하기

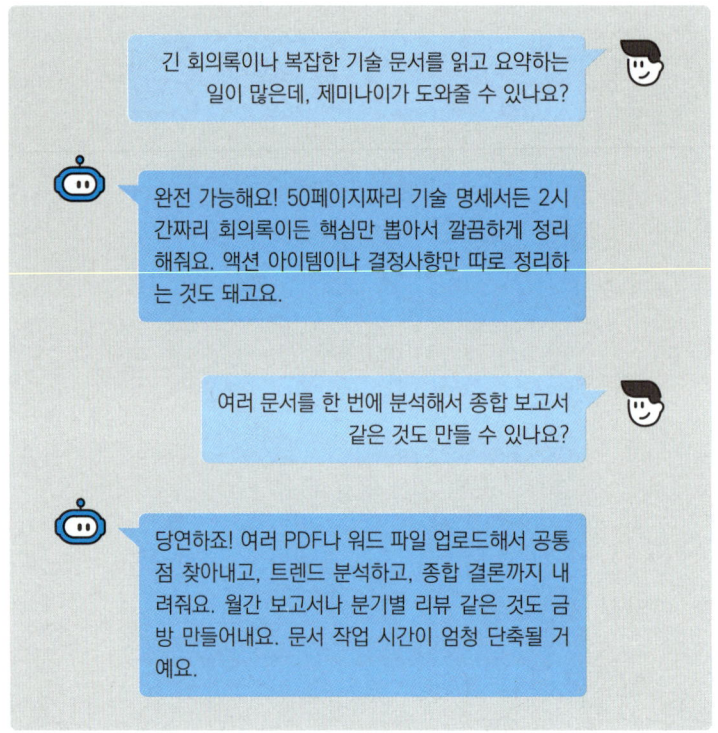

여러분이 직장인이라면 긴 회의를 끝내도 결론이 모호하거나 내용이 방대해 곤란한 적이 있을 겁니다. 회의의 핵심만 요약하고 싶을 때 제미나이 CLI를 활용하세요. 회의록을 실제 실행 가능한 액션 플랜과 담당자, 일정이 포함된 계획표로 체계적으로 정리합니다. MCP를 활용하면 노션^{Notion} 같은 공유 워크스페이스도 사용할 수 있겠죠. 물론 회의록만 작성할 수 있는 것은 아닙니다. 다양한 형태의 글을 간편하게 작성하고 문서 작업에 걸리는 시간을 획기적으로 줄여보세요.

회의록 정리 및 문서 공유

이번 실습에서 사용할 회의록은 대한민국 행정안전부에서 공개한 국무회의록입니다. 이 회의록은 다양한 부처의 현안 보고, 정책 방향 논의, 부처 간 협업 과제 등 다양한 주제를 세 시간에 걸쳐 다룹니다. 부처별 주요 현안, 토론 내용, 관계 부처의 협력 방안, 추가 검토 요청사항 등이 산발적으로 등장해 내용을 정확히 파악하기 어렵습니다. 제미나이 CLI로 회의록에서 다뤄진 내용, 특정 키워드 관련한 내용, 후속 조치 등 핵심적인 부분을 빠르게 분석합니다.

01 제가 사용한 회의록은 2025년도 제24회 국무회의 회의록입니다. 다음 링크에서 직접 내려받을 수 있습니다. 여러분이 요약하고 싶은 회의록이 있다면 그것을 사용하세요.

- **예제 회의록 링크 :** bit.ly/4naKMWO

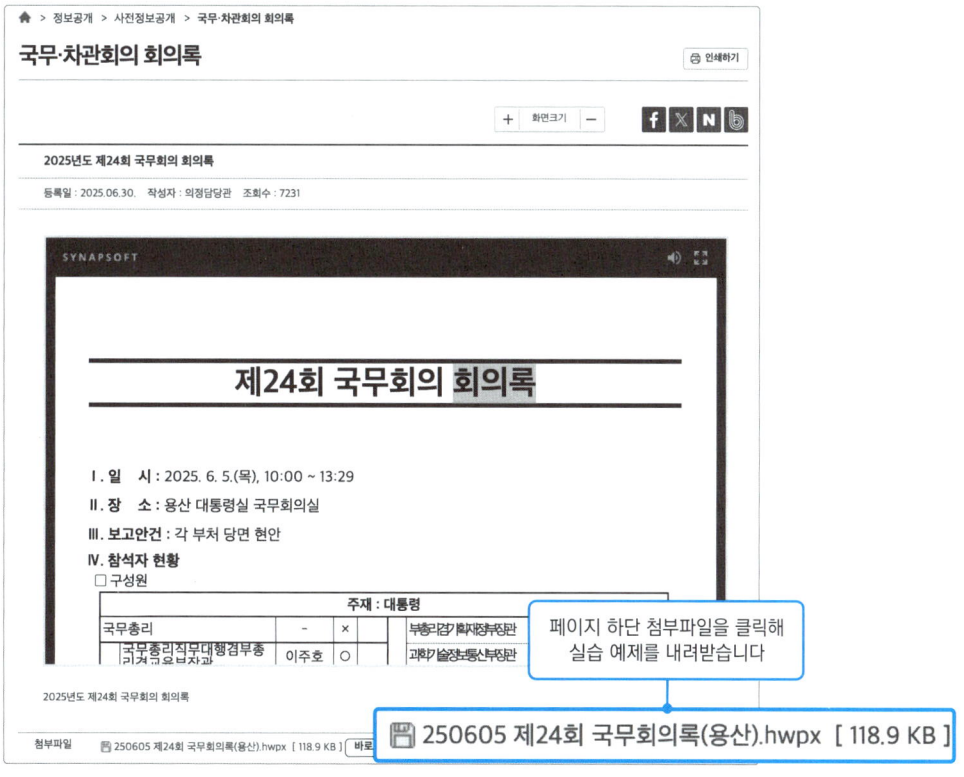

[챕터 20] 체계적으로 문서 작업하기 187

02 분석을 수행하기 전에는 분석에 사용할 파일이 제미나이 CLI가 분석할 수 있는 형식인지 판단해야 합니다. 우리나라에서 흔히 사용하는 한글파일, 즉 hwp와 hwpx 파일은 AI가 읽기 어려운 형식입니다.

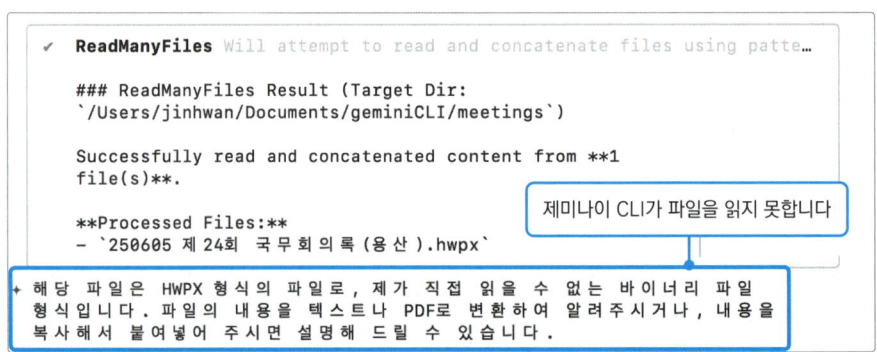

회의록의 파일 이름을 살펴보니 .hwpx로 끝나네요. 제미나이 CLI는 hwpx를 해석할 수 없기 때문에 PDF 형식으로 변환합니다. 한글 프로그램이나 클라우드에서 무료로 사용할 수 있는 한컴독스를 실행해 PDF로 내려받겠습니다.

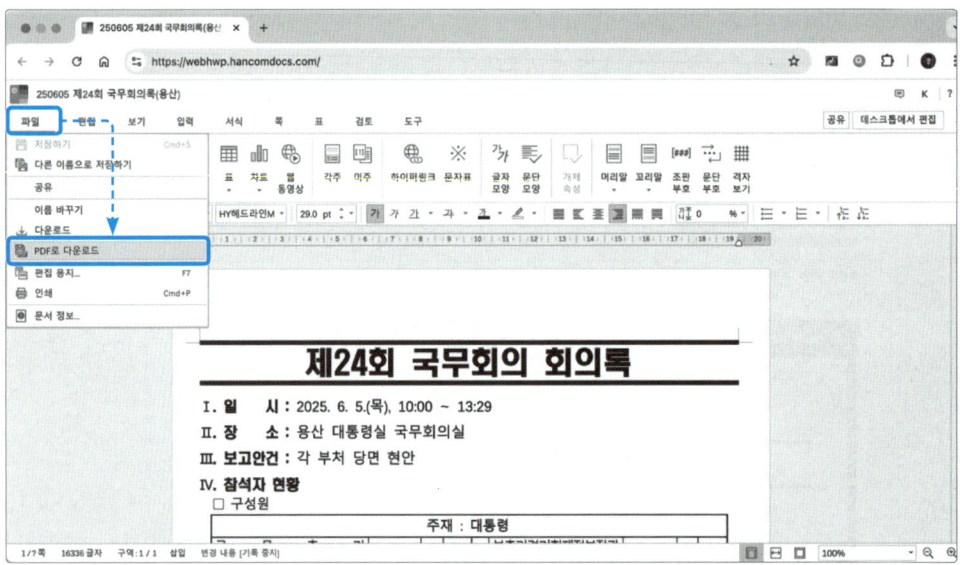

> **NOTE** PDF도 내부 구조가 복잡하기 때문에 인공지능이 해석하기 쉬운 형식은 아닙니다. 가능하다면 JSON, XML, 마크다운처럼 구조가 단순하고 정형화된 형식을 우선으로 사용하기를 추천합니다.

03 이번 회의록 요약은 노션에 작성합니다. 제미나이 CLI가 노션을 사용할 수 있도록 노션 MCP를 설정하겠습니다. settings.json을 수정해 mcpServers 부분에 다음 내용을 추가하면 됩니다. 이미 다른 MCP가 있다면 쉼표로 이어서 추가하세요.

```json
"notionMCP": {
  "command": "npx",
  "args": [ "-y", "mcp-remote", "https://mcp.notion.com/sse" ]
}
```
파일 이름 : settings.json

04 설정을 저장하고 제미나이 CLI를 실행하면 자동으로 브라우저가 실행되고 노션에 로그인할 수 있는 페이지가 나타납니다. 로그인을 하고 /mcp 명령어를 실행하세요. 정상적으로 추가되었다면 여러 개의 노션 도구가 새롭게 나타납니다.

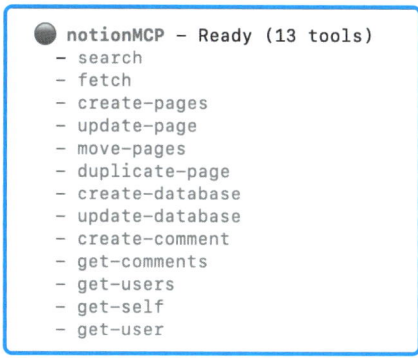

05 meeting이라는 프로젝트 디렉터리를 만들고 변환한 PDF를 저장한 뒤 제미나이 CLI를 실행합니다. @ 명령어로 분석할 파일을 넣고 회의록 요약에 필요한 요구 사항을 알려줍니다.

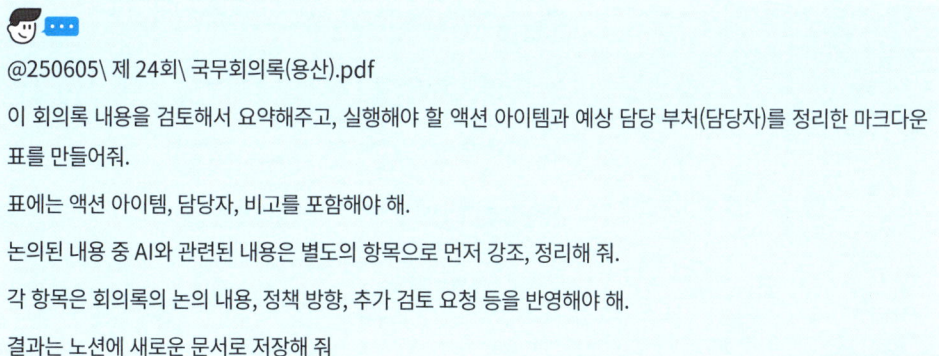

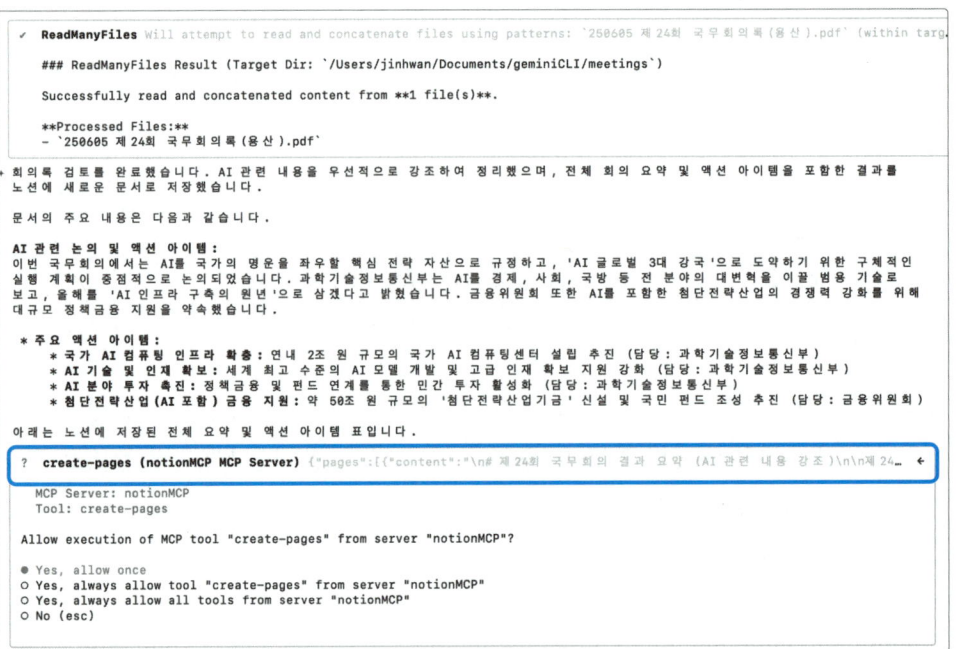

06 노션에 추가된 회의록 요약 문서의 예시는 제목을 포함해 각 주요 내용을 장별로 구분하고 의도한 대로 AI 관련 내용도 추가된 것을 확인할 수 있습니다.

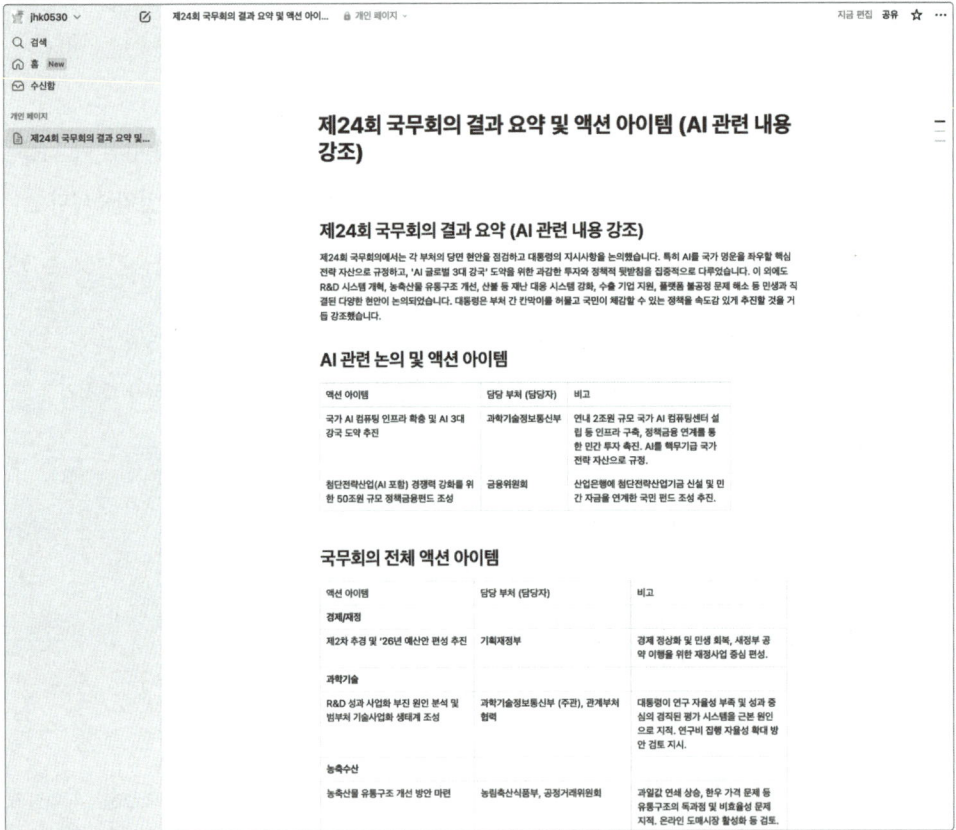

예시에서는 노션만 사용했지만 지라, 슬랙 등 다른 서비스로 확장할 수 있습니다. 정기적으로 열리는 회의의 회의록을 자동으로 확인하여 슬랙 알림을 보내거나 내용을 요약하고 문서로 변환하는 자동화를 수행하는 등 계속 응용해보세요.

작성한 글을 목적에 맞게 다듬기

글의 종류와 목적에 따라 필요한 톤앤매너와 구조는 모두 다릅니다. 제미나이 CLI는 이런 미묘한 차이를 이해합니다. 각 목적에 최적화된 글의 초안을 순식간에 만들어낼 수 있습니다. 하지만 초안을 바로 사용하기보단 목적에 따라 한 번씩 가공하는 과정을 거치면 더 만족스러운 결과를 얻을 수 있습니다.

 글의 종류와 목적을 다르게 하여 제미나이 CLI를 소개하는 글의 초안을 여러 개 작성하겠습니다. 제미나이 CLI의 실수를 유도하기 위해 아무런 정보를 주지 않고 문서 작성을 지시하겠습니다.

> 제미나이 CLI를 설명하는 글을 블로그 포스트, 이메일 뉴스레터, 보도자료 형식으로 각각 작성해서 마크다운으로 저장해줘

> 네, 알겠습니다. 제미나이 CLI를 설명하는 세 가지 형식의 글(블로그 포스트, 이메일 뉴스레터, 보도자료)을 각각 작성하여 마크다운 파일로 저장하겠습니다.
>
> 다음과 같은 계획으로 진행하겠습니다.
>
> 1. 블로그 포스트 (gemini_cli_blog_post.md): 개발자 커뮤니티를 대상으로 제미나이 CLI의 기능, 사용 사례, 장점을 상세히 설명합니다.
> 2. 이메일 뉴스레터 (gemini_cli_newsletter.md): 기존 구독자나 사용자에게 새로운 소식을 알리는 간결하고 흥미를 유도하는 형식으로 작성합니다.
> 3. 보도자료 (gemini_cli_press_release.md): 언론 매체를 대상으로 공식적인 정보를 전달하는 형식으로, 제미나이 CLI의 출시와 중요성을 강조합니다.

02 생성된 마크다운 파일을 확인하면 제미나이 CLI가 문서의 종류마다 톤을 구분하여 내용을 작성했습니다. 먼저 블로그 포스트 목적으로 작성된 문서 내용을 살펴보겠습니다.

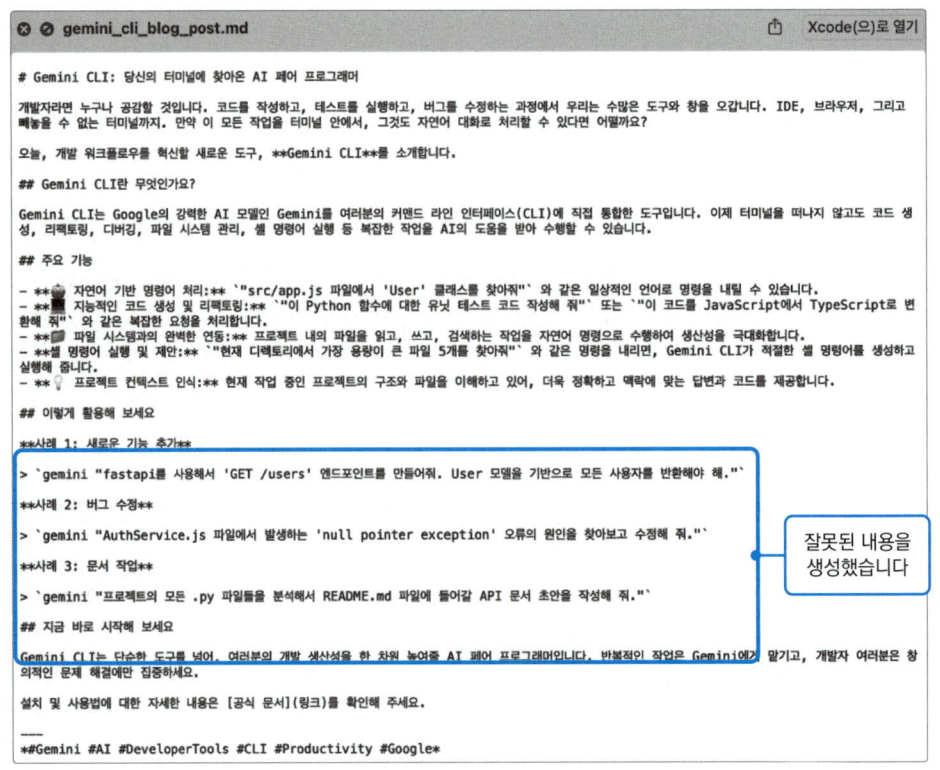

잘못된 내용을 생성했습니다

전체적으로 잘 작성했지만 문제점을 발견했습니다. 정확하지 않은 내용이 있네요. 이런 상황을 극복하기 위한 좋은 방법은 공식 문서나 정확한 출처를 제미나이 CLI에게 알려주고 문서 수정을 요청하는 겁니다.

03 제미나이 CLI의 공식 문서는 깃허브 리포지터리입니다. 저는 **gitingest** 도구를 사용합니다. 깃허브 주소에서 hub를 ingest로 바꾸면 깃허브 리포지터리 페이지에 있는 내용을 AI에게 전달할 수 있는 컨텍스트 문서 형태로 변환합니다. 이 문서에는 리포지터리의 전체 내용과 디렉터리 구조 등 방대한 내용이 정리되어 있습니다. 지금의 목적은 리포지터리의 코드 작업이 아니기 때문에 리포지터리에 .md로 작성된 문서의 내용만 사용하겠습니다.

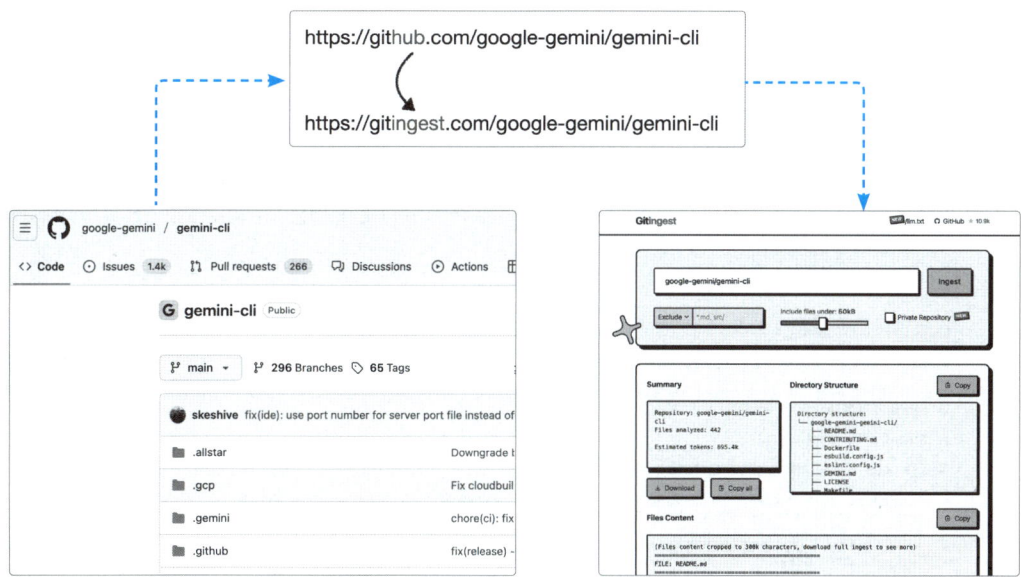

04 Exclude로 표시된 부분을 Include로 바꾸세요. 그 뒤에 *.md를 입력하고 Enter 를 누르면 리포지토리의 마크다운 파일만 선택할 수 있습니다. 내용이 충분히 긴 마크다운 파일도 읽어오도록 [Include files under]도 1MB로 변경하겠습니다.

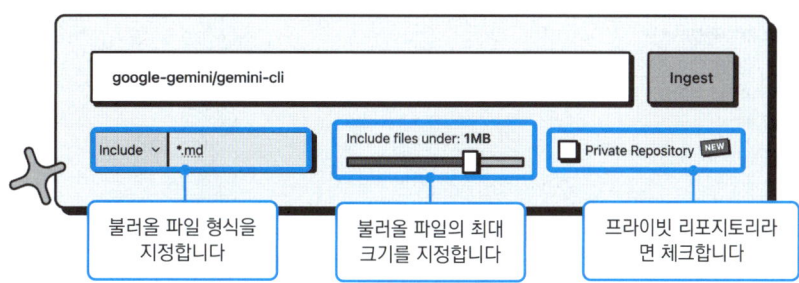

37개의 마크다운 문서를 불러와 AI가 효과적으로 이해할 수 있도록 하나의 문서로 요약하는 것을 확인할 수 있습니다.

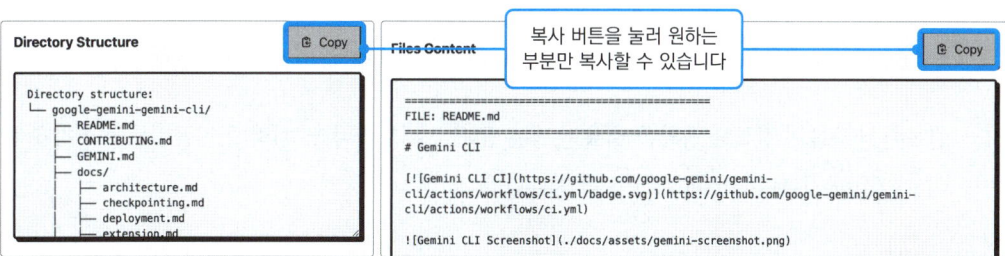

[챕터 20] 체계적으로 문서 작업하기 193

05 [Download] 버튼을 눌러 문서를 내려 받겠습니다. 프로젝트의 디렉터리로 문서를 옮긴 뒤 제미나이 CLI에게 문서 수정을 요청하겠습니다.

>
> @google-gemini-gemini-cli.txt의 내용을 기반으로 제미나이 CLI를 설명하는 블로그 포스트를 작성해서 마크다운으로 저장해줘

```
# Gemini CLI를 소개합니다: 개발 워크플로우를 혁신하세요

Gemini의 강력한 기능을 이제 커맨드 라인에서 직접 만나보세요. Gemini CLI는 단순한 도구를 넘어, 여러분의 코드와 상호작용하고, 워크플로우를 자동화하며, 개발 생산성을 한 차원 높여줄 AI 동반자입니다.

## Gemini CLI, 무엇이 다른가요?

Gemini CLI는 개발자를 위해 특별히 설계된 다양한 기능을 제공합니다.

*   **대규모 코드베이스와 소통:** 1백만 토큰 컨텍스트 창을 넘어서는 대규모 코드베이스도 손쉽게 쿼리하고 수정할 수 있습니다.
*   **멀티모달 기능으로 앱 생성:** PDF나 스케치 같은 다양한 소스로부터 새로운 애플리케이션의 프로토타입을 생성할 수 있습니다.
*   **운영 작업 자동화:** 복잡한 Git 리베이스나 풀 리퀘스트 쿼리 같은 반복적인 운영 작업을 자동화하여 시간을 절약합니다.
*   **자유로운 확장:** 도구와 MCP 서버를 연결하여 Imagen, Veo, Lyria를 사용한 미디어 생성과 같은 새로운 기능을 추가할 수 있습니다.
*   **Google 검색 연동:** Gemini에 내장된 Google 검색 도구를 사용하여 최신 정보에 기반한 답변을 얻을 수 있습니다.

## 지금 바로 시작해보세요

단 몇 단계만으로 Gemini CLI를 시작할 수 있습니다.

**1. 사전 준비:** [Node.js 20 버전](https://nodejs.org/en/download) 이상이 설치되어 있는지 확인하세요.

**2. CLI 실행:** 터미널에서 다음 명령어를 실행하세요.

```bash
npx https://github.com/google-gemini/gemini-cli
```

또는 `npm`을 사용하여 전역으로 설치할 수도 있습니다.

```bash
npm install -g @google/gemini-cli
gemini
```

3. 인증: Google 계정으로 로그인하여 인증을 완료하면 바로 Gemini CLI 사용을 시작할 수 있습니다.

Gemini CLI 활용 예시

새로운 프로젝트 시작하기:

```sh
cd new-project/
gemini
> FAQ.md 파일을 기반으로 질문에 답변하는 Gemini Discord 봇을 만들어줘
```

기존 프로젝트와 함께 사용하기:

```sh
git clone https://github.com/google-gemini/gemini-cli
cd gemini-cli
gemini
> 어제 적용된 모든 변경 사항을 요약해줘
```

더 알아보기

Gemini CLI는 단순한 질문-답변을 넘어 개발의 모든 과정에 깊숙이 관여할 수 있는 잠재력을 가지고 있습니다.

*   **API 키 활용:** Gemini API 또는 Vertex AI API 키를 사용하여 더 높은 요청 한도와 특정 모델에 대한 접근 권한을 얻을 수 있습니다.
*   **안전한 샌드박스 환경:** `--sandbox` 플래그를 사용하여 파일 시스템 변경이나 셸 명령어 실행과 같은 작업을 격리된 환경에서 안전하게 실행할 수 있
```

잘못된 내용을 수정하고 정확한 내용만 담은 문서로 변했습니다. 이렇게 인공지능의 환각을 줄이고 생성한 자료의 신빙성을 높일 수 있습니다.

06 이번엔 이메일 뉴스레터의 내용을 보강하겠습니다. 뉴스레터는 지속적으로 발행하는 글인만큼 문체가 일관적이지 않으면 어색하게 느껴질 수도 있습니다. 일단 초안을 검토하고 문제가 있는지 확인하겠습니다. 지금은 큰 문제가 보이지 않네요.

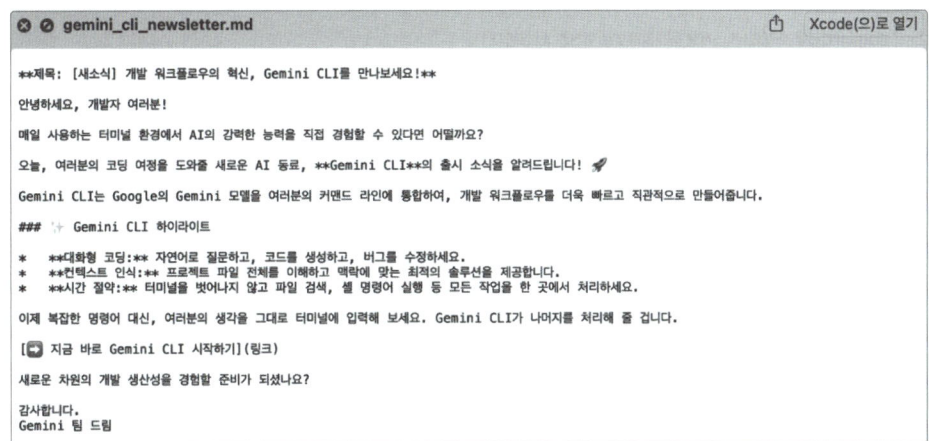

07 지금까지 구글이 발행한 뉴스레터를 참고하여 다시 작성하겠습니다. Google for Developers에 공개된 뉴스레터의 주소를 사용하겠습니다. 문체만 필요하기 때문에 어떤 뉴스레터를 가져와도 괜찮습니다. 추가로 앞서 내려받은 공식 문서 요약 파일도 함께 전달하겠습니다.

- **구글 뉴스레터 :** developers.google.com/newsletter

@https://developers.google.com/newsletter/2825/06는 이전에 보낸 뉴스레터야, 이 뉴스레터의 구성과 글의 톤, 그리고 @google-gemini-gemini-cli.txt 이 내용을 참고하여 제미나이 CLI를 설명하는 이메일 뉴스레터를 작성해 줘.

알겠습니다. 이전 뉴스레터의 구성과 글의 톤, 그리고 google-gemini-gemini-cli.txt 파일의 내용을 참고하여 제미나이 CLI를 소개하는 이메일 뉴스레터를 작성하겠습니다.

단순히 제미나이 CLI를 설명하는 것 외에도 제미나이 CLI 시작 방법, 관련 커뮤니티 소개 등 구글이 보내는 뉴스레터와 비슷한 느낌으로 바뀌었습니다.

> 제목: Google Developers 뉴스레터: Gemini CLI, 이제 터미널에서 AI의 힘을 경험하세요!
>
> **Google Developers 뉴스레터**
>
> 2025년 7월
>
> **주요 소식**
>
> **Gemini CLI를 소개합니다: 개발 워크플로우를 혁신할 AI 동반자**
>
> 이제 강력한 Gemini 모델을 여러분이 가장 많은 시간을 보내는 곳, 바로 터미널에서 직접 만나보세요. 새롭게 출시된 오픈 소스 **Gemini CLI**는 단순한 명령줄 도구를 넘어, 여러분의 코드를 이해하고, 복잡한 작업을 자동화하며, 개발의 모든 과정을 가속화하는 지능형 AI 에이전트입니다.
>
> Gemini CLI를 사용하면 다음과 같은 놀라운 작업들을 수행할 수 있습니다.
>
> - **대규모 코드베이스 탐색 및 수정:** 1백만 토큰 컨텍스트 창의 한계를 넘어, 방대한 코드베이스에 대해 질문하고, 버그를 찾고, 리팩토링을 제안받을 수 있습니다.
> - **멀티모달 기능으로 아이디어를 현실로:** PDF 문서나 간단한 스케치만으로 새로운 애플리케이션의 프로토타입을 순식간에 생성할 수 있습니다.
> - **운영 작업 자동화:** 복잡한 Git 리베이스, 풀 리퀘스트 요약, 심지어 지난 7일간의 팀별 Git 히스토리를 담은 슬라이드 덱 제작까지, 반복적인 작업을 자동화하여 소중한 시간을 절약하세요.
> - **무한한 확장성:** 필요한 도구나 MCP 서버를 직접 연결하여 파일 시스템 조작, 이미지 변환, Google 검색 등 Gemini 의 능력을 여러분의 필요에 맞게 확장할 수 있습니다.
>
> Gemini CLI 시작하기

> 내용은 비슷하지만 문장 구성과 문체가 바뀌었습니다

제미나이 CLI는 이렇게 파일, 컨텍스트, 프롬프트의 조합을 바탕으로 다양한 형태의 글에 대한 초안을 효과적으로 작성할 수 있습니다. 이제 자신의 경험과 생각을 더해 글의 깊이를 더하기만 하면 됩니다.

아이디어를 구체적인 기획으로 만들기

시중에는 수많은 여행 애플리케이션이 있습니다. 이런 애플리케이션을 나도 한 번 만들어보고 싶다는 생각이 들 수 있겠죠. 그동안 여행 애플리케이션을 사용하며 불편했던 점을 개선하면 더 좋습니다. 여기까지를 아이디어라고 합니다. 막연한 아이디어는 머릿속에만 맴돌다 결국 실행으로 이어지지 못합니다. 아이디어를 실현 가능한 기획으로 만들려면 많은 과정이 필요합니다. 하지만 제미나이 CLI와 함께라면 단순한 발상도 구체적이고 실행 가능한 기획으로 발전할 수 있습니다.

01 간단한 아이디어를 기획안으로 바꾸기 위해 프롬프트를 던집니다. 제미나이 CLI는 아이디어를 바탕으로 간단한 기획안을 제시합니다. 이 기획안을 초안으로 삼아 차근차근 살을 붙여 완성하겠습니다.

여행자들이 현지인처럼 여행할 수 있도록 돕는 앱 아이디어가 있는데, 이걸 더 구체적인 기획안으로 발전시키고 싶어.

```
* ⓞ 실시간 현지 소식 피드 (Live Feed):
    * "오늘 저녁 7시, OOO 공원에서 버스킹 공연 있어요", "XX 플리마켓 오늘까지 열려요" 등 현지인들이 공유하는 실시간 이벤트 및 정보 제공.
    * 사용자의 현재 위치 기반으로 주변 소식을 푸시 알림으로 알려주는 기능.

4. 수익 모델 (Business Model)
* Freemium 모델:
    * 핵심 기능 (스팟 추천, 기본 코스 생성)은 무료 제공.
    * 프리미엄 구독자에게는 무제한 맞춤 코스 생성, 오프라인 지도 저장, 광고 제거 등의 혜택 제공.
* 중개 수수료:
    * '로컬 밋업' 기능 활성화 시, 연결되는 투어/체험 상품의 일부를 수수료로 확보.
* B2B 솔루션:
    * 소상공인(가게 주인) 대상의 비즈니스 계정을 만들어, 가게의 새로운 소식이나 이벤트를 효과적으로 알릴 수 있는 유료 홍보 채널 제공. (단, 광고성 정보가 앱의 정체성을 해치지 않도록 신중한 설계 필요)

5. 기술 스택 및 개발 계획 제안
* 플랫폼: iOS & Android 동시 개발을 위해 크로스플랫폼 프레임워크인 Flutter 또는 React Native 사용을 추천. (Flutter가 최근 성능과 UI 구현 면에서 좋은 평가를 받고 있습니다.)
* 백엔드: 안정적이고 빠른 개발을 위해 Python (FastAPI) 기반의 API 서버 구축. (사용자 선호 언어 고려)
* 데이터베이스: 위치 기반 서비스와 확장성을 고려하여 PostgreSQL + PostGIS 조합을 추천.
* 클라우드: AWS 또는 GCP를 활용하여 서버, 데이터베이스, 스토리지(이미지 등) 인프라 구축.
* 개발 단계 (MVP, Minimum Viable Product 기준):
    * 1단계 (핵심 기능 구현): 현지인 추천 스팟 등록 및 조회, 키워드 기반의 장소 검색 기능 개발에 집중.
    * 2단계 (고도화): AI 기반의 맞춤 코스 추천 기능 도입.
    * 3단계 (커뮤니티/확장): 로컬 밋업, 실시간 피드 등 커뮤니티 기능 추가 및 수익 모델 적용.

---

이 기획안에 대해 어떻게 생각하시나요? 추가하고 싶거나 변경하고 싶은 부분이 있으시면 편하게 말씀해주세요. 함께 논의하며 더 발전시켜 나가고 싶습니다.

예를 들어, "화면을 어떻게 구성하면 좋을지 간단한 와이어프레임을 그려줘" 또는 "1단계 MVP 개발을 위한 구체적인 파일 구조를 짜줘" 와 같이 더 구체적인 요청을 주시면 바로 다음 단계 작업을 도와드릴 수 있습니다.

Using 2 GEMINI.md files and 2 MCP servers (ctrl+t to view)

> | type your message or @path/to/file
```

먼저 이 결과를 기획안.md 파일로 저장하겠습니다. 그대로 사용할 수도 있지만 제미나이 CLI를 사용해 전문가의 관점에서 이 기획안을 피드백하고 개선하겠습니다.

02 GEMINI.md에 프로젝트 매니저, 개발자, 운영 매니저의 관점으로 기획안을 개선하기 위한 컨텍스트를 추가합니다.

> 파일 이름 : GEMINI.md
>
> ## 기획안 리뷰
> - 프로젝트 매니저, 개발자, 운영 매니저의 관점에서 기획안을 리뷰합니다.
> - 개발자의 관점에서도 기획안을 리뷰합니다.
> - 기획안 리뷰에서는 필요한 프레임워크와 방법론을 사용합니다.
> - 기획안 리뷰는 기획안의 완성도를 높이고, 프로젝트의 성공 가능성을 높이는 데 중점을 둡니다.

NOTE 컨텍스트를 수정한 뒤에는 /memory show를 사용해 컨텍스트가 반영되었는지 확인하세요.

03 작성한 기획안 파일에 대해 리뷰를 요청합니다.

@기획안.md에 있는 내용을 각 역할의 관점에서 리뷰해줘.

알겠습니다. 기획안.md의 내용을 각 전문가의 관점에서 심층적으로 리뷰해 드리겠습니다. 이는 기획을 더욱 단단하게 만드는 데 도움이 될 겁니다.

'로컬리 (Locally)' 기획안에 대한 역할별 리뷰
이 기획안은 전반적으로 매우 훌륭하며, 각 영역의 담당자들이 프로젝트를 이해하고 다음 단계를 준비하기에 충분한 정보를 담고 있습니다. 아래는 각 역할의 관점에서 더 깊이 생각해볼 질문과 의견입니다.

1. 기획자 (PM) / 프로덕트 오너 (PO) 관점
[총평: "목표와 전략은 명확하나, 우선순위와 성공 지표를 더 구체화해야 합니다."]
강점:
  - 풀어야 할 문제(Problem)와 해결책(솔루션)이 명확하게 정의되어 있습니다.
  - MVP(최소 기능 제품) 개발 단계가 정의되어 있어, 애자일하게 프로젝트를 진행하기에 좋습니다.

질문과 제안:
  - KPI(핵심 성과 지표)는 무엇인가요? 우리 앱의 성공을 어떤 숫자로 측정할지 정의해야 합니다. 예를 들어 '주간 활성 사용자 수(WAU)', '사용자당 주간 추천 장소 등록 수', '재방문율' 등을 초기 핵심 지표로 설정할 수 있습니다.
  - MVP 범위의 현실성: 1단계 MVP의 기능(추천 스팟 등록/조회, 검색)만으로도 사용자를 유치하고 가치를 증명하기에 충분합니다. 하지만 'AI 추천', '로컬 밋업' 등은 상당히 큰 기능입니다. MVP 출시 후, 사용자 피드백과 데이터를 기반으로 어떤 기능을 먼저 개발할지 우선순위를 재조정하는 것이 리스크를 줄이는 방법입니다.
  - 가장 큰 리스크는 무엇일까요? 제 생각에는 '콜드 스타트(Cold Start)' 문제, 즉 서비스 초기에 데이터(추천 장소)가 없어 사용자가 매력을 느끼지 못하는 겁니다. 이 리스크를 해결하기 위한 초기 콘텐츠 확보 전략이 프로젝트 성공의 중요한 열쇠가 될 겁니다.

...생략...

04 제미나이 CLI는 요청한 대로 주요 역할의 관점에서 기획안을 리뷰합니다. 이 결과를 feedback.md 파일로 저장하고 이 피드백 내용을 바탕으로 초안을 업데이트하겠습니다.

@feedback.md의 내용을 바탕으로 @기획안.md의 내용을 개선해줘

05 이제 이 기획안을 구체적으로 실행할 수 있는 작업 중 코드 작업을 제외한 단계들을 진행해보겠습니다. 먼저 어떤 작업이 가능한지 물어보고 제미나이 CLI가 보강하도록 합니다.

> @기획안.md을 참고해서 코드 작업 외의 진행할 수 있는 작업들은 어떤 것이 있지?

> 네, 훌륭한 질문입니다. 성공적인 앱 개발은 코드 작성만큼이나 그 외의 준비 작업들이 매우 중요합니다. 개선된 기획안.md를 바탕으로, 지금 당장 코드 없이 진행할 수 있는 중요한 작업들을 분야별로 정리해 드릴 수 있습니다.
>
> 이 작업들은 개발의 방향을 명확히 하고, 시행착오를 줄여 결과적으로 전체 프로젝트의 성공률을 크게 높여줄 겁니다.
>
> # 코드 개발 외 진행 가능한 핵심 작업 리스트
>
> 1. 기획 및 디자인 구체화 (Product & UX Design)
>   - 상세 기능 명세서 작성 :
>   - 기획안의 각 기능(예 : '현지인 추천 스팟')을 더 작은 단위로 나눕니다.
>   - 예 : '장소 등록' 버튼을 누르면 어떤 필드(사진, 장소 이름, 주소, 이야기, 태그)가 나와야 하는지, 각 필드의 글자 수 제한은 몇 자인지 등 개발자가 보고 바로 작업할 수 있을 정도로 상세한 정책을 정의하는 문서입니다.
>   - "이 기능 명세서를 작성해줘"라고 요청하면 함께 만들어갈 수 있습니다.
>   - 사용자 흐름(User Flow) 및 와이어프레임(Wireframe) 설계 :
>   - 사용자가 앱에 처음 가입해서 장소를 등록하고, 다른 사람의 장소를 구경하는 전체적인 화면의 흐름을 시각적으로 그립니다.
>   - 손으로 그린 것처럼 간단한 네모 상자와 텍스트만으로 각 화면의 구조(버튼 위치, 이미지 영역 등)를 설계하여, 개발에 들어가기 전에 화면 구성을 미리 검토하고 개선할 수 있습니다.
>   - 정책 및 가이드라인 수립 :
>   - 콘텐츠 가이드라인 : 어떤 종류의 '이야기'나 사진을 권장하고, 어떤 것을 금지할지(욕설, 비방, 광고 등) 구체적인 기준을 만듭니다.
>   - '로컬 밋업' 안전 정책 : 신고가 접수되었을 때 어떻게 처리할지(계정 임시 정지, 영구 정지 등), 분쟁 해결 절차는 어떻게 할지 등 구체적인 운영 정책을 미리 수립합니다.
>
> ...생략...

06 이제 제미나이 CLI가 제안한 각 내용을 별도의 파일로 작성하도록 요청합니다.

> 상세 기능 명세서와 사용자 흐름 및 와이어프레임, 그리고 정책 및 가이드라인을 각각 파일로 만들어 줘

> 알겠습니다. 요청한 세 가지 문서를 각각 파일로 생성해 드리겠습니다.
> 1. 상세 기능 명세서 (detailed_feature_spec.md)
> 2. 사용자 흐름 및 와이어프레임 (user_flow_wireframe.md)
> 3. 정책 및 가이드라인 (policies_guidelines.md)

탁구처럼 제미나이 CLI와 대화를 주고받는 과정 속에서 막연했던 아이디어는 대상 고객, 핵심 기능, 차별화 포인트, 수익 모델 등을 갖춘 구체적인 프로젝트 기획서가 되었습니다. MCP로 피그마, imagen 등 디자인 도구, 이미지 생성 도구를 연결한다면 더 보기 좋은 기획서가 됩니다. 이렇게 기획서를 구체적으로 작성하면 실제 프로토타입을 구현할 때 시행착오를 줄여 빠르게 만들 수 있습니다.

요즘 바이브 코딩

파트
05

실전 블로그 자동화 프로젝트

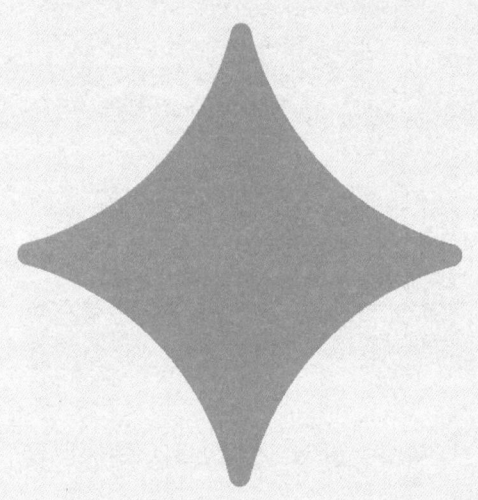

[챕터 21] 실전 프로젝트 기획하기

[챕터 22] 커스텀 도구 추가하기

[챕터 23] 자료 수집과 글 작성하기

[챕터 24] 깃허브에 블로그 게시하기

[챕터 21]

프로젝트 준비하기

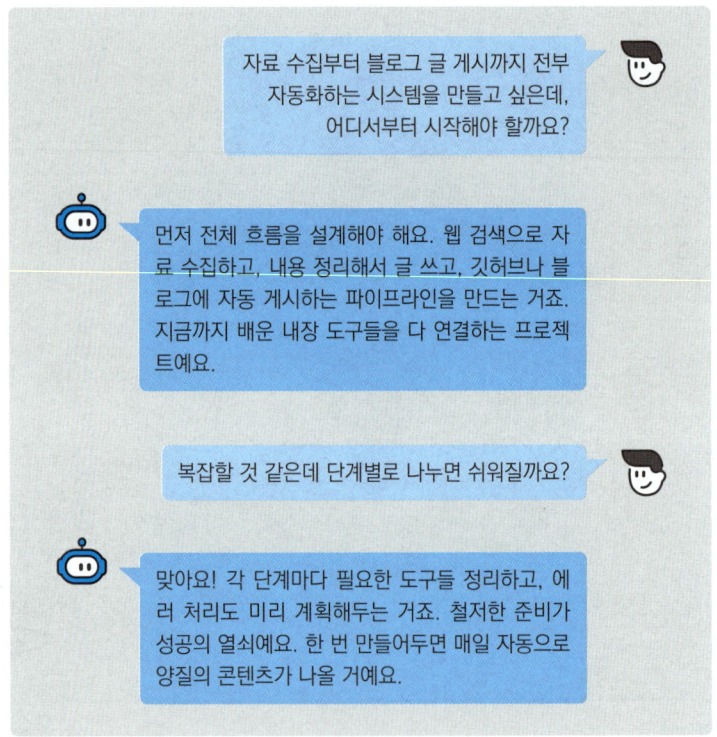

이 파트에서는 지금까지 배운 도구를 총동원해 자료 수집부터 블로그 글 게시까지 자동으로 수행하는 시스템을 구축합니다. 이 목표를 달성하기 위해 필요한 제미나이 CLI의 도구들과 전체 작업 흐름을

체계적으로 설계합니다. 성공적인 프로젝트의 첫걸음은 바로 철저한 기획에 있습니다.

최종 목표 정의하기

프로젝트의 목적을 정하기 위해 완성한 프로젝트를 상상해봅니다. 먼저 사용자가 관심 있는 주제의 키워드를 입력합니다. 인공지능, 요리, 여행 같은 단어를 넣으면 됩니다. 제미나이 CLI가 그 키워드와 관련된 최신 정보를 찾아옵니다. 수집한 정보를 가지고 제대로 된 블로그 글을 씁니다. 단순히 정보를 나열하는 게 아니라 독자가 읽기 좋게 구성하고 잘 어울리는 이미지도 넣습니다. 마지막으로 누구나 볼 수 있는 인터넷 공간에 글을 배포합니다.

상상한 프로젝트 흐름을 정리하면 4단계로 나눌 수 있습니다. 이 목표를 바탕으로 개발 계획을 세웁니다. 글은 마크다운과 커스텀 도구를 사용해 자동으로 작성합니다. 이번에도 콰르토를 사용해서 마크다운을 웹페이지 형식으로 변경합니다. 콰르토는 프레젠테이션 외에도 다양한 형식 변환을 지원합니다. 배포는 깃허브 페이지를 사용합니다. 서버 관리나 복잡한 설정 없이도 웹사이트를 운영할 수 있습니다.

1. 특정 키워드를 입력하면 관련 최신 정보를 웹에서 수집한다.
2. SEO에 최적화된 전문적인 블로그 글을 자동으로 작성한다.
3. 포스트에 어울리는 이미지를 생성한다.
4. 결과물을 깃허브 페이지에 자동으로 배포한다.

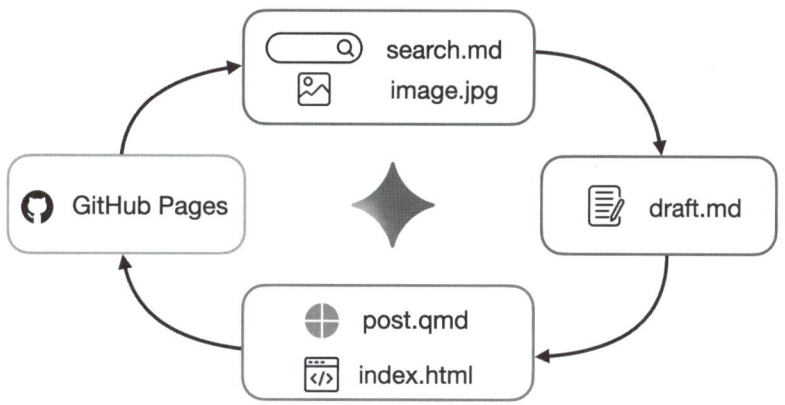

목표를 명확히 정했다면 제미나이 CLI가 지침으로 삼을 문서를 만듭니다. 다양한 형태의 문서가 있지만 프로젝트의 규모가 크지 않으니 간단한 요구 사항 정의서를 작성하면 좋겠습니다.

> **NOTE** 여기서 더 발전해 상세한 지침 문서를 기반으로 개발하는 방법을 스펙 주도 개발 Spec-Driven-Development이라고 합니다.

PRD 작성하기

프로그램 개발에서 많이 사용하는 기획서의 형식은 PRD(제품 요구 사항 정의서 Product Requirements Document)입니다. 지금부터 블로그 제작을 위한 새로운 프로젝트를 만들고 PRD를 작성하겠습니다.

01 먼저 프로젝트를 위한 디렉터리를 새로 만듭니다.

```
mkdir Blog_AI
cd Blog_AI
```

02 제미나이 CLI를 실행하고 PRD 작성을 요청합니다. PRD는 마크다운 파일 PRD.md로 저장하고 수집한 정보와 블로그 초안을 저장할 파일 이름도 미리 지정하겠습니다. 이름은 자유롭게 지정해도 좋지만 한눈에 봐도 무슨 역할을 하는 파일인지 알 수 있는 이름으로 미리 정하세요.

> 지금부터 자료 수집부터 블로그 글 작성, 게시까지 자동화하는 시스템을 만들거야. PRD를 작성해서 PRD.md로 저장해.
>
> 1. 키워드로 정보 수집
>   - 구글 검색을 사용해 최신 정보 수집 (search.md)
>   - Gemini image generation API를 사용해 블로그에 사용할 이미지 생성(image.jpg)
> 2. 수집한 내용을 바탕으로 블로그 포스트 초안 작성
>   - 블로그 포스트 초안 (draft.md)
> 3. quarto를 사용해 블로그 포스트 초안을 html로 변환 및 깃허브 페이지에 포스팅
>   - DIRECTORY/index.html

> **NOTE** 프롬프트 길이가 길다면 텍스트 편집기로 미리 작성하고 복사 붙여넣기로 입력하는 것이 편합니다.

03 PRD 내용을 확인하고 마음에 안드는 부분이 있다면 수정합니다. PRD를 작성할 때는 기술적인 세부사항보다는 무엇을 만들 것인지, 왜 만드는지, 누가 사용할지 같은 근본적인 질문들에 대한 답을 명확하게 정리하는 것이 중요합니다.

```
# 자동 블로깅 시스템 PRD                                    파일 이름 : PRD.md
## 1. 개요
본 문서는 키워드 기반 자료 수집부터 블로그 게시까지 전 과정을 자동화하는 시스템의
요구사항을 정의합니다. 사용자가 지정한 키워드를 바탕으로 최신 정보를 수집하고, 관련
이미지를 생성하며, 이를 조합하여 블로그 포스트 초안을 작성합니다. 최종적으로 Quarto
를 사용해 HTML로 변환 후 GitHub Pages에 게시하는 것을 목표로 합니다.
## 2. 목표
-   블로그 콘텐츠 생성 및 게시 프로세스의 완전 자동화
-   키워드 입력만으로 최신 정보와 이미지가 포함된 블로그 포스트 초안 생성
-   수동 작업을 최소화하여 콘텐츠 제작 시간 단축 및 생산성 향상
-   Quarto 및 GitHub Pages를 활용한 효율적인 게시 파이프라인 구축
## 3. 주요 기능
### 3.1. 키워드 기반 최신 정보 수집
-   사용자로부터 핵심 키워드를 입력받습니다.
-   Google 검색 API를 활용하여 키워드와 관련된 최신 정보를 수집합니다.
-   수집된 텍스트 정보는 `search.md` 파일로 저장됩니다.
### 3.2. 블로그용 이미지 생성
-   Gemini Image Generation API를 사용하여 블로그 포스트에 삽입할 이미지를 생성합니다.
-   생성된 이미지는 `image.jpg` 파일로 저장됩니다.
### 3.3. 블로그 포스트 초안 작성
-   `search.md`에 수집된 정보와 `image.jpg` 이미지를 조합하여 블로그 포스트의 초안
을 Markdown 형식으로 작성합니다.
-   완성된 초안은 `draft.md` 파일로 저장됩니다.
### 3.4. HTML 변환 및 GitHub Pages 게시
-   Quarto를 사용하여 `draft.md` 파일을 `index.html`로 변환합니다.
-   변환된 `index.html` 파일은 GitHub Pages를 통해 웹에 자동으로 게시됩니다.

...생략...

## 7. 고려사항
-   Google 및 Gemini API 사용을 위한 인증 및 키 관리가 필요합니다.
-   Quarto 실행 환경이 구축되어 있어야 합니다.
-   GitHub Pages 게시를 위한 GitHub Actions 또는 유사한 CI/CD 설정이 필요할 수 있습
니다.
```

커스텀 도구로 워크플로 구축하기

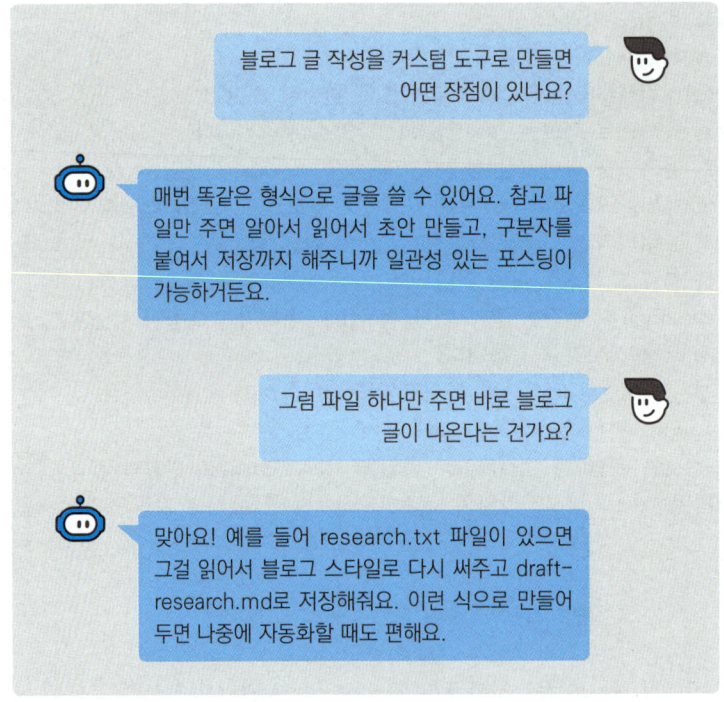

커스텀 도구를 추가하면 블로그에 필요한 작업을 간편하게 수행할 수 있습니다. 커스텀 도구로 체계적인 시스템을 구축하면 게시물을 일관성 있게 작성하고 추후에 자동화 시스템을 만들기도 좋습니다. 지금부터 블로그 글 작성과 이미지 생성 기능을 커스텀 도구로 해결하겠습니다.

블로그 작성 도구 추가하기

참고 자료를 기반으로 글을 작성하고 마크다운 형태로 저장하는 커스텀 도구를 만들겠습니다. 데이터를 가공할 때는 입력과 출력 파일명을 다르게 설정해 자료를 유지하는 것이 좋습니다. 이름을 무엇으로 바꿀지는 중요하지 않으니 이해하기 쉬운 이름으로 정하세요. 저는 가공한 파일명 앞에 draft-를 붙이겠습니다.

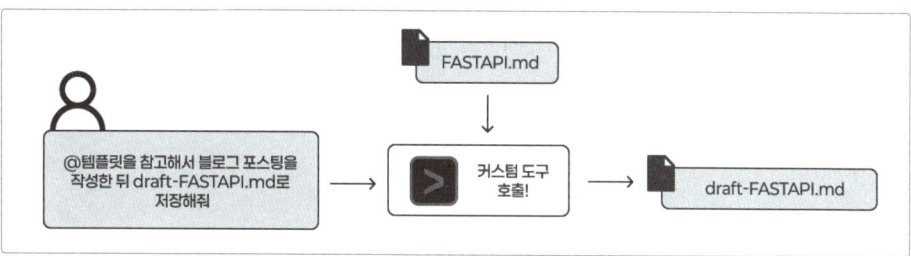

01 커스텀 도구 생성에 필요한 디렉터리와 파일을 만들고 get_tools에 스크립트를 작성합니다.

```
mkdir -p bin .gemini
touch bin/get_tools bin/call_tool .gemini/settings.json
```

3개의 빈 파일을 생성합니다

파일 이름 : bin/get_tools

```
#!/bin/bash
cat <<EOF
[
  {
    "name": "blog",
    "description": "A tool that writes a blog post using the specified text file and saves it as a markdown file.",
    "parameters": {
      "type": "object",
      "properties": {
        "filename": {
          "type": "string",
          "description": "The file path containing the material for the post."
        }
      },
      "required": ["filename"]
    }
```

블로그 포스트를 위한 글을 생성하고 마크다운으로 저장하는 도구라는 설명입니다

도구를 호출할 때는 참고할 파일명을 함께 입력할 것이라는 뜻입니다

[챕터 22] 커스텀 도구로 워크플로 구축하기

```
    }
  ]
EOF
```

02 이어서 call_tool 파일에도 blog 도구를 추가합니다.

파일 이름 : bin/call_tools

```
#!/bin/bash
FUNC_NAME="$1"
shift
case "$FUNC_NAME" in
# 1. 도구 이름 확인
blog)
  read INPUT_JSON
  # 2. 입력값 읽기
  FILENAME=$(echo "$INPUT_JSON" | jq -r '.filename')
  if [[ ! -f "$FILENAME" ]]; then
    echo "{\"error\": \"File does not exist: $FILENAME\"}"
    exit 1
  fi
  # 3. 프롬프트 만들기
  PROMPT="@${FILENAME} 이 내용을 바탕으로 초보 개발자도 이해할 수 있게, 친절한 블로그 포스팅을 한국어로 작성해줘"
  # 4. 블로그 글 생성
  BLOG_POST=$(gemini -p "$PROMPT" -m "gemini-2.5-flash")
  # 5. 결과 저장 및 반환
  BASENAME=$(basename "$FILENAME")
  MD_FILENAME="draft-${BASENAME%.*}.md"
  echo "$BLOG_POST" >"$MD_FILENAME"
  echo "{\"result\": \"Blog post has been saved as $MD_FILENAME!\"}"
  ;;
*)
  echo "{\"error\": \"Unknown function: $FUNC_NAME\"}"
esac
```

> 이곳에 원하는 글 형식을 구체적으로 알려주세요

이 코드를 순서대로 살펴보겠습니다.

1. 도구 이름 확인 : 처음 전달받은 값이 blog가 맞는지 검사하고 filename 파라미터를 표준 입력에서 읽어옵니다. 이 값은 제미나이 CLI가 자동으로 JSON 형식으로 넘겨줍니다.

2. 입력값 읽기 : filename으로 입력받은 파일이 실제로 존재하는지 확인합니다. 파일이 없으면 에러 메시지를 반환하고 실행을 멈춥니다.

3. 프롬프트 만들기 : 파일 이름을 포함한 프롬프트를 생성합니다. -m을 사용해 gemini-2.5-flash 모델을 고정한 것은 기본값인 gemini-2.5-pro를 다 사용했을 때 오류가 발생하는 것을 방지하기 위함입니다.

4. 블로그 글 생성 : 프롬프트를 제미나이 CLI에 전달해 실행합니다. 블로그 스타일로 생성한 결과를 BLOG_POST 변수에 저장합니다.

5. 결과 저장 및 반환 : BLOG_POST 변수에 있는 글을 draft-파일명.md로 저장합니다. 작업이 끝나면 JSON 형식으로 제미나이 CLI에 돌려줍니다.

03 마지막으로 settings.json을 추가해 커스텀 도구 설정 파일을 제미나이 CLI와 연결합니다.

파일 이름 : .gemini/settings.json

```json
{
  "toolDiscoveryCommand": "bin/get_tools",
  "toolCallCommand": "bin/call_tool"
}
```

04 도구를 만들었으니 블로그 글이 잘 만들어지는지 사용해보겠습니다. 예제는 FastAPI 프레임워크의 README.md를 가져와 FASTAPI.md로 이름을 바꾸어 사용했습니다. 프롬프트에 도구 이름인 blog와 파일명을 같이 입력합니다.

- **FastAPI 공식 깃허브** : github.com/fastapi/fastapi

blog FASTAPI.md

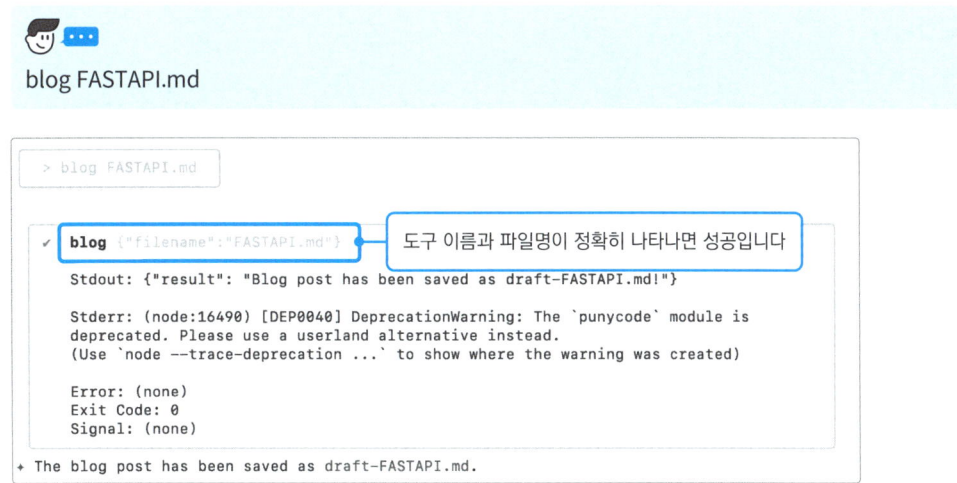

도구 이름과 파일명이 정확히 나타나면 성공입니다

원래 여러 번의 과정을 거쳐 만들었던 글을 단 한 번의 커스텀 도구 호출로 생성했습니다. 앞서 배운 crontab과 함께 사용하면 사용자가 가만히 있어도 매일 글이 만들어지겠죠!

> 🚀 **초보 개발자도 쉽게 시작하는 웹 API 개발, FastAPI!**
>
> 안녕하세요, 웹 개발에 관심 있는 여러분! 오늘은 파이썬으로 빠르고 쉽게 웹 API를 만들 수 있게 도와주는 멋진 도구, **FastAPI**에 대해 이야기해보려고 합니다. 이름처럼 정말 빠르고, 사용하기도 쉬워서 초보 개발자분들도 금방 익숙해질 수 있을 거예요!
>
> 💡 **FastAPI, 왜 이렇게 핫할까요?**
>
> FastAPI는 파이썬으로 API(Application Programming Interface)를 만들 때 사용하는 웹 프레임워크입니다. API는 쉽게 말해, 다른 프로그램들이 내 프로그램과 소통할 수 있도록 만들어주는 창구 같은 역할을 해요. 예를 들어, 날씨 앱이 기상청 서버에서 날씨 정보를 받아오는 것도 API를 통해 이루어지는 거죠.
>
> FastAPI가 사랑받는 이유는 다음과 같아요.
>
> - 🚀 **엄청나게 빨라요!**: NodeJS나 Go와 견줄 만큼 성능이 뛰어나요. 덕분에 사용자가 많아져도 끄떡없죠.
> - ⚡ **코드 작성 속도가 빨라요!**: 개발 시간을 200~300% 단축시켜준다고 해요. 복잡한 설정 없이 바로 코드를 작성할 수 있답니다.
> - 🐛 **버그가 적어요!**: 파이썬의 '타입 힌트' 기능을 적극 활용해서 개발자가 저지를 수 있는 실수를 40% 정도 줄여준다고 합니다.
> - ✨ **직관적이고 사용하기 쉬워요!**: 자동 완성 기능(IntelliSense)이 잘 되어 있어서 코딩이 훨씬 편하고, 문서 읽는 시간도 줄여줘요.
> - 📄 **자동 문서화 기능!**: API를 만들면 자동으로 멋진 대화형 문서를 만들어줘요. 다른 개발자와 협업할 때 정말 유용하죠!
> - 🌐 **표준 기반!**: OpenAPI(이전 Swagger)와 JSON Schema 같은 웹 API 표준을 따르기 때문에 다른 시스템과도 잘 연동됩니다.
>
> 마이크로소프트, 우버, 넷플릭스 같은 큰 회사에서도 FastAPI를 사용하고 있다는 사실! 정말 대단하죠?

이미지 생성 도구 추가하기

블로그 글을 작성할 때마다 글에 맞는 이미지를 찾는 일은 매우 번거롭습니다. 이미지를 생성하는 커스텀 도구를 추가하여 손쉽게 게시글에 맞는 이미지를 추가하는 방법을 알려주겠습니다. 제미나이 API를 연결하고 적절한 프롬프트로 생성한 이미지를 블로그에 추가하는 과정까지 커스텀 도구로 해결합니다.

01 제미나이의 API를 사용하는 커스텀 도구를 추가합니다. 이미지 생성 기능을 사용하기 위해 구글 AI 스튜디오에서 API 키를 새롭게 발급받습니다. 발급에 필요한 프로젝트와 키의 이름은 자유롭게 지으세요

> **NOTE** 이 방식은 Gemini-2.5-Flash Image(나노바나나) 모델로 이미지를 생성합니다.

- **구글 AI 스튜디오**: aistudio.google.com/api-keys

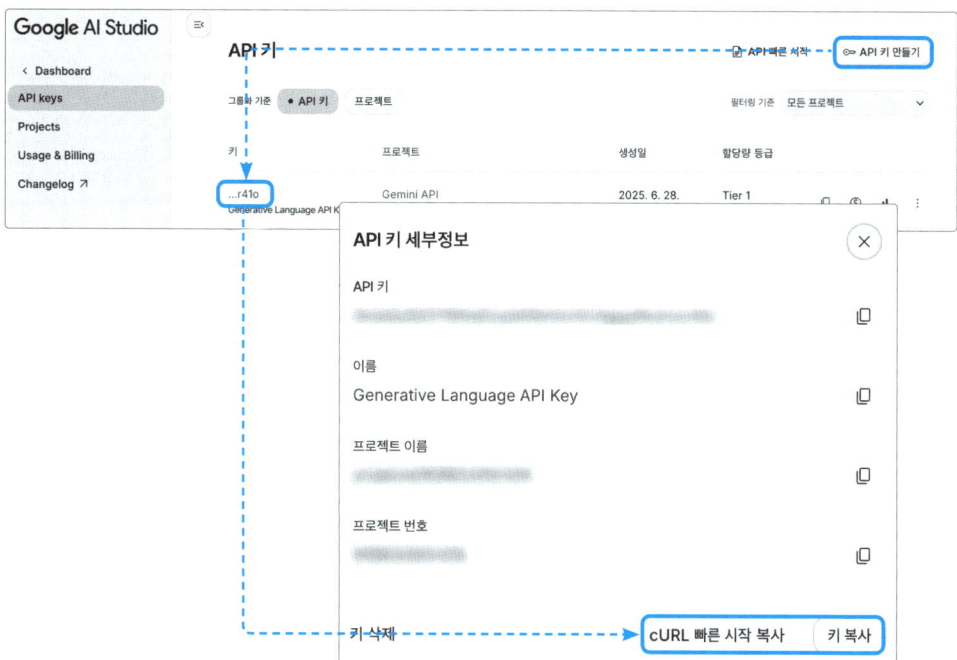

02 프로젝트의 디렉터리의 터미널에서 touch .env 명령어를 사용해 .env 파일을 생성합니다. 이 파일에 GEMINI_API_KEY를 환경 변수로 정의합니다. <API_KEY>에는 발급한 키값을 입력합니다.

```
GEMINI_API_KEY=<API_KEY>
```
파일 이름 : .env

03 커스텀 도구 설정을 위한 bin/get_tools에 gemini-image-gen 도구를 추가합니다. gemini-image-gen도구에서 프롬프트를 입력받아 이미지를 생성할 수 있음을 제미나이 CLI에게 알려주는 역할을 합니다.

```
{
  "name": "gemini-image-gen",
  "description": "Generate an image using Gemini API from a text prompt.",
  "parameters": {
    "type": "object",
    "properties": {
      "prompt": {
        "type": "string",
        "description": "The prompt for image generation."
```
파일 이름 : bin/get_tools

```
      }
    },
    "required": ["prompt"]
  }
}
```

04 bin/call_tool에도 gemini-image-gen를 위한 내용을 추가합니다.

파일 이름 : bin/call_tool

```
#!/bin/bash
if [ -f ".env" ]; then
    export $(grep -v '^#' .env | xargs)
fi
FUNC_NAME="$1"
shift
```
↑ 환경 변수 참조를 위한 코드를 추가합니다

```
case "$FUNC_NAME" in
  gemini-image-gen)
```
↑ case문 안에 이미지 생성 도구를 추가합니다

```
    read INPUT_JSON
    PROMPT=$(echo "$INPUT_JSON" | jq -r '.prompt')
    API_KEY="${GEMINI_API_KEY}"
    RESPONSE=$(curl -s -X POST \
"https://generativelanguage.googleapis.com/v1beta/models/gemini-2.5-flash-image:generateContent" \
        -H "x-goog-api-key: ${API_KEY}" \
        -H "Content-Type: application/json" \
        -d "{\"contents\":[{\"parts\":[{\"text\":\"${PROMPT}\"}]}], \
           \"generationConfig\":{\"responseModalities\":[\"TEXT\",\"IMAGE\"]}}"
    )
```
↑ API 키 세부정보에서 복사한 cURL입니다

```
    IMAGE_DATA=$(echo "$RESPONSE" | grep -o '"data": "[^"]*"' | cut -d'"' -f4)
    OUT_FILE="gemini-image-$(date +%s).png"
    echo "$IMAGE_DATA" | base64 --decode > "$OUT_FILE"
    echo "{\"result\": \"Downloaded to $OUT_FILE\"}"
    ;;
```
↑ case 블록을 닫습니다

```
  *)
    echo "{\"error\": \"Unknown function: $FUNC_NAME\"}"
    exit 1
    ;;
esac
```

이 코드의 내용을 간단하게 설명하면 다음과 같습니다.

1. .env 파일을 읽습니다.
2. 제미나이 CLI에서 호출하는 함수 이름이 gemini-image-gen이라면 GEMINI_API_KEY와 프롬프트를 사용하여 이미지 생성을 요청합니다.
3. 이미지를 저장합니다. 이미지 파일 이름은 프롬프트를 실행한 날짜입니다.

05 gemini-image-gen 도구를 더 효과적으로 사용할 수 있도록 GEMINI.md에도 새로운 도구가 추가되었음을 명시합니다.

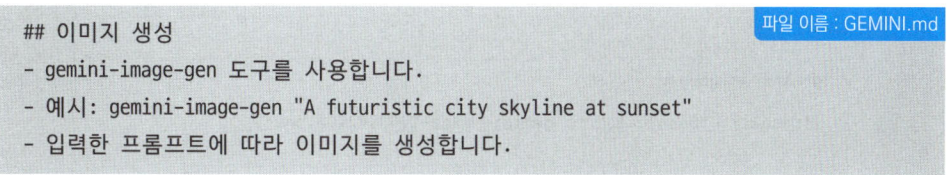

파일 이름 : GEMINI.md

```
## 이미지 생성
- gemini-image-gen 도구를 사용합니다.
- 예시: gemini-image-gen "A futuristic city skyline at sunset"
- 입력한 프롬프트에 따라 이미지를 생성합니다.
```

06 커스텀 도구가 정상적으로 추가되었다면 제미나이 CLI를 실행하고 /tools 명령어로 gemini-image-gen 도구가 등록 된 것을 확인할 수 있습니다.

> **NOTE** 도구 등록이 어렵다면 저자의 깃허브에서 코드를 가져오세요

07 gemini-image-gen 도구가 정상적으로 동작하는지 확인하기 위해 예시 이미지를 생성하겠습니다.

gemini-image-gen 도구를 사용해서 "현대적인 학습용 노트" 이미지를 생성해줘.

커스텀 도구를 실행하고 이미지를 생성합니다. 요청한 주제에 맞는 이미지가 생성되었는지 확인하세요.

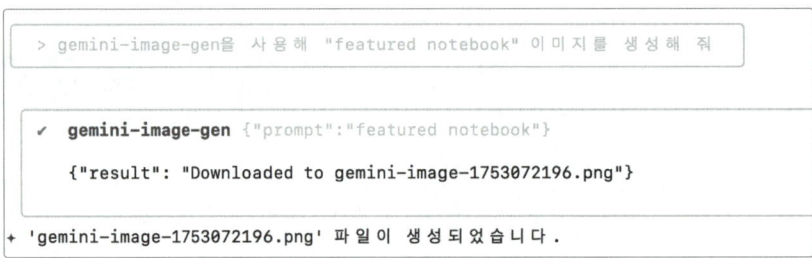

생성한 이미지는 예시와 다를 수 있어요

[챕터 23]

자료 수집과 글 작성하기

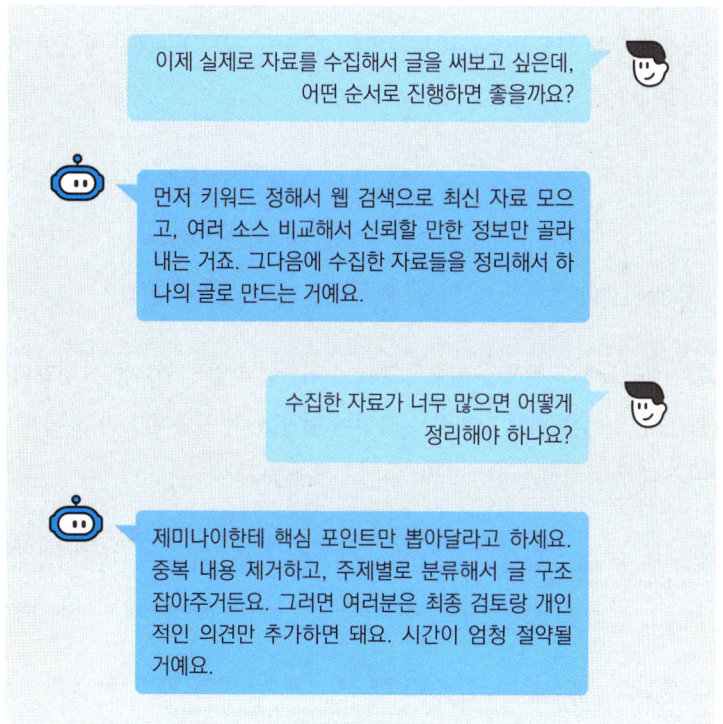

블로그에 매번 커스텀 도구로 생성한 글만 올리면 단조롭고 재미없는 블로그가 될지도 모릅니다. 이번에는 커스텀 도구 없이도 간단하게 주제에 맞는 글을 생성하겠습니다. 주어진 키워드와 관련된 최신 웹 문서들을 찾고 해당 문서의 내용을 가져와 포스팅 초안을 작성합니다.

정보 수집 및 콘텐츠 생성

이번 실습에서 작성할 블로그 게시글의 주제는 'NotebookLM의 새로운 기능 Featured Notebooks'입니다. 잘 모르는 주제여도 괜찮습니다. 제미나이 CLI에게 조사를 요청하고 블로그 글로 다듬어 완성하겠습니다.

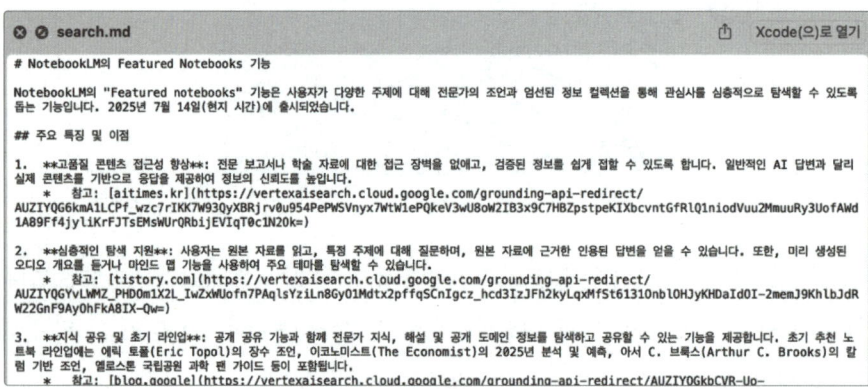

> 구글 랩스는 구글의 새로운 기능과 서비스를 파악할 수 있어 흥미로운 주제 찾기에 유용합니다

01 제미나이 CLI를 실행하고 검색을 이용한 자료 조사를 요청합니다. 만약 웹 검색 도구를 사용하지 않는다면 검색 도구를 사용하라고 지시하세요. 검색 도구를 사용하지 않으면 거짓 정보를 생성할 위험이 있습니다.

> notebookLM의 Featured notebooks 기능'에 대해 검색해서 관련 자료를 3개 이상 정리해 줘
> 정리한 자료는 search.md에 작성하고 참고한 웹페이지의 위치도 포함시켜 줘

제미나이 CLI는 구글에서 검색을 실행하고 search.md 파일에 결과를 작성합니다. 지금은 프롬프트 입력과 도구 실행을 위해 허가하는 과정이 귀찮을 수 있습니다. 이후에 이 모든 과정을 자동화할 것이기 때문에 지금은 신경쓰지 않아도 괜찮습니다.

02 글쓰기를 위한 자료 준비가 끝났습니다. 이 내용을 바탕으로 블로그 포스트를 작성할 차례입니다. 제미나이 CLI에게 수집된 컨텍스트를 종합하고 특정 구조와 톤 앤 매너에 맞춰 글을 작성하도록 요청하겠습니다.

>
> @search.md의 내용을 활용하여
>
> NotebookLM에 새로 추가된 기능인 Featured Notebooks를 소개하는 블로그 아티클을 draft.md로 작성해 줘.
>
> 글의 구조는 다음을 참고하고, 전문적이지만 이해하기 쉬운 톤을 유지해 줘.
>
> 1. 도입: 독자들의 흥미를 끄는 질문으로 시작
>
> 2. 핵심 요약: 가장 중요한 내용 3가지를 요약 및 설명
>
> 3. 상세 설명: 각 내용에 대해 구체적인 예시와 함께 상세히 설명
>
> 4. 마무리: 이 내용의 의미와 앞으로 미칠 영향에 대한 전망으로 마무리

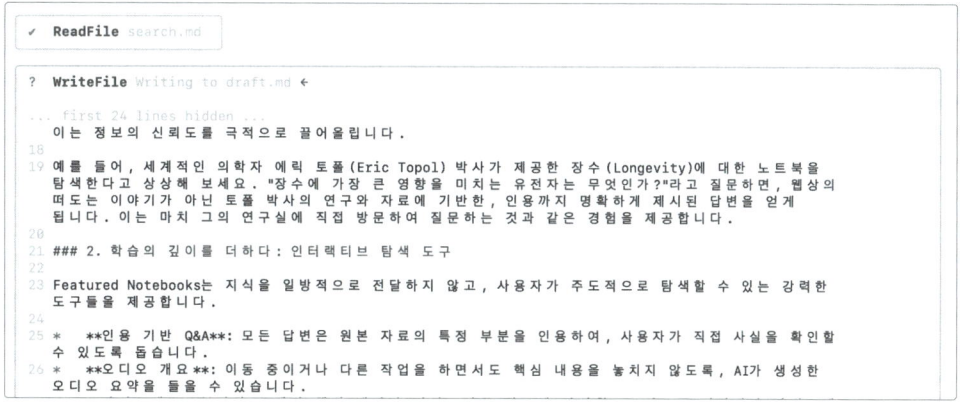

제미나이 CLI는 search.md 파일을 사용해 블로그 글을 작성하고 draft.md 파일에 저장합니다. 글의 구조와 추가 컨텍스트를 제공했기 때문에 자료 요약 수준이던 search.md보다 완성도 높은 글을 생성합니다.

이미지 처리 및 포스팅 준비

좋은 글은 독자의 이해를 돕고 시선을 사로잡는 적절한 이미지가 함께 할 때 더욱 빛을 발합니다. 텍스트 콘텐츠를 성공적으로 생성했으니 콘텐츠에 생명을 불어넣을 시각 자료를 준비하겠습니다.

01 이전 단계에서 생성한 이미지는 NotebookLM을 설명하는 글 전체에 쓸 수 있는 썸네일 이미지입니다. 블로그 글의 완성도를 높이기 위해 글의 문단별로 내용을 설명할 수 있는 이미지를 추가로 생성하겠습니다.

> @draft.md의 내용을 참고하여 각 문단마다 설명 보충과 이해를 돕기 위한 이미지를 생성해 줘

제미나이 CLI는 파일에 포함되어 있는 글의 내용을 기반으로 더 효과적으로 설명하기 위한 이미지를 생성합니다. 저는 이런 이미지가 생겼습니다. 만약 마음에 들지 않는다면 다시 생성하면 됩니다.

02 쿼르토를 사용할 수 있도록 마크다운과 작성한 이미지들을 포함하는 내용의 qmd로 변환합니다.

> 생성한 이미지를 @draft.md의 본문에 추가하여 post.qmd 파일에 작성해줘
> 아티클의 맨 처음에는 @gemini-image-1753072196.png 이미지를 사용해

원하는 이미지 이름을 지정하세요

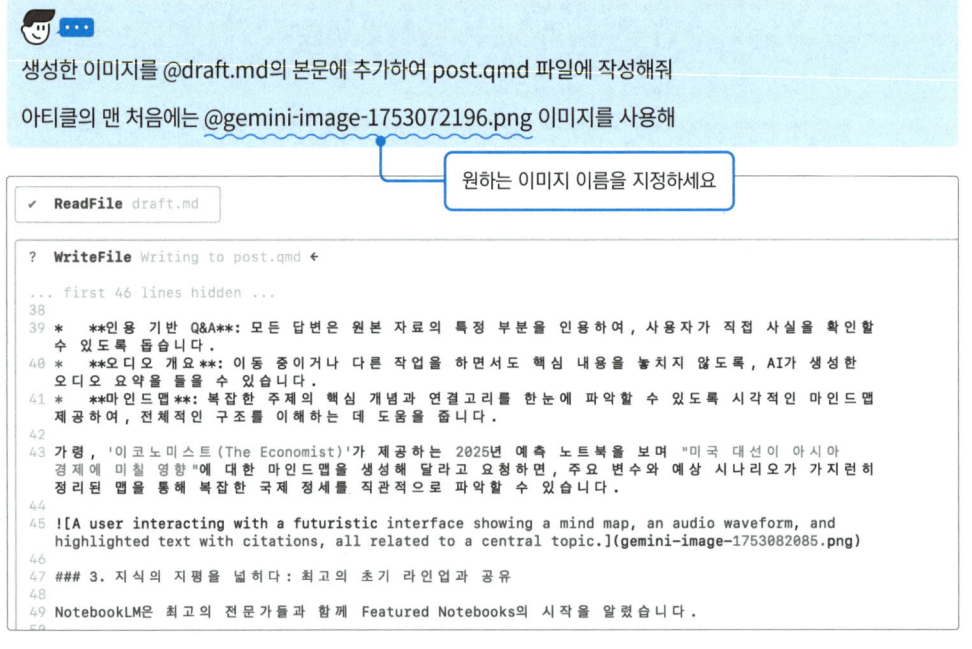

지금까지 커스텀 도구를 만들고, 자료를 수집하고, 블로그 글을 작성하고, 글의 내용을 보충할 이미지까지 생성했습니다. 이제 디렉터리를 콰르토 프로젝트로 만들고 콰르토 렌더링 명령어를 입력하면 바로 그럴싸한 블로그로 변신합니다.

[챕터 24]

깃허브에 블로그 게시하기

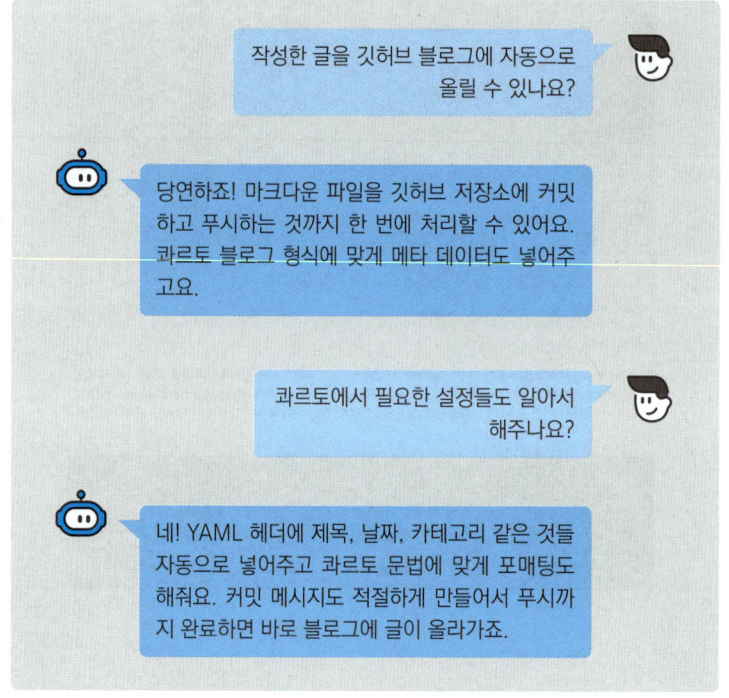

앞서 작성한 블로그 결과물을 실제 웹에 게시하여 세상 사람들이 볼 수 있도록 만드는 과정을 '배포'라고 부릅니다. 이전 챕터에서 발표 자료를 게시하며 비슷한 과정을 이미 해 봤습니다. 블로그는 필요한 파일이 많아 조금 더 복잡합니다. 디렉터리 구조에 신경쓰며 천천히 따라오세요.

깃허브 리포지터리 생성

깃허브 페이지는 블로그 운영에 적합한 플랫폼입니다. 비용 부담이 없고 자유도가 높습니다. 처음에는 어려워도 제미나이 CLI와 함께라면 걱정이 없습니다. 새로운 깃허브 리포지터리를 만들고 깃허브 페이지를 생성하겠습니다. 리포지터리를 클론하는 과정까지는 이전 실습과 동일합니다. 복습하는 느낌으로 따라해보겠습니다.

01 블로그 글을 깃허브에 올릴 목적지인 리포지터리를 만들겠습니다. 리포지터리 이름은 프로젝트를 잘 표현할 수 있는 이름으로 자유롭게 정합니다. 저는 Blog_AI라고 지었습니다. 밑에 있는 리포지터리 구성Configuration은 원하는 대로 설정해도 상관없습니다.

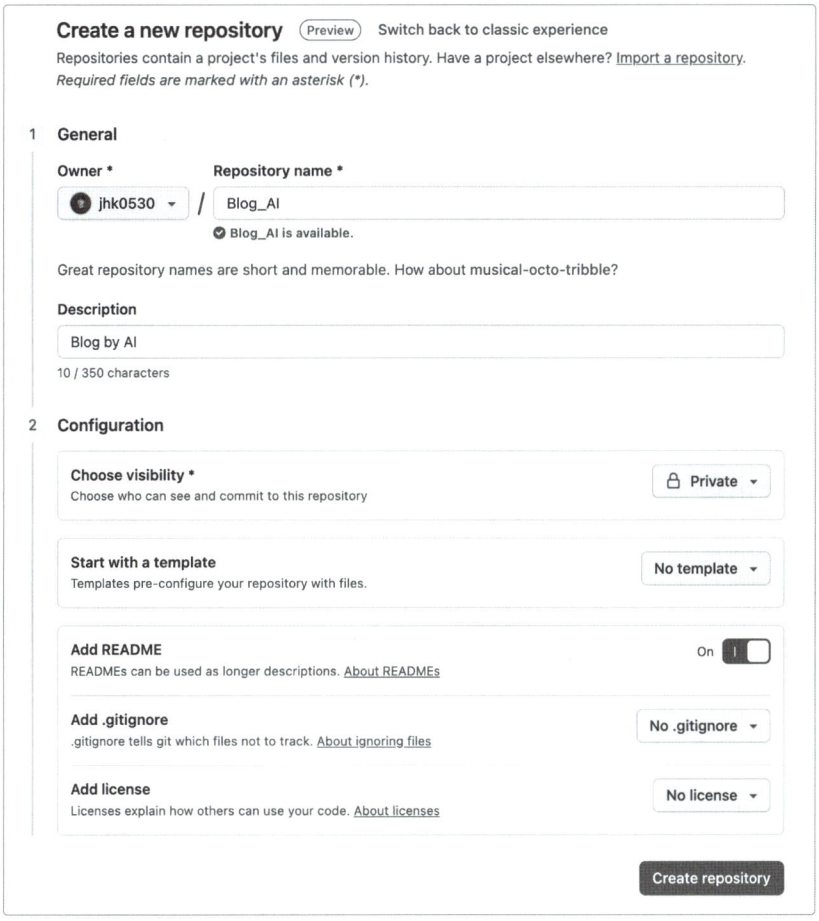

02 생성한 깃허브 리포지터리를 PC로 클론하겠습니다. 클론은 깃허브 리포지터리를 PC로 내려받는 작업을 의미합니다. 터미널에서 git clone + 리포지터리 주소를 명령어로 사용합니다. 주소를 복사해 다음 명령어를 입력하세요.

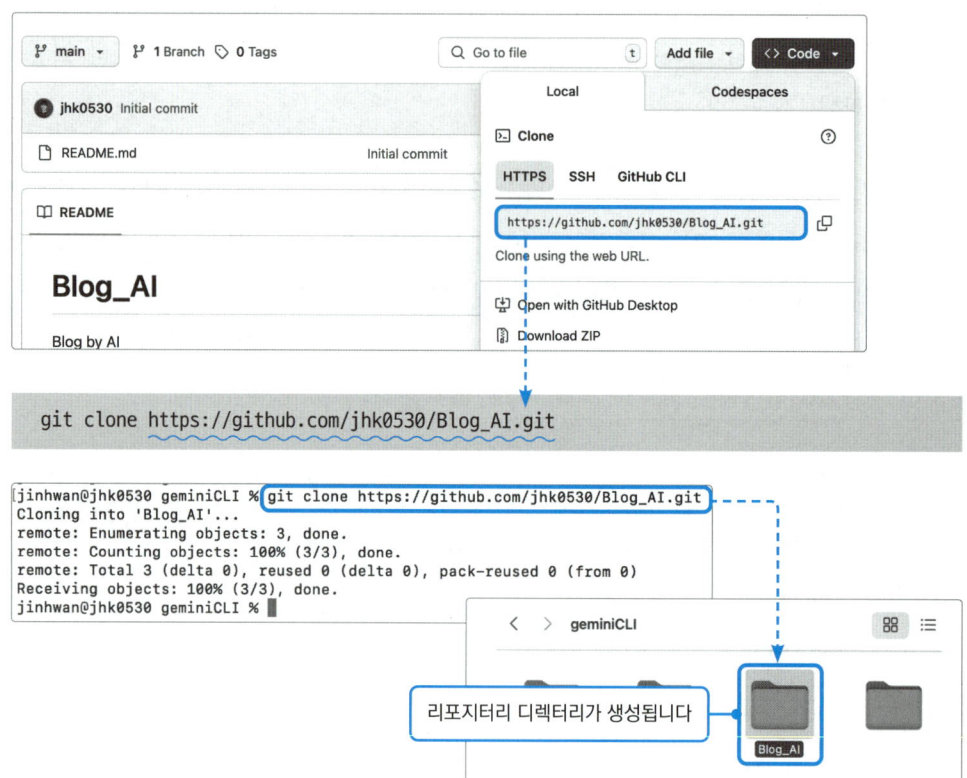

정상적으로 클론이 끝나면 명령어를 실행한 디렉터리에 Blog_AI라는 디렉터리가 생깁니다. 깃허브 준비는 끝났습니다. 이제 작성한 글을 웹사이트 형태로 바꿔보겠습니다.

쾌르토 블로그 프로젝트

쾌르토 블로그는 posts 디렉터리에 .qmd 혹은 .md 파일로 콘텐츠를 작성합니다. 블로그 프로젝트 설정은 _quarto.yml 파일이 담당합니다. 콘텐츠를 작성하고 명령어를 입력하면 HTML 웹사이트로 변환합니다. 최종 변환한 웹사이트 파일은 _site 디렉터리에 생기며 깃허브 페이지를 이용해 쉽게 공개할 수 있습니다. 제미나이 CLI를 사용한 AI 기반 블로그 자동화 시스템에서 쾌르토를 사용하는 이유는 간단합니다. 마크다운과 잘 어울리고 모든 과정을 명령어로 수행하기 때문에 제미나이 CLI로 처리하기 적합합니다.

01 터미널에서 Blog_AI 위치로 이동한 다음 quarto 명령어를 사용하여 클론한 Blog_AI 위치에 쾌르토 블로그 프로젝트를 만들겠습니다.

```
quarto create project blog
```

명령어를 실행하고 블로그 프로젝트를 생성할 위치와 블로그의 제목을 터미널에서 입력합니다. Directory는 현재 위치인 .을 사용하고 Title은 원하는 대로 입력합니다. 저는 기본값인 blog를 사용합니다.

```
jinhwan@jhk0530 Blog_AI % quarto create project blog
[? Directory › .
[? Title (blog) › blog
Creating project at /Users/jinhwan/Documents/geminiCLI/Blog_AI:
  - Created _quarto.yml
  - Created index.qmd
  - Created posts/welcome/index.qmd
  - Created posts/post-with-code/index.qmd
  - Created about.qmd
  - Created styles.css
  - Created posts/_metadata.yml
? Open With › (don't open)
jinhwan@jhk0530 Blog_AI %
```

02 프로젝트를 커밋합니다. 이 작업은 리포지터리를 만들고 처음 프로젝트를 배포하기 전에만 수행합니다. 리포지터리에 아무 커밋도 없으면 오류가 발생할 수 있기 때문입니다.

```
git add .
git commit -m "Initial commit"
git branch -M main
```

> **NOTE** 책에서는 여러분에게 프로젝트 진행을 명확히 알려주기 위해 직접 깃 명령어를 작성하도록 안내합니다. 너무 어렵거나 오류가 생기면 제미나이 CLI에게 지시하세요.

03 이전에 만들어 둔 포스트를 정리하겠습니다. 콰르토는 포스트를 posts 디렉터리 아래의 각 디렉터리로 관리합니다. ❶ Blog_AI/posts 디렉터리 아래에 notebooklm 디렉터리를 새로 만듭니다. ❷ post.qmd와 이미지 파일을 notebooklm 디렉터리로 옮깁니다. ❸ post.qmd의 파일명을 index.qmd로 변경합니다.

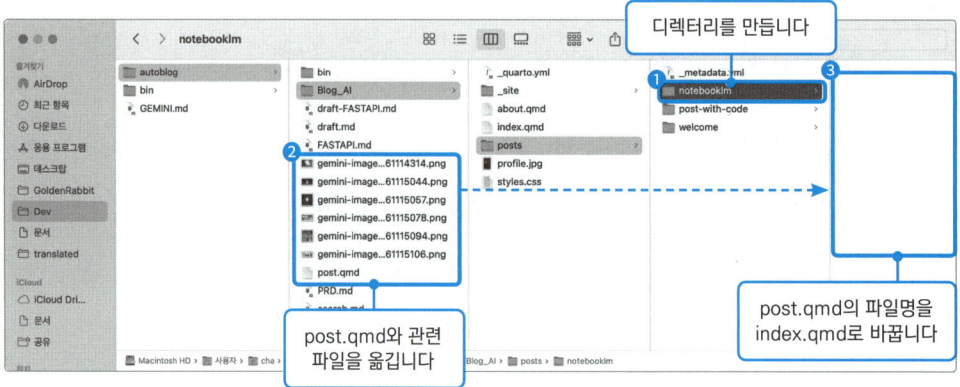

04 Blog_AI 디렉터리에서 랜더링 명령을 실행하면 블로그를 미리 보거나 오류를 확인할 수 있습니다. 게시글을 확인하고 특별한 문제가 없는지 점검합니다.

```
quarto render .
```

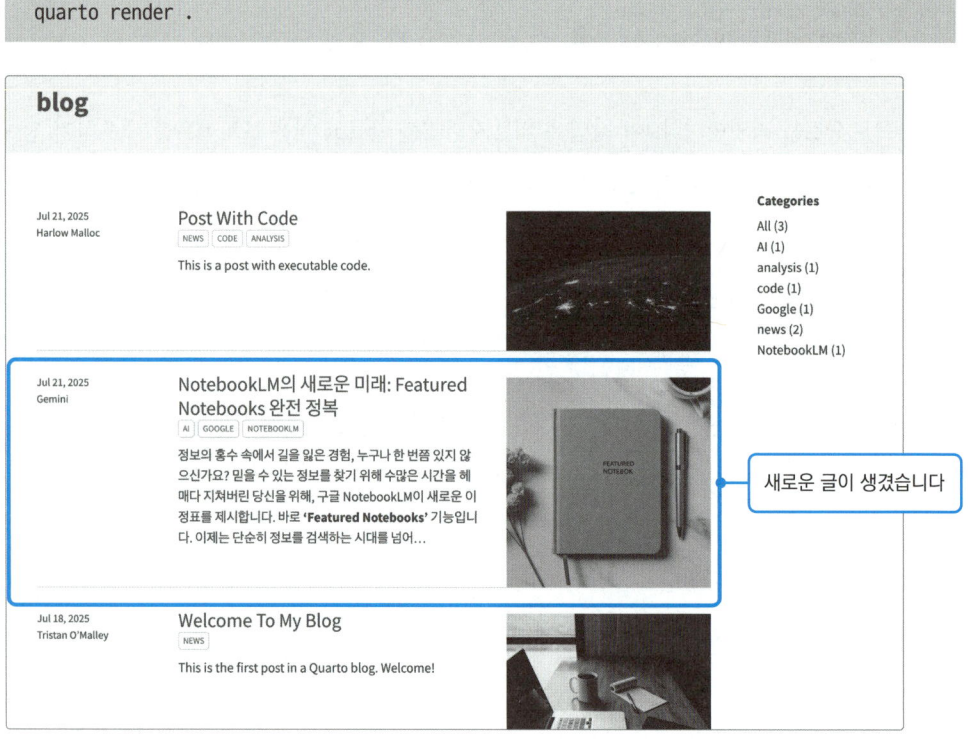

05 블로그를 깃허브 페이지에 배포하겠습니다. 깃허브 페이지는 docs라는 디렉터리를 사용합니다. 콰르토는 웹페이지 변환 결과를 _sites 디렉터리에 저장하므로 docs 디렉터리로 바꾸겠습니다. 직접 디렉터리 이름을 바꾸는 것이 아니라 콰르토 변환 디렉터리 경로 설정을 바꾸면 편합니다. _quarto.yml 파일을 열고 project 부분에 output-dir: docs를 추가합니다.

```
project:
    type: website
    output-dir: docs
```
파일 이름 : quarto.yml

type과 들여쓰기 줄을 맞춰야 합니다

06 touch 명령어로 .nojekyll이라는 이름의 파일을 만듭니다. 이 파일은 아무런 내용이 없지만 깃허브가 지킬을 사용하지 않도록 합니다. 지킬^{jekyll}은 깃허브 페이지가 기본적으로 사용하는 페이지 제작 도구입니다. 우리는 이미 콰르토로 페이지를 만들었으므로 지킬을 사용할 필요가 없습니다.

```
touch .nojekyll
```

07 배포 명령어를 입력합니다. 나타나는 선택지에서 GitHub Pages, Yes를 차례로 입력하면 블로그 페이지를 깃허브에 업로드합니다.

```
quarto publish
```

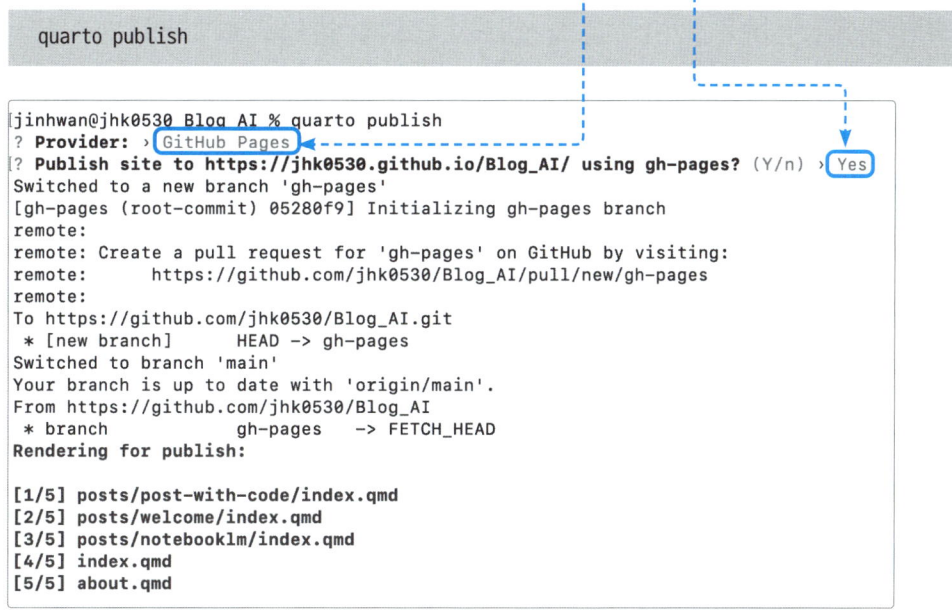

잠시 기다리면 결과 블로그 페이지가 자동으로 열립니다. 이제 이 블로그 페이지는 깃허브로

관리되므로 작업하던 PC를 종료하더라도 웹브라우저의 주소만 알고 있다면 누구나 언제든지 해당 페이지에 접속하여 내용을 확인할 수 있습니다.

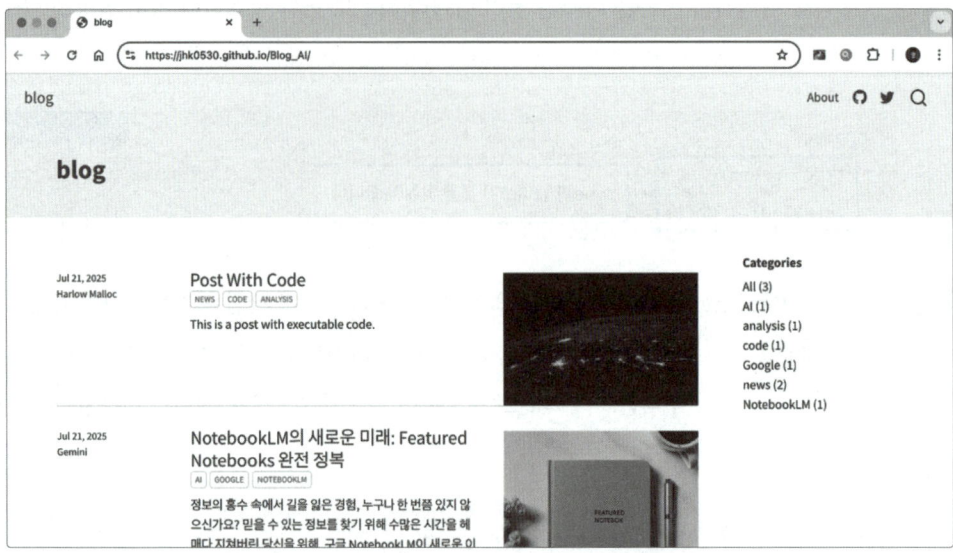

블로그 자동화하기

여태까지 했던 작업들은 제미나이 CLI를 사용해서 콘텐츠를 쉽게 만드는 방법이지만 키워드만 입력하면 블로그 포스트를 완전히 자동으로 작성하는 단계의 자동화는 이뤄내지 못했습니다. 이미지를 넣고 post.qmd 생성, 쿼르토 블로그의 위치로 이동 및 index.qmd로의 이름 변경 그리고 쿼르토 명령어를 사용한 블로그 publish 등의 작업은 수동으로 해야 했습니다. 이 모든 작업을 완전히 자동화하겠습니다.

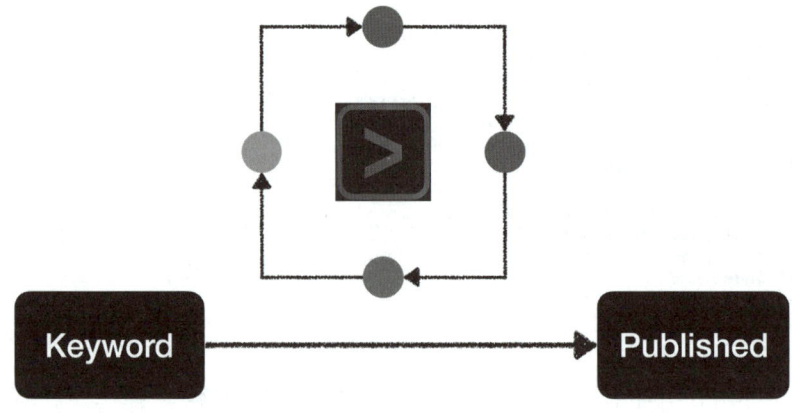

01 하나의 프롬프트로 모든 단계를 진행하도록 GEMINI.md를 수정합니다.

```
## 블로그 생성                                           파일 이름 : GEMINI.md
- 블로그 생성은 다음의 단계를 거칩니다.
1. post 디렉터리에 키워드에 기반한 하나의 단어를 이름으로 사용하여 새로운 디렉터리
   를 생성합니다. 이후 생성하는 파일은 이 디렉터리에 저장합니다.
    - 예시: post/sunset
    - 이 디렉터리의 이름은 키워드로 사용됩니다.
2. 키워드를 기반으로 GoogleSearch 도구를 사용하여 최신 정보를 정리하여 search.md에
   작성합니다.
    - 관련 자료는 3개 이상 정리하고, 참고한 웹페이지의 위치도 search.md에 포함하도
      록 합니다.
3. gemini-image-gen 도구를 사용하여 키워드를 설명하는 블로그 포스팅에 적합한 썸네일
   이미지를 생성합니다.
    - 예시: gemini-image-gen "sunset"
    - 생성된 이미지는 post/sunset/ 디렉터리에 thumbnail.jpg라는 이름으로 저장합니다.
4. search.md의 내용을 바탕으로 블로그 포스트 초안을 작성한 뒤 draft.md에 작성합니다.
    - 글의 구조는 다음과 같습니다.
        1. 도입: 독자들의 흥미를 끄는 질문으로 시작
        2. 핵심 요약: 가장 중요한 내용 3가지를 요약 및 설명
        3. 상세 설명: 각 내용에 대해 구체적인 예시와 함께 상세히 설명
        4. 마무리: 이 내용의 의미와 앞으로 미칠 영향에 대한 전망으로 마무리
        5. 참고 자료: search.md에서 참고한 자료들을 링크로 제공
5. draft.md의 내용을 바탕으로 최종 블로그 포스트를 작성합니다.
    - 먼저 draft.md의 내용을 참고하여 각 문단마다 설명 보충과 이해를 돕기 위한 이미
      지를 gemini-image-gen 도구를 사용하여 생성합니다.
    - 생성된 이미지는 post/1.png, post/2.png...처럼 순서대로 이름을 사용해 저장합니다.
6. draft.md와 앞서 생성한 이미지들을 활용한 최종 블로그 포스트를 index.qmd에 작성합
   니다.
    - index.qmd의 헤더에는 embed-resources: true 설정을 추가하여 이미지가 포함되도
      록 합니다.
7. 마지막으로 quarto publish 도구를 사용하여 블로그 포스트를 게시합니다.
    - 예시: quarto publish gh-pages
```

02 프롬프트에 키워드만 제공하면 계획에 따라 아티클을 작성하는 것을 확인할 수 있습니다.

LG AI 연구원에서 공개한 '엑사원 패스'에 대한 블로그를 작성해줘

네, LG AI 연구원의 '엑사원 패스'에 대한 블로그 포스트를 작성해 드리겠습니다. GEMINI.md에 명시된 절차에 따라 진행하겠습니다.

블로그 생성 계획:

1. post/exaone 디렉터리를 생성하여 관련 파일들을 저장하겠습니다.
2. '엑사원 패스'에 대한 최신 정보를 구글에서 검색하여 search.md 파일에 정리하겠습니다.
3. 블로그 썸네일 이미지를 생성하여 thumbnail.jpg로 저장하겠습니다.
4. search.md를 바탕으로 블로그 포스트의 초안을 draft.md에 작성하겠습니다.
5. 초안의 각 문단에 맞는 이미지를 추가로 생성하여 1.png, 2.png 등으로 저장하겠습니다.
6. 작성된 초안과 이미지들을 통합하여 최종 블로그 포스트인 index.qmd 파일을 생성하겠습니다.
7. quarto를 사용하여 완성된 블로그를 게시하겠습니다.

바로 시작하겠습니다.

블로그를 미리 보면 그럴듯한 결과로 보이지만 더 좋은 결과를 위해 개선할 부분이 세 가지 있습니다.

1. post의 위치가 Blog_AI가 아닌 터미널을 사용하는 디렉터리에 생성
2. 파일 생성과 셸 커맨드 작업을 비롯한 도구 사용에 사용자 허가를 필요로 함
3. 블로그 작성 중에 생성된 Search와 Draft.md 파일도 아티클로 변환

03 이 문제를 수정하기 위해 Blog_AI 위치에서 제미나이 CLI를 다시 실행합니다.

> _quarto.yml을 수정해 .md 파일은 렌더링하지 않도록 해
>
> .gemini, bin 디렉터리를 Blog_AI로 옮겨줘

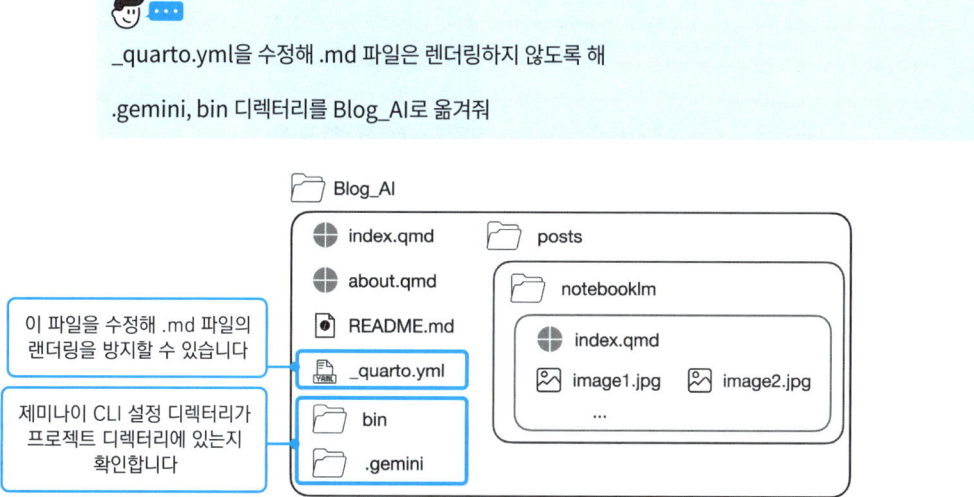

04 다시 제미나이 CLI에게 블로그 글 작성을 지시하면 블로그 글을 깃허브 페이지에 올리는 모든 과정을 스스로 진행합니다.

> 업스테이지가 개발한 LLM 솔라 프로 2에 대한 블로그 글을 작성해줘

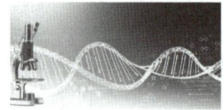

🎯 3초 꿀팁 작업이 중간에 끊겼어요!

만약 API 사용 한도를 초과하여 gemini-2.5-pro 모델이 아닌 gemini-2.5-flash 모델을 사용하게 된다면 커스텀 도구를 원활하게 사용하지 못하여 의도했던 결과가 나오지 않을 수 있습니다. 제미나이 API 인증 방식을 사용하거나 다음 날 사용량을 초기화한 이후에 다시 블로그 글을 작성하도록 합니다.

```
30
31  ## 성능 평가 및 분석
32
33  *   **출처:** Artificial Analysis
34  *   **링크:** [https://artificialanalysis.ai/models/solar-pro-2](
    https://artificialanalysis.ai/models/solar-pro-2)
35  *   **요약:** 솔라 프로 2의 지능 지수, 성능, 가격 등을 종합적으로 분석한 보고서입니다.
    GPT-4o, 미스트랄 스몰 등 다른 모델과의 성능 비교 데이터를 제공하여 객관적인 성능
    수준을 파악하는 데 도움을 줍니다.

⚡ You have reached your daily gemini-2.5-pro quota limit.
⚡ Automatically switching from gemini-2.5-pro to gemini-2.5-flash for the remainder of this session.
⚡ To increase your limits, upgrade to a Gemini Code Assist Standard or Enterprise plan with higher
  limits at https://goo.gle/set-up-gemini-code-assist
⚡ Or you can utilize a Gemini API Key. See: https://goo.gle/gemini-cli-docs-auth#gemini-api-key
⚡ You can switch authentication methods by typing /auth
✕ [API Error: Please submit a new query to continue with the Flash model.]
```

자동화는 끝이 아닌 시작

제미나이 CLI를 활용한 AI 자동화 블로그 시스템은 기본적인 자동 포스팅이나 콘텐츠 생성 기능을 넘어, 다양한 자동화와 연동 기능을 추가하여 생산성과 콘텐츠 품질을 더욱 향상시킬 수 있습니다. 다음은 실제 환경에서 적용 가능한 주요 확장 아이디어입니다.

스케줄러를 이용한 정기적 자동화 작업

이전 챕터에서 배운 crontab 등 운영체제의 스케줄러를 활용하세요. 특정 시각에 원하는 자동화 작업을 주기적으로 수행할 수 있습니다. 정해진 시간에 게시글 생성과 발행을 자동으로 실행하므로 수동 개입 없이 꾸준하게 블로그를 관리할 수 있습니다. 콘텐츠의 최신성 유지 및 시스템 안정성에 큰 도움이 됩니다.

키워드 발굴 자동화

구글 트렌드^{Google Trends}와 같은 외부 데이터 소스를 활용하여 실시간 인기 키워드 또는 관련 트렌드를 자동으로 수집하세요. 수집한 데이터를 바탕으로 새로운 포스트 주제 추천, 키워드 중심의 포스트 초안 자동 생성, SEO(검색 최적화)를 위한 주요 키워드 반영 등을 자동화하세요. 블로그가 항상 최신 트렌드를 반영하고 방문자 유입 효과를 극대화할 수 있습니다.

콘텐츠 품질 향상을 위한 자동화 및 커스터마이징

생성된 블로그 포스트의 품질을 높이기 위해 추가적인 자동화 또는 맞춤화 프로세스를 도입할 수 있습니다. 이런 고도화된 자동화 기능은 콘텐츠의 전문성과 일관성을 한층 강화할 수 있습니다.

- **자연스러운 문장 교정 및 흐름 개선**: AI 모델의 텍스트 교정 기능을 적용하여 글의 일관성과 가독성을 높임
- **주요 키워드 추출 및 태그 자동화**: 포스트 내에서 주요 키워드를 자동 추출해 태그로 생성, SEO 효과를 높임
- **관련 이미지 및 차트 자동 삽입**: Pixabay API 등 외부 이미지를 자동 검색·삽입하거나 데이터 기반 시각화 자료를 자동 생성하여 포스트에 포함
- **카테고리 및 시리즈 분류 자동화**: 글의 주제와 내용을 분석해 적절한 카테고리나 시리즈로 자동 분류

외부 서비스와의 연동 및 자동화

블로그 시스템을 슬랙Slack, 텔레그램Telegram 등 다양한 외부 커뮤니케이션 도구와 연동하세요. 새 글을 발행하면 독자에게 실시간 알림이나 자동화 결과 요약 리포트를 전달합니다.

이 외에도 상상하기에 따라 할 수 있는 작업들은 무궁무진합니다. 이것이 바로 제미나이 CLI가 제시하는 **AI 네이티브 개발**의 미래입니다. 개발자가 아니더라도 뛰어난 성능의 AI 모델을 활용하는 제미나이 CLI로 반복적이고 정형화된 작업으로부터 벗어나세요. 더 창의적이고 본질적인 문제에 자신의 시간을 투자하세요. 이 책에서 배운 지식과 경험을 바탕으로 여러분의 일상과 업무에 존재하는 또 다른 비효율을 찾아내세요. 여러분만의 강력한 시스템을 구축해보길 바랍니다. 여러분의 상상력이 곧 새로운 생산성의 시작입니다.

요즘 바이브 코딩

파트
06

실전 코인 모니터링 프로젝트

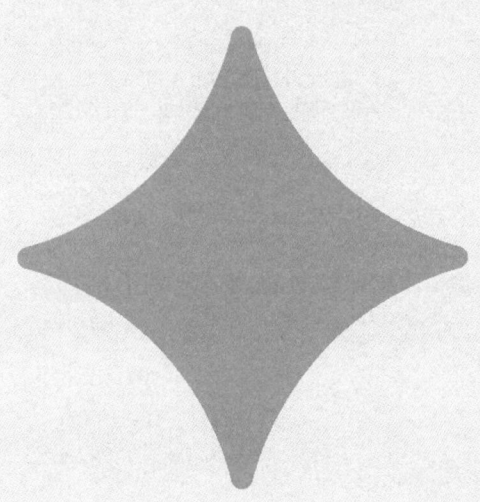

[챕터 25] 애플리케이션 기획하기

[챕터 26] 비즈니스 로직 구현하기

[챕터 27] 웹 서비스를 애플리케이션으로 만들기

[챕터 25]

애플리케이션 기획하기

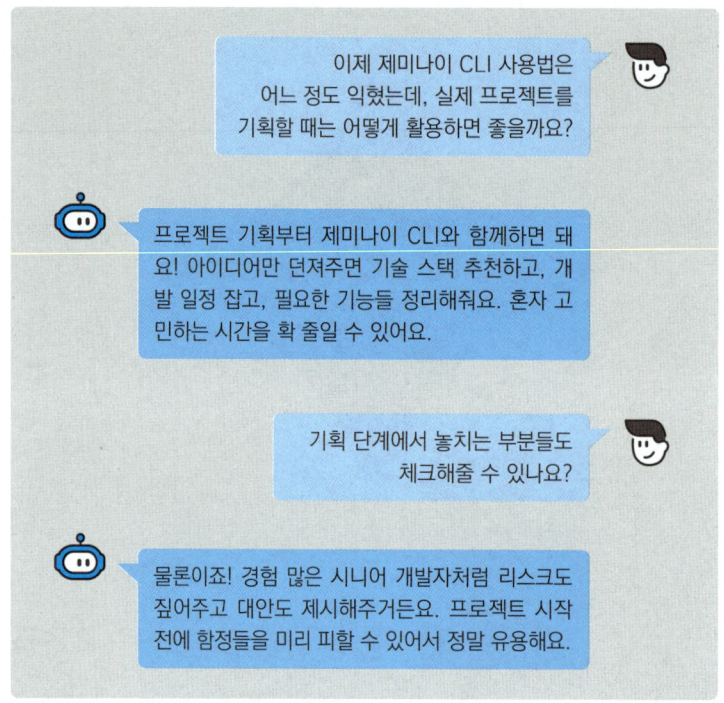

이번에는 조금 더 전문적인 개발의 세계로 들어가 코인 모니터링 프로그램을 만들겠습니다. 실제 코인 매매를 위해서는 거래소에 계정을 생성하고 매매를 위한 API를 연동하는 복잡한 작업이 필요하므로 코인 가격을 확인하는 기능까지 구현합니다. 이 실습의 주요 목적은 뛰어난 프로그램을 만드는 것이 아닙니다. 아주 단순한 아이디어부터 프로그램 기획, 개발, 디버그와 오류수정, 최종 프로그램 배포까지 개발 전체 과정을 따라가는 겁니다.

기능 명세서 작성하기

개발자가 애플리케이션을 기획할 때는 다양한 문서를 작성합니다. 개발 계획서, 개발 요구 사항 명세서, 실행 계획 등 중요한 문서가 많습니다. 문서는 기획을 단단하게 만들고 프로젝트를 좋은 결과로 이끄는 데 기여하지만 숙련된 기획 능력이 필요합니다. 기획을 위한 개발 방법론을 다루는 것은 이 책의 범위를 벗어나므로 제미나이 CLI를 활용해 최대한 빠르고 단단하게 기획하는 방법으로 실습합니다. 가장 먼저 작성할 문서는 기능 명세서입니다. 제미나이 CLI에 코인 가격 모니터링 웹페이지를 만들기 위해 어떤 기능이 필요한지 물어보며 기능 명세서를 만들겠습니다.

01 새로운 프로젝트를 시작하기 위해 디렉터리를 생성합니다. 예제에서 사용할 디렉터리 이름은 coin입니다. 생성한 디렉터리에서 제미나이 CLI를 실행합니다.

```
mkdir coin
cd coin
gemini
```

02 제미나이 CLI를 사용해 우리가 만들 프로그램에 어떤 기능이 필요한지 물어봅니다. 넓은 범주의 기능부터 정하고 세부적인 기능을 다음에 정하는 게 좋습니다.

코인 가격 모니터링 웹페이지를 만들고 싶어. 어떤 기능이 필요하지?

코인 가격 모니터링 웹페이지를 만드시려는군요! 좋은 생각이네요. 일반적으로 이런 서비스는 다음과 같은 기능을 포함합니다.

핵심 기능

1. **코인 목록 표시**: 다양한 암호화폐의 목록을 보여줍니다. (예: 비트코인, 이더리움, 리플 등)
2. **실시간 가격 정보**: 각 코인의 현재 가격을 실시간 또는 주기적으로 업데이트하여 표시합니다.
3. **가격 변동률**: 24시간 또는 다른 시간대비 가격 변동률(%)을 표시하여 상승/하락을 쉽게 파악할 수 있게 합니다.

4. **거래량 및 시가총액**: 각 코인의 24시간 거래량과 시가총액 정보를 제공합니다.
5. **검색 기능**: 원하는 암호화폐를 쉽게 찾을 수 있도록 검색 기능을 제공합니다.

고급 기능

6. **상세 정보 및 차트**: 특정 코인을 클릭하면 상세페이지로 이동하여 시간대별(시간, 일, 주, 월) 가격 추이를 볼 수 있는 차트를 제공합니다.
7. **관심 목록 (즐겨찾기)**: 사용자가 관심 있는 코인만 따로 모아볼 수 있는 기능을 제공합니다.
8. **가격 알림**: 사용자가 지정한 가격에 도달했을 때 알림(푸시, 이메일 등)을 보내주는 기능입니다.
9. **개인 포트폴리오 관리**: 사용자가 보유한 코인 수량과 평균 매수 가격을 입력하면, 현재 가치와 수익률을 자동으로 계산하는 기능입니다.
10. **뉴스 및 정보**: 관련된 최신 뉴스나 공시 정보를 함께 제공하여 투자에 참고할 수 있도록 합니다.

사용자 경험 (UX/UI) 관련

11. **정렬 기능**: 시가총액, 가격, 변동률 등 다양한 기준으로 코인 목록을 정렬할 수 있게 합니다.
12. **다국어 및 통화 지원**: 원(KRW), 달러(USD) 등 여러 국가의 통화로 가격을 변환해서 볼 수 있는 기능을 제공합니다.
13. **모바일 반응형 디자인**: 데스크톱뿐만 아니라 모바일에서도 편리하게 이용할 수 있도록 화면 크기에 맞게 디자인이 조절되어야 합니다.

이 중에서 어떤 기능부터 구현해보고 싶은가요? 가장 중요하다고 생각하는 **핵심 기능**부터 시작해서 점차 기능을 확장해나가는 것이 좋습니다.

03 제미나이 CLI가 알려준 기능을 전부 구현하지는 않습니다. 실시간 시세, 거래 지표, 관심 목록 관리와 알림 기능까지 구현하겠습니다. 더 구현하고 싶은 기능이 있다면 기능 명세서에 추가하면 됩니다. 이렇게 보완하며 기능 명세서를 완성합니다.

이 기능 전체를 구현하지 않고 원하는 코인을 추가/삭제하고, 해당 코인의 가격과 거래량, 특정 가격 알림 기능만 추가하면 좋을 것 같아.

기능 명세서를 마크다운으로 만들어줘.

알겠습니다. 요청한 기능에 맞춰 간단한 기능 명세서를 마크다운 형식으로 작성해 드릴게요.

코인 모니터링 앱 기능 명세서

1. 개요

사용자가 원하는 암호화폐를 직접 추가하고 관리하며, 해당 코인의 실시간 가격과 거래량을 모니터링하는 것을 목표로 한다. 또한 사용자가 지정한 가격에 도달했을 때 알림을 제공하여 중요한 가격 변동을 놓치지 않도록 돕는다.

2. 주요 기능

2.1. 관심 코인 관리

- **코인 추가**:
    - 사용자는 전체 코인 목록에서 원하는 코인을 검색할 수 있다.
    - 검색 결과에서 특정 코인을 선택하여 자신의 '관심 목록'에 추가할 수 있다.
- **코인 삭제**:
    - 사용자는 '관심 목록'에 있는 코인 중 더 이상 추적하고 싶지 않은 코인을 목록에서 제거할 수 있다.

2.2. 코인 정보 표시

- '관심 목록'에 추가된 각 코인에 대해 다음 정보를 실시간으로 표시한다.
    - **코인명/심볼**: 예) 비트코인/BTC
    - **현재 가격**: 외부 거래소 API를 통해 주기적으로 갱신된 가격 정보
    - **24시간 거래량**: 최근 24시간 동안의 누적 거래량
- 데이터는 일정한 주기로 자동 갱신되어야 한다.

2.3. 가격 알림 설정 및 표시

- **알림 설정**:
    - 사용자는 '관심 목록'에 있는 코인에 대해 특정 목표 가격을 설정할 수 있다.
    - 예) "비트코인이 $50,000에 도달하면 알려줘"
- **알림 조건**:
    - 코인의 현재 가격이 사용자가 설정한 목표 가격에 도달하거나 넘어설 경우 알림 조건이 충족된다.
- **알림 표시**:
    - 알림 조건이 충족되면, 화면에 시각적인 알림(예 : 팝업, 색상 변경 등)을 표시하여 사용자에게 알린다.
    - 설정된 알림은 사용자가 직접 삭제하기 전까지 유지된다.

3. 데이터 소스

- 암호화폐의 실시간 가격 및 거래량 데이터는 외부 API(예 : CoinGecko, Upbit, Binance 등)를 통해 가져온다.

4. 화면 구성 (예시)

1. **메인 화면**:

- 상단에 '코인 추가' 버튼이 있다.
- 중앙에는 사용자가 추가한 '관심 코인 목록'이 표시된다.
- 각 코인 항목에는 `코인명`, `현재가`, `거래량`, `알림 설정 버튼`, `삭제 버튼`이 포함된다.

2. **코인 추가 모달(팝업)**:
   - 코인을 검색할 수 있는 입력창이 있다.
   - 검색된 코인 목록이 나타나며, 각 항목 옆에 '추가' 버튼이 있다.

3. **알림 설정 모달(팝업)**:
   - 알림을 받을 목표 가격을 입력하는 숫자 입력창이 있다.
   - '저장' 버튼과 '취소' 버튼이 있다.

04 생성한 마크다운 파일을 Visual Studio Code로 열어보겠습니다. 인공지능을 활용해 기획 문서를 만들 때 가장 중요한 것은 반드시 사용자가 직접 최종 결과물을 검토하는 겁니다. 바이브 코딩에서 인공지능이 개발을 시작하면 사용자가 개입하기 어렵습니다. 기획 문서 작성 단계는 사용자가 효과적으로 프로젝트에 개입할 수 있는 마지막 단계입니다.

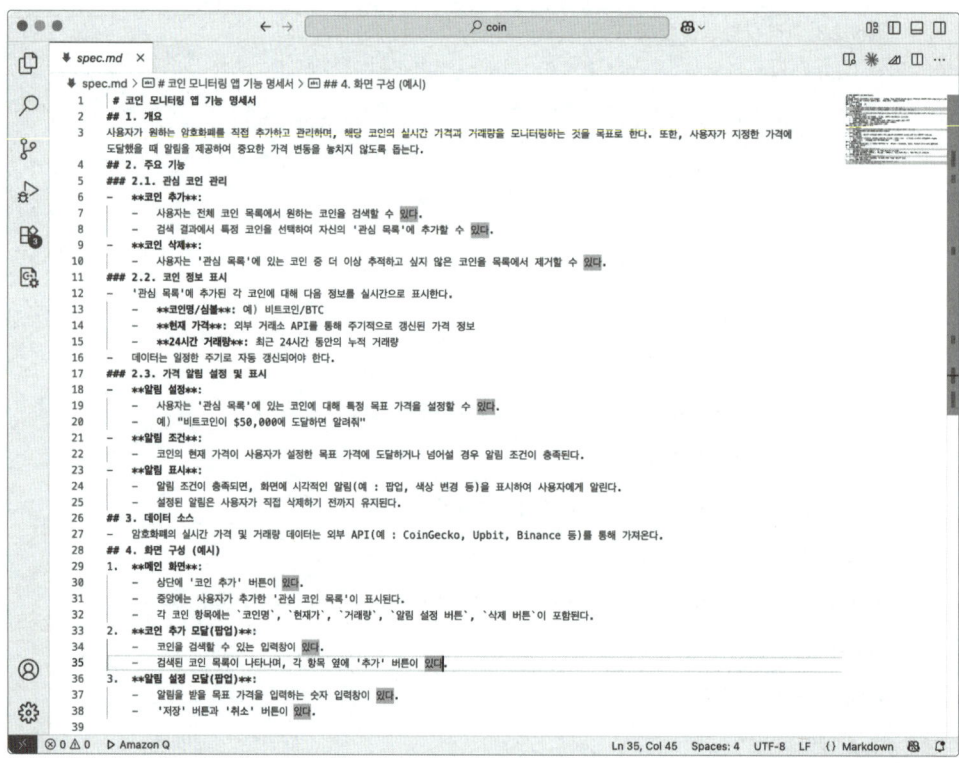

> **NOTE** 만약 제미나이 CLI가 파일 생성을 하지 않았다면 파일 생성을 요청하세요. /copy 명령어로 복사해서 직접 편집기에 붙여넣어도 됩니다. 터미널 화면을 드래그하여 복사하지 마세요. 마크다운 형식이 망가질 수 있습니다.

의도한 대로 기능이 잘 적혀 있습니다. 마음에 안드는 부분이 있거나 추가할 기능이 있다면 직접 수정하세요. 기능 명세서를 완성하고 이름을 spec.md로 바꾸겠습니다.

API 명세서 작성하기

API는 다른 서비스의 기능을 이용하기 위한 통로입니다. 코인의 정보를 실시간으로 확인하려면 API가 필요합니다. API는 종류가 매우 많고 사용법이 제각각이기 때문에 처음부터 모든 자료를 찾아보다가는 지치기 마련입니다.

01 사용할 수 있는 API는 무엇이 있는지 웹 검색 기능을 사용해 조사하겠습니다. 편의를 위해 인증 절차가 없고 사용이 간편한 API를 찾아보겠습니다.

> 가입 없이 코인 가격을 확인할 수 있는 국내 공개 API를 조사해줘.

> 네, 별도의 가입 절차나 API 키 없이 간단하게 호출하여 사용할 수 있는 좋은 공개 API들이 있습니다. 프로젝트 초기 단계나 간단한 기능 구현에 매우 유용합니다.

02 결과를 검토하겠습니다. 제미나이 CLI가 알려준 결과를 그대로 사용하지 말고 실제 거래소 공식 문서를 확인하세요. 실제로 사용할 수 없거나 상황에 맞지 않는 서비스일 수 있습니다. 지금 조사한 세 개의 서비스는 어떤 것을 사용해도 괜찮습니다. 저는 가나다순으로 제일 앞선 빗썸을 사용하겠습니다.

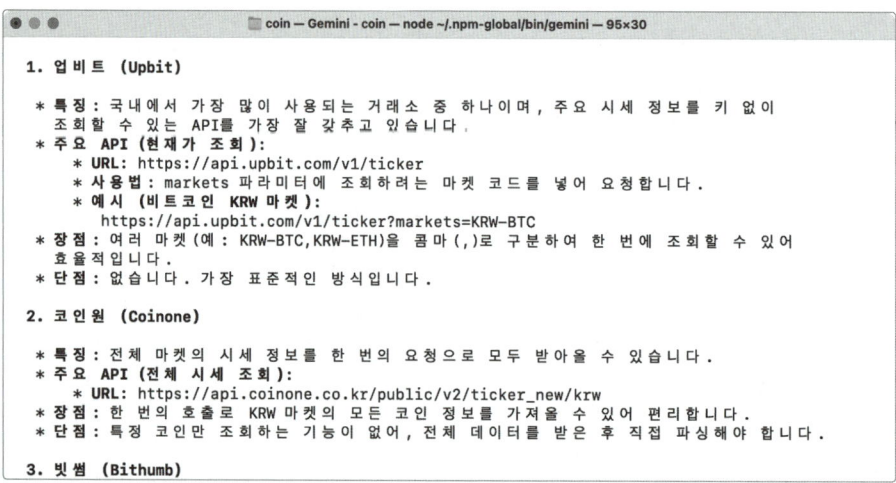

03 API 사용법은 인공지능이 정확하게 파악하기 어려운 내용입니다. API마다 사용법이 다르고, 자주 바뀌고, 조금이라도 틀리면 안 되기 때문입니다. 이렇게 정확한 정보가 필요할 때는 직접 공식 문서를 확인하세요. 빗썸 API 공식 문서에 현재가 정보를 받아오기 위한 Response 요청 항목이 표로 정리되어 있습니다.

- **빗썸 API 공식 문서**: apidocs.bithumb.com/reference

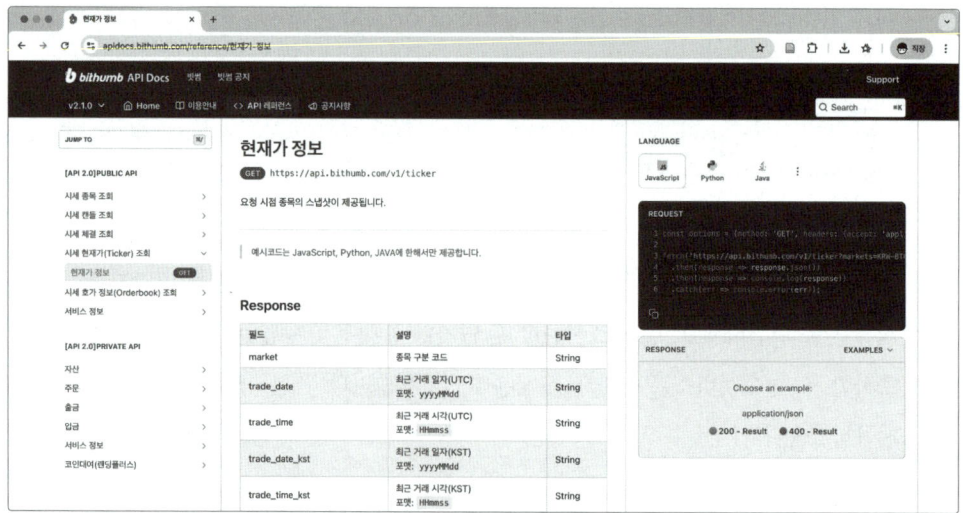

이 표를 마우스로 드래그해 복사하고 붙여넣으면 표의 내용이 전부 줄넘김 처리가 되어 원활하게 사용할 수 없습니다. 직접 표 형태로 정리해도 좋지만 제미나이 CLI를 사용하면 빠르게 해결할 수 있습니다.

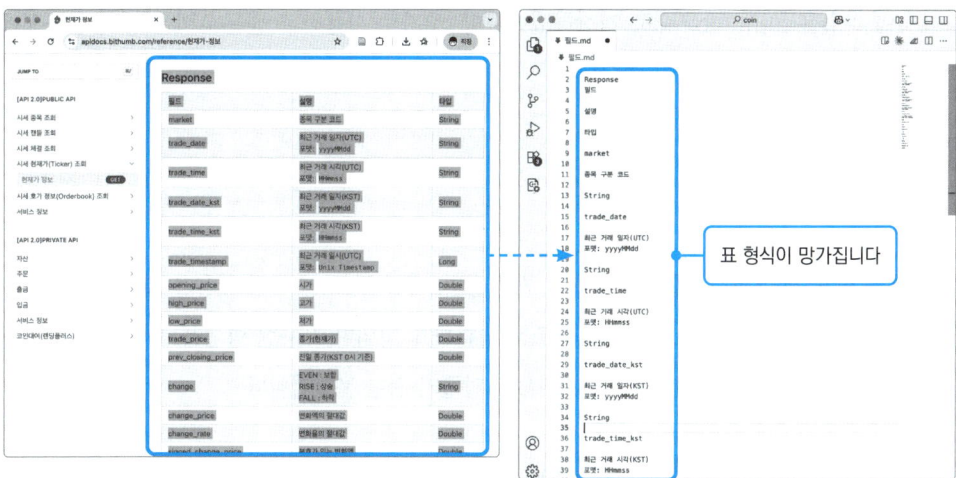

04 복사한 내용을 제미나이 CLI에 붙여넣어 마크다운 테이블 형태로 정리하도록 요청합니다. 제미나이 CLI가 마크다운 테이블 형태로 출력한 결과는 꼭 /copy 명령어로 복사하세요. 편집기에 붙여넣으면 깔끔하게 정리된 데이터가 보입니다.

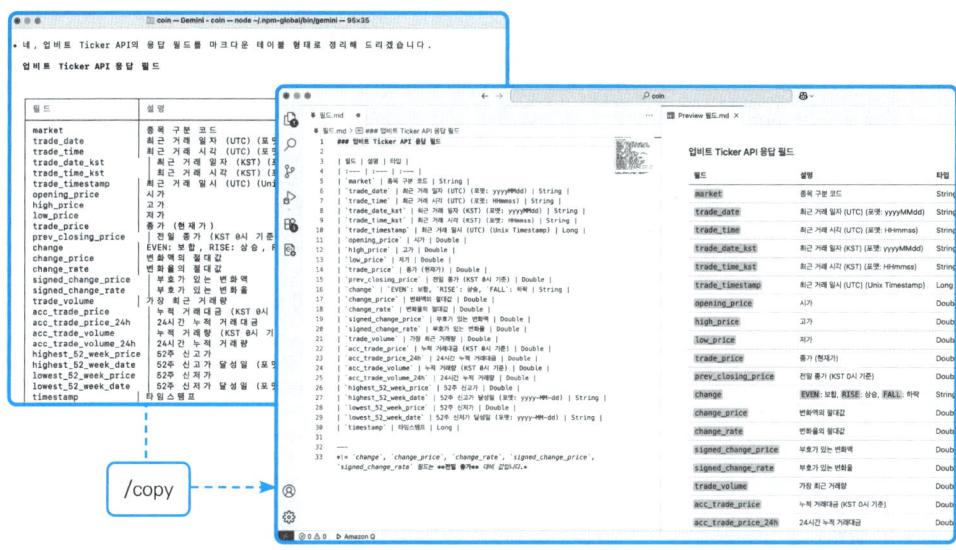

> **NOTE** 위 사진의 마크다운 프리뷰는 비주얼 스튜디오 코드의 확장 기능 Marp를 사용했습니다.

이 파일은 bithumb.md로 저장하겠습니다. 추가로 사용하고 싶은 API 기능이나 문서에 있는 예시 코드를 추가하면 더 좋습니다.

실행 계획 작성하기

이번에는 실제 개발에 사용할 기술 스택, 구현 방법, 파일 구조 등 작업 내용을 결정하는 실행 계획을 작성합니다. 이 단계에서 프로그램의 구조를 명확하게 정의하고 구현 방법을 제시합니다. 실행 계획은 추상적인 아이디어를 실현 가능한 기획으로 만들기 위한 문서입니다.

 앞서 작성했던 두 컨텍스트 문서 spec.md, bithumb.md를 사용해서 실행 계획 작성을 지시합니다.

> 프로젝트 실행 계획서를 작성해줘
> @spec.md를 참고해서 코인 모니터링 웹페이지를 만들고 싶어.
> API는 @bithumb.md를 참고해.

> 네, spec.md와 bithumb.md 파일을 기반으로 코인 모니터링 웹 애플리케이션 프로토타입을 제작해 드리겠습니다.
>
> 다음은 제가 제안하는 개발 계획입니다.
>
> ## 애플리케이션 개발 계획
>
> ### 1. 기술 스택
>
> - **프론트엔드:** React와 TypeScript를 사용하여 컴포넌트 기반의 확장 가능한 구조로 개발합니다. 타입스크립트를 통해 코드의 안정성을 높입니다.
> - **스타일링:** Bootstrap을 활용하여 반응형 디자인과 깔끔한 UI를 빠르게 구축합니다. 전체적으로 현대적인 디자인 원칙을 적용하여 사용 편의성을 높이겠습니다.
> - **데이터 관리:** React의 상태 관리 기능을 사용하여 관심 코인 목록과 알림 설정을 관리합니다.
>
> ### 2. 주요 개발 단계
>
> **1. 프로젝트 초기 설정:**
>
> ...생략...
>
> 위 계획에 동의하면, 바로 프로젝트 생성을 시작하겠습니다. 진행할까요?

02 제미나이 CLI가 작성한 실행 계획을 검토합니다. 잘 만든 실행 계획인지 판단하려면 제미나이 CLI가 제시한 기술 스택에 대해 이해해야 합니다. 물론 처음부터 리액트, 타입 스크립트, 부트 스트랩이 무엇인지 정확하게 이해할 수는 없습니다. 어떤 맥락에서 사용하는 기술인지 되물으며 프로젝트에 맞는 기술인지 판단하세요.

> 리액트, 타입 스크립트, 부트스트랩이 뭐야?

> 네, 좋은 질문입니다. 제가 처음에 제안드렸던 기술들에 대해 알기 쉽게 설명해 드릴 게요.
>
> ### 1. 리액트 (React)
>
> - 무엇인가요?
>
>   페이스북에서 만든 사용자 인터페이스(UI)를 만들기 위한 JavaScript 라이브러리입니다.
>
> - 어떻게 동작하나요?
>
>   웹사이트를 '컴포넌트'라는 작은 부품(레고 블록처럼)으로 나누어 만듭니다. 예를 들어 '버튼', '검색창' 같은 부품을 미리 만들어두고, 이것들을 조립해서 하나의 페이지를 완성하는 방식입니다.
>
> - 왜 사용하나요?
>
>   데이터가 변경될 때(예 : 코인 가격 변동) 전체 페이지를 새로고침하는 대신, 변경이 필요한 부품만 똑똑하게 업데이트해줍니다. 덕분에 사용자는 앱이 매우 빠르고 부드럽게 작동한다고 느끼게 됩니다.
>
> ...생략...
>
> 요약하자면,
>
> - 리액트: UI를 효율적으로 만들고 업데이트하는 '뼈대'
> - 타입스크립트: 코드의 오류를 미리 막아주는 '안전장치'
> - 부트스트랩: 빠르고 예쁜 디자인을 위한 '디자인 키트'
>
> 이들을 함께 사용하면 복잡한 웹 애플리케이션을 더 빠르고, 안정적이고, 보기 좋게 만들 수 있습니다.

03 제미나이 CLI가 제시한 기술 스택을 사용하는 것은 아주 일반적이고 좋은 판단입니다. 다만, 프로젝트 규모에 비해 과합니다. 이 프로젝트의 목표는 최소한의 개발 워크플로를 빠른 실습을 통해 체험하는 겁니다. 실제 서비스 운용을 위해 만드는 것이 아니기 때문에 간단한 기술을 사용해 개발하도록 실행 계획을 수정하겠습니다. 저는 웹페이지의 기본 구성 요소인 HTML, CSS, JavaScript만 사용하겠습니다.

html css javascript vanilla로 실행 계획을 작성해

네, 알겠습니다. 순수 HTML, CSS, JavaScript(Vanilla)를 사용한 실행 계획을 다시 한 번 정리해 드리겠습니다.

애플리케이션 개발 계획 (Vanilla JS)

1. 기술 스택

    - HTML: 애플리케이션의 기본 구조를 정의합니다.
    - CSS: Bootstrap을 CDN 방식으로 연결하여 기본 UI를 구성하고, 추가적인 커스텀 스타일을 적용합니다.
    - JavaScript (Vanilla): API 연동, 데이터 처리, DOM 조작 등 모든 동적 기능을 직접 구현합니다.

2. 파일 구조

    - `index.html`: 메인 페이지의 전체 HTML 구조.
    - `style.css`: 커스텀 스타일 및 디자인 조정.
    - `app.js`: 애플리케이션의 핵심 로직 (API 연동, 이벤트 처리 등).

3. 주요 개발 단계

1. 기본 파일 생성 및 HTML 구조화:

    - `index.html` 파일에 코인 목록이 표시될 영역, '코인 추가' 버튼, 그리고 숨겨진 모달(팝업) 창들의 기본 골격을 작성합니다.
    - `<head>` 태그 내에 Bootstrap CSS CDN 링크와 `style.css` 파일을 연결합니다.

2. JavaScript 핵심 로직 구현 (`app.js`):

    - 초기화: 페이지가 로드될 때 `localStorage`에서 관심 코인 목록을 불러오고, 주요 DOM 요소에 이벤트 리스너(클릭 이벤트 등)를 연결합니다.
    - API 연동: `fetch` 함수를 사용하여 Bithumb API로부터 실시간 코인 데이터를 가져오는 함수를 작성합니다.
    - 화면 렌더링: 가져온 데이터와 관심 코인 목록을 바탕으로 코인 목록 UI를 동적으로 생성하고 업데이트하는 함수를 구현합니다.
    - 주기적 갱신: `setInterval`을 사용하여 1-2초마다 API를 호출하고 화면을 갱신합니다.
    - 기능 구현:

        * '코인 추가/삭제' 기능과 `localStorage`를 이용한 목록 저장/불러오기 기능을 구현합니다.
        * '가격 알림' 설정 기능과 목표 가격 도달 시 시각적 효과(예: 배경색 변경)를 주는 로직을 구현합니다.

이 계획대로 진행할까요?

제미나이 CLI가 실행 계획을 수정했습니다. 원하는 실행 계획을 완성했다면 이 내용을 복사해 excution_plan.md로 저장하겠습니다.

[챕터 26]

비즈니스 로직 구현하기

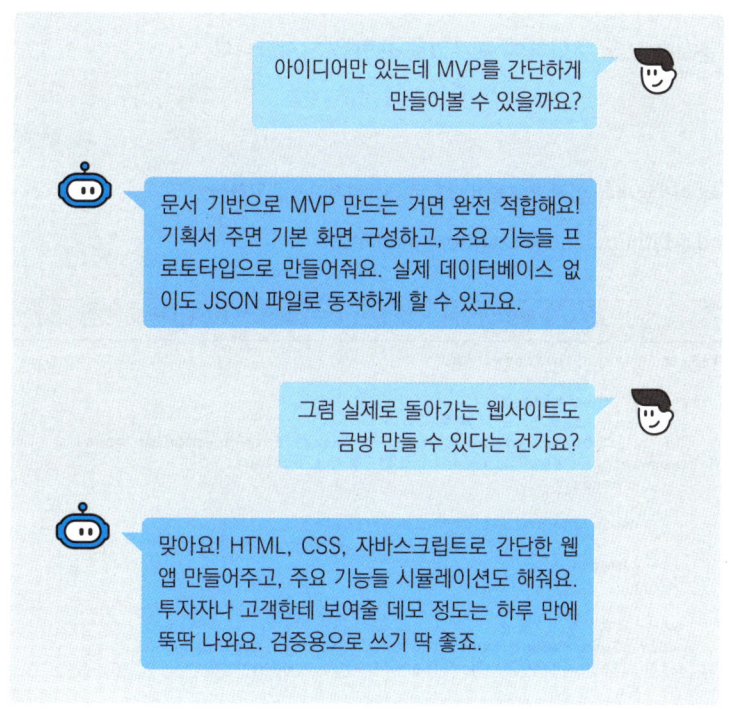

이제 본격적으로 코드를 작성하는 구현 단계로 넘어갑니다. 제미나이 CLI가 작성한 코드를 면밀히 살펴보고 좋은 프롬프트를 던져야 합니다. 완성도 높은 프로그램을 만들 수 있도록 명확하고 상세한 프롬프트를 던지세요. 수준 높은 프로그램을 만들기 위해 필요한 개발 중 발생하는 오류와 돌발 상황에 대처하는 방법까지 실습을 통해 알아봅니다.

문서 기반으로 구현하기

제미나이 CLI는 개발에 필요한 파일을 자동으로 생성하고 코드를 작성합니다. 간단한 프롬프트로도 멋진 프로젝트를 완성할 수 있습니다. 지금부터 제미나이 CLI가 출력하는 코드를 면밀히 살펴보세요. 코드를 검토하고 직접 허용을 하는 것이 안전합니다. 파일 생성과 변경이 빈번하게 이뤄지는 바이브 코딩을 한다면 작업 권한을 전부 허용하거나 yolo 모드로 실행하는 것이 편리합니다. 다만 편리한 만큼 위험을 감수해야 합니다. 제미나이 CLI가 잘못된 작업을 하면 사용자의 개입 없이 오류 파악, 롤백, 재수정까지 스스로 실행합니다. 오히려 작업량이 늘어나 시간과 토큰을 낭비할 수 있습니다. 가능하면 [Yes, allow once]를 사용해 직접 모니터링하는 방식을 권장합니다.

01 만들어둔 문서를 모두 주입하여 프로그램 개발을 지시합니다.

기능 명세서, API 명세서, 실행 계획을 바탕으로 애플리케이션을 구현해.
@spec.md @bithumb.md @excution_plan.md

```
✓ WriteFile Writing to index.html
    ... first 16 lines hidden ...
    13              <h1>코인 모니터링</h1>
    14              <button class="btn btn-primary" data-bs-toggle="modal"
       data-bs-target="#addCoinModal">코인 추가</button>
    15          </header>
    16
    17          <main id="coin-list" class="row">
    18              <!-- 코인 아이템이 여기에 동적으로 추가됩니다. -->
    19          </main>
    20      </div>
    21
    22      <!-- 코인 추가 모달 -->
    23      <div class="modal fade" id="addCoinModal" tabindex="-1"
       aria-labelledby="addCoinModalLabel" aria-hidden="true">
```

02 작업이 끝나면 index.html 파일을 실행하세요. 결과를 확인할 수 있습니다. 버튼을 눌러보며 어떤 기능까지 구현이 되었는지 확인하세요.

이때 사용자마다 다른 결과가 나옵니다. 저는 화면 구성을 제외한 핵심 기능이 동작하지 않는 상태입니다. AI는 매번 다른 결과를 생성하기 때문에 따라 실습하면서 오류가 없을 수도 있고 다른 오류가 생길 수도 있습니다. 결국 상황에 맞는 프롬프트로 적절히 대처해야 합니다. 모든 기능이 정상적으로 작동하면 좋겠지만 그렇지 않은 경우가 많습니다.

웹사이트 오류 해결하기

오류가 발생했을 때 대처하는 방법을 살펴봅니다. 지금 만든 웹사이트는 껍데기만 만든 상태입니다. 실제로는 코인 검색, 추가 등의 내부 로직이 작동하지 않습니다. 오류의 원인을 파악하고 정상 동작하는 애플리케이션을 만들기 위한 방법을 알아봅시다. 여러분은 저와 다른 오류가 보이거나 오류가 없을 수 있습니다. 오류 자체보다는 오류 해결 과정에 집중하세요.

01 오류를 확인하기 위해 웹브라우저에서 개발자 도구를 열어 콘솔^{Console} 로그를 확인하겠습니다.

> **NOTE** 크롬 브라우저 기준 F12 키를 누르거나 웹사이트의 빈 곳에 마우스를 대고 [우클릭 → 검사]를 선택합니다.

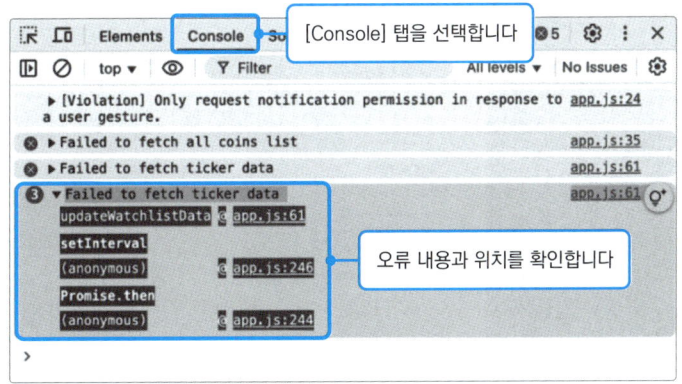

02 로그를 클릭하면 자세한 내용을 알 수 있습니다. 오류를 복사해 제미나이 CLI에 그대로 붙여넣겠습니다.

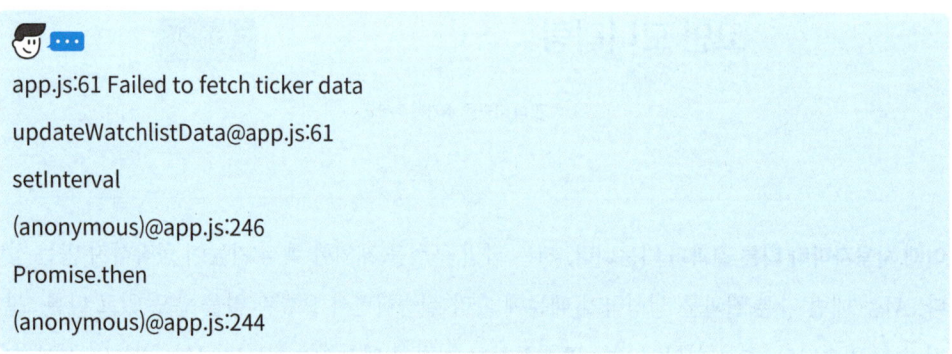

app.js:61 Failed to fetch ticker data
updateWatchlistData@app.js:61
setInterval
(anonymous)@app.js:246
Promise.then
(anonymous)@app.js:244

로그는 오류의 이름과 발생한 위치를 보여줍니다. 방금 사용한 오류 로그를 살펴보면 app.js 파일의 61, 246, 244번 줄에서 오류가 발생했음을 알 수 있습니다. 이렇게 오류 로그를 프롬프트에 입력하면 제미나이 CLI가 오류 원인을 파악하고 문제 해결을 시도합니다. 원인을 파악했다면 수정을 지시하고 다시 테스트합니다.

03 이번에는 콘솔에 보이는 오류가 달라졌습니다. 기존 문제는 해결했지만 새로운 문제가 생긴 겁니다. 이번에는 오류 내용이 길어 복사하기 번거로워 보입니다. 이럴 때는 [우클릭 → Copy console]을 사용해 복사하면 간편합니다. 이전과 동일하게 제미나이 CLI에 오류를 붙여넣고 해결을 지시합니다.

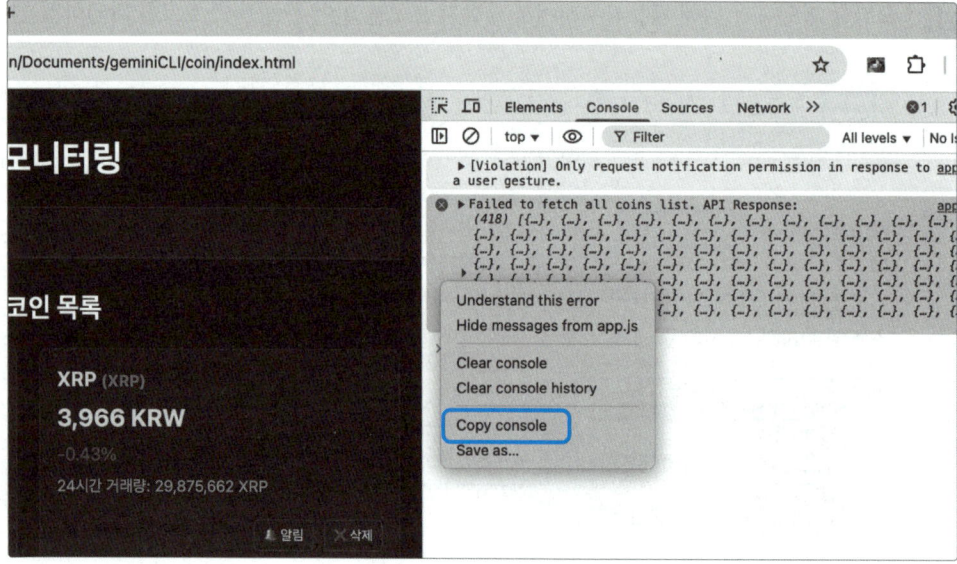

04 이번에는 가장 난감한 종류의 오류를 해결합니다. 새롭게 코인을 추가하기 위해 검색 했을 때 나타나지 않는 문제를 발견했지만 개발자 도구 콘솔이 깨끗합니다.

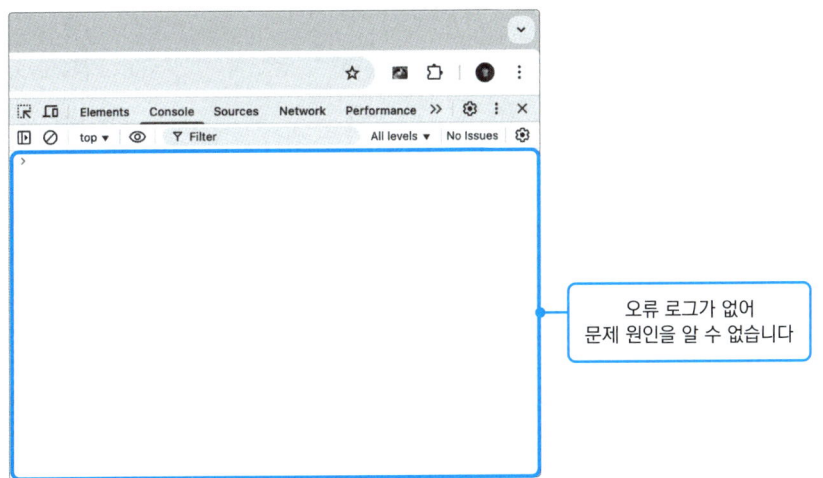

로그가 없으면 정확한 원인을 분석하기 어렵습니다. 이럴 때는 로그를 만들면 됩니다. 제미나이 CLI에게 디버그 목적의 로그를 출력하도록 지시하겠습니다.

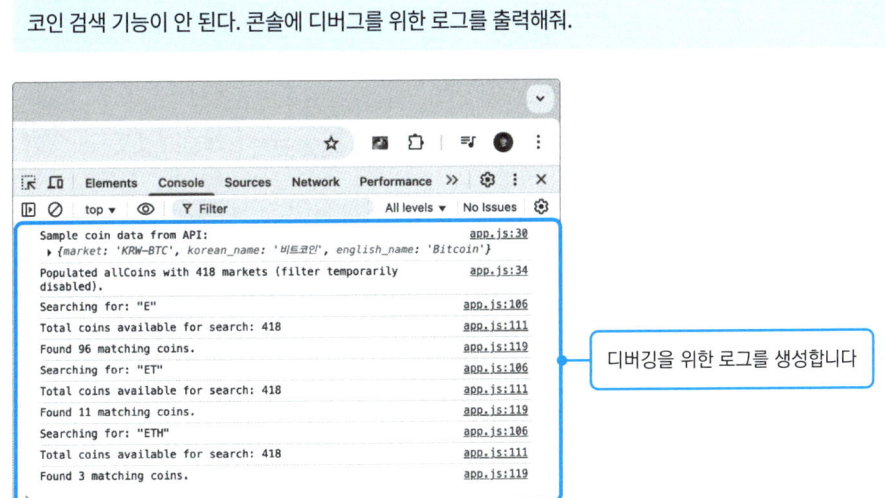

05 다시 프로그램을 실행하고 코인 검색 기능을 수행하면 콘솔창에 단계 별 로그를 표시합니다. 이제 로그 출력이 누락되는 등 비정상적 동작을 감지할 수 있습니다. 이렇게 만든 로그를 다시 제미나이 CLI에게 알려주고 문제 해결을 지시하면 됩니다. 오류 원인을 탐지하고 제미나이 CLI에

게 수정을 요청하는 작업을 반복하며 오류를 해결하세요. 많은 상황에서 문제가 한 번에 해결되지 않습니다. AI가 아닌 일반 개발자들도 여러 번의 수정과 시도를 반복해 문제를 해결합니다.

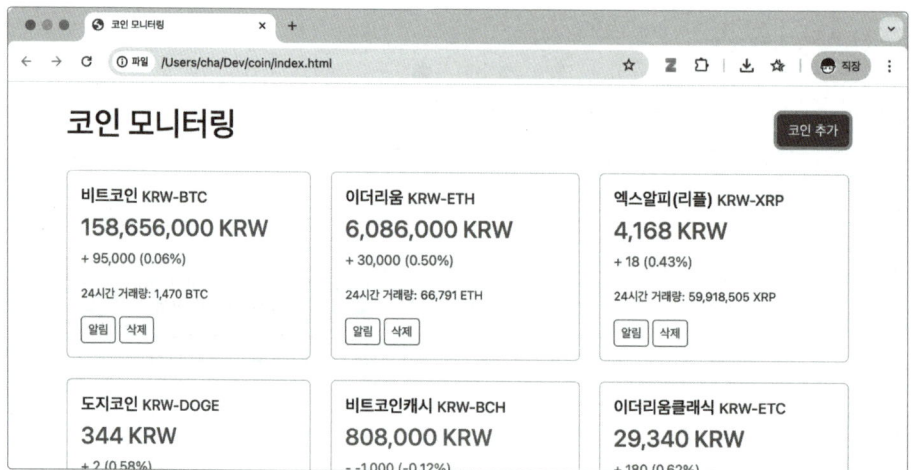

제미나이 CLI로 개발할 때 다음 내용을 기억한다면 오류를 줄이고 원활하게 개발할 수 있습니다.

1. 제미나이 CLI가 생성한 결과물을 지속적으로 확인하세요.
2. 결과 생성이 수 분 이상 길어지는 경우 과감하게 중단하고 무슨 작업을 수행하는지 확인하세요.
3. 간단한 작업이 아니라면 pro 모델을 사용하세요.
4. 정확한 정보가 필요하다면 공식 문서 등 신빙성 있는 자료로 교차검증하세요.
5. 작업의 양이 많다면 컨텍스트 파일을 분리해 작업하세요.

[챕터 27]

웹 서비스를 애플리케이션으로 만들기

지금까지 만든 것은 배포하지 않은 웹사이트입니다. 서버가 없어서 컴퓨터에 저장된 HTML 파일을 직접 열어 실행하고 있다는 뜻입니다. 이렇게 사용해도 큰 문제는 없지만 다른 사람이 사용할 수는 없습니다. 누구나 이 웹사이트에 접속해 사용하려면 서버를 운영하거나 **컴퓨터에 설치해서 사용할 수 있는 애플리케이션으로 만들어야 합니다.**

네이티브 애플리케이션이란?

일반적으로 HTML 기반 웹사이트는 웹브라우저로 실행합니다. 이 웹사이트를 다른 사람이 사용하려면 서버가 필요해 구축 난이도가 높습니다. 다른 방법은 컴퓨터에 설치하는 프로그램인 네이티브 애플리케이션으로 만드는 겁니다. 타우리를 활용하면 나만의 웹사이트를 공유하기 쉬운 네이티브 애플리케이션으로 빠르게 만들 수 있습니다. 사용자는 별도의 웹 서버나 웹브라우저 없이 아이콘만 클릭하면 프로그램을 실행할 수 있습니다.

타우리 설치하기

타우리는 러스트 프로그래밍 언어를 사용합니다. 여러분이 러스트를 다루지 못해도 괜찮습니다. 제미나이 CLI와 함께 바로 만들겠습니다.

01 먼저 웹사이트를 네이티브 애플리케이션으로 만드는 방법을 물어보겠습니다.

> 이 프로그램을 데스크톱 애플리케이션으로 만들려면 어떤 방법이 있어?

> 네, 현재 만든 웹페이지를 데스크톱 애플리케이션으로 만드는 데에는 몇 가지 좋은 방법이 있습니다. 웹 기술(HTML, CSS, JavaScript)을 그대로 사용하면서 데스크톱 앱으로 포장해주는 프레임워크들을 활용하는 겁니다.
> 주요 방법들을 장단점과 함께 소개해 드리겠습니다.
> ### 1. Electron (일렉트론)
> - **설명**: 웹 기술로 데스크톱 앱을 만드는 가장 유명하고 널리 쓰이는 프레임워크입니다. VSCode, Slack, Discord 등 수많은 유명 앱들이 일렉트론으로 만들어졌습니다. 앱 내에 크로미움(Chromium) 브라우저와 Node.js 런타임을 포함하는 방식입니다.
> - **장점**:
>   - 가장 성숙한 프레임워크라 관련 문서, 커뮤니티, 예제가 매우 풍부합니다.
>   - Node.js의 모든 기능을 사용할 수 있어 파일 시스템 접근 등 강력한 기능 구현이 쉽습니다.
> - **단점**:
>   - 앱 내에 브라우저를 통째로 포함하므로, 간단한 앱이라도 용량이 커지고 (최소 50MB 이상) 메모리 사용량이 많습니다.
> ### 2. Tauri (타우리)

- **설명**: 일렉트론의 단점(큰 용량, 많은 메모리)을 보완하기 위해 등장한 차세대 프레임워크입니다. Rust 언어로 만들어졌지만, UI는 현재와 같이 웹 기술을 그대로 사용합니다. OS에 내장된 웹뷰(WebView)를 사용해 앱을 가볍게 만듭니다.
- **장점**:
  - **매우 가볍고 빠릅니다.** 앱의 최종 용량이 수 MB 수준으로 매우 작습니다.
  - 메모리 사용량이 적고 성능이 뛰어납니다.
  - 보안에 많은 신경을 쓴 구조입니다.
- **단점**:
  - 일렉트론에 비해 역사가 짧아 자료가 상대적으로 적습니다.
  - 백엔드 로직을 직접 수정하려면 Rust 언어에 대한 지식이 필요할 수 있습니다.

02 제미나이 CLI가 일렉트론과 타우리를 추천했습니다. 일렉트론을 사용해도 좋지만 제미나이 CLI의 설명대로 일렉트론의 단점을 보완한 타우리를 사용하겠습니다. 타우리를 사용하려면 Node.js, 러스트 등 몇 가지 도구를 설치해야 합니다. 제미나이 CLI가 셸 도구를 사용해 직접 설치를 시도합니다.

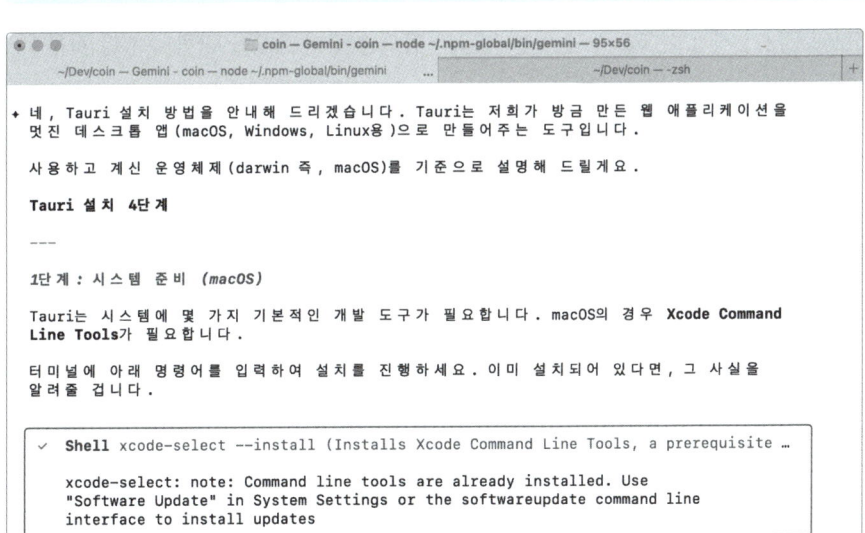

제미나이 CLI가 타우리 사용을 위한 프로그램을 자동으로 설치하고 환경 설정을 마칩니다.

03 프로젝트에 타우리를 사용하기 위한 초기화 작업을 진행합니다. 이 작업은 제미나이 CLI가 직접 처리하기 어렵습니다. 왜 직접 못하는지 알아보기 위해 초기화를 지시하는 프롬프트를 입력하겠습니다.

타우리 프로젝트를 초기화해줘

알겠습니다. Tauri 프로젝트 초기화를 진행합니다.

`npx tauri init` 명령어는 몇 가지 질문을 하는 대화형 프로세스입니다. 제가 직접 실행할 수는 없지만, 다음과 같이 정확히 안내해 드릴 테니 **터미널에 다음 명령어를 입력하고 각 질문에 답변해주세요.**

실행할 명령어:

```
npx tauri init
```

다음과 같이 질문이 나타나면, 제가 알려드리는 대로 입력하거나 선택하면 됩니다.

1. **What is your app name?**
    > `coin` (기본값이므로 그냥 **Enter** 키를 누르세요)

...생략...

제미나이 CLI가 직접 실행할 수 없다는 대답과 함께 명령어 실행을 직접 수행할 것을 권장합니다. 명령어만 입력하면 설치가 끝나는 도구는 제미나이 CLI가 직접 수행하지만 그렇지 않은 도구도 있습니다. **터미널에서 사용자의 입력을 받아 진행하는 대화형 설치 방식은 제미나이 CLI와 같은 도구가 직접 처리할 수 없습니다.**

04 타우리 초기화 명령어를 실행하면 대화형 설치 방식이 무엇인지 바로 이해할 겁니다. 제미나이 CLI가 알려준 대로 새로운 터미널을 열어 프로젝트 폴더에 직접 명령어를 입력합니다.

```
npx tauri init
```

새로운 터미널을 실행하여 npx tauri init 명령어를 실행합니다. 실행하면 바로 환경 설정이 시작되지 않고 질문을 던집니다. 애플리케이션 이름, 애플리케이션 화면에 표시할 제목, 웹 에셋 경로 등을 물어보고 끝까지 대답해야 설치가 끝납니다. 이것이 대화형 설치 방식입니다.

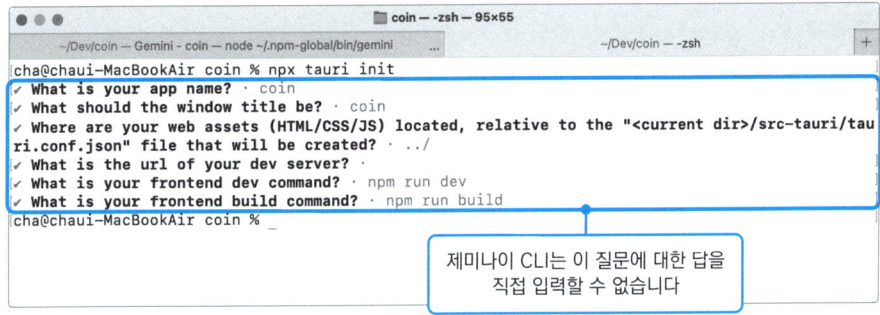

제미나이 CLI는 이 질문에 대한 답을 직접 입력할 수 없습니다

타우리 빌드하기

빌드^{Build}란 개발 중인 소스 코드와 설정 파일을 기반으로 사용자가 바로 실행할 수 있는 형태의 애플리케이션을 생성하는 과정입니다. 빌드 방법은 간단하지만 맨 처음부터 타우리 프로젝트로 시작한 것이 아니라 프로젝트 중간에 타우리를 추가한 상황이라 다양한 오류가 발생할 겁니다. 자주 생기는 오류와 제미나이 CLI에게 효과적으로 수정을 지시하기 위한 방법을 알아봅니다.

01 테스트를 위해 애플리케이션을 빌드 없이 미리 확인할 수 있습니다. 빌드는 시간이 오래 걸리기 때문에 변경 사항이 많은 개발 중에 사용하기 어렵습니다. 아직 애플리케이션 개발이 끝나지 않았거나 배포할 필요가 없다면 개발 모드로 실행하세요.

```
npm run dev
```

02 개발이 끝나 배포를 하고 싶다면 터미널에 빌드 명령어를 입력합니다.

```
npm run build
```

03 물론 제미나이 CLI에게 빌드 수행을 지시해도 됩니다. 특히 오류가 발생하거나 제대로 빌드가 안 된다면 제미나이 CLI에게 시키는 것이 좋겠죠.

타우리 초기화를 했으니 마저 빌드해줘.

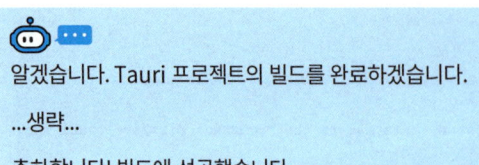

알겠습니다. Tauri 프로젝트의 빌드를 완료하겠습니다.

...생략...

축하합니다! 빌드에 성공했습니다.

최종적으로 생성된 애플리케이션 번들은 다음 경로에서 찾을 수 있습니다.

macOS 앱 : /Users/jinhwan/Documents/geminiCLI/coin/src-tauri/target/release/bundle/macos/coin.app

DMG 설치 파일 : /Users/jinhwan/Documents/geminiCLI/coin/src-tauri/target/release/bundle/dmg/coin_0.1.0_aarch64.dmg

이제 coin.app을 실행하여 애플리케이션을 사용하거나, coin_0.1.0_aarch64.dmg 파일을 다른 사람에게 배포할 수 있습니다.

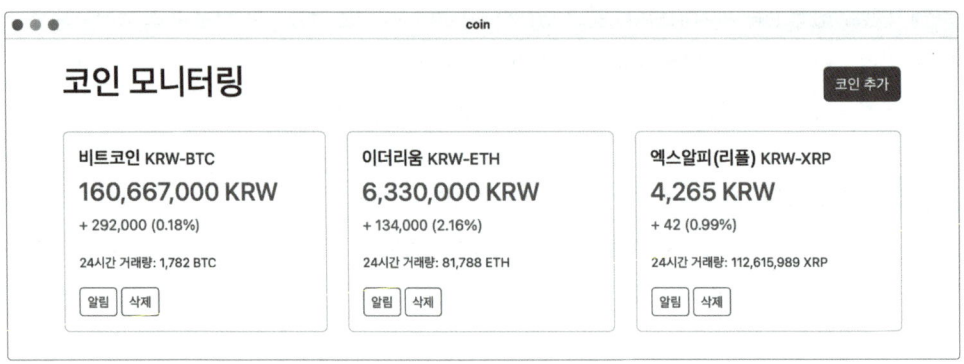

04 타우리로 만든 애플리케이션의 설치 파일은 src-tauri/target/release/bundle/ 디렉터리에 생깁니다. macOS는 dmg, 윈도우는 msi, 리눅스는 appimage나 deb 등의 파일 형식으로 파일 형식과 같은 이름의 디렉터리 안에 생깁니다. macOS라면 src-tauri/target/release/bundle/dmg/프로그램이름.dmg 파일이 생성됩니다. 이 파일 하나만 있으면 같은 운영체제의 다른 컴퓨터에서 바로 설치해 사용할 수 있습니다. 다른 파일은 빌드를 위해 생성된 파일입니다. 다음 사진은 macOS에서 설치 파일을 실행하는 모습입니다.

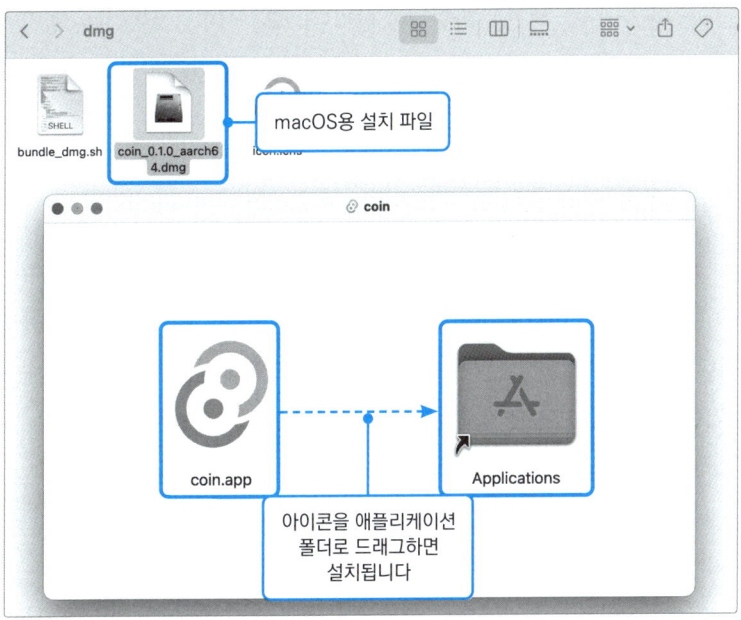

타우리 빌드에서 오류 해결하기

지금 만든 프로그램은 처음부터 타우리를 생각하고 만들지 않고 프로젝트 중간에 타우리를 추가한 상황입니다. 이렇게 새로운 기술을 뒤늦게 붙이면 환경 설정이나 빌드에서 오류가 발생하기 쉽습니다. 또한 타우리는 비교적 자료가 적은 기술이므로 제미나이 CLI가 실수할 수 있습니다. 빌드에 문제가 있다면 다음 내용을 살펴보세요. 자주 발생하는 오류와 해결 방법을 알려드립니다.

거짓말과 최신 정보의 부재

제미나이 CLI가 잘못된 정보를 참조해 환각Hallucination을 일으키는 상황입니다. 특히 타우리를 사용할 때는 최신 버전이 아닌 문서를 참고해 문제가 생기는 경우가 잦습니다. 사용하는 버전을 정확히 명시하거나 공식 문서의 내용을 제미나이 CLI에게 알려주면 좋습니다.

개발 서버 실행 오류 해결

tauri.conf.json에서 beforeDevCommand가 npm run dev로 설정되어 있는데도 제대로 실행되지 않는 경우가 있습니다. 이는 보통 패키지 스크립트 설정의 불일치에서 발생합니다. 이런 상황에서는 먼저 package.json의 scripts 섹션을 확인해야 합니다. 개발 서버를 실행하는 명령어가 제대로 정의되어 있는지 점검하고 타우리 설정과 일치하는지 검증하는 것이 중요합니다.

빌드 식별자 설정 문제

identifier가 기본값인 com.tauri.dev로 설정되어 있을 때 발생하는 문제입니다. com.coin.desktop과 같이 고유한 식별자로 변경해야 해결됩니다. 빌드 식별자는 애플리케이션의 고유성을 보장하는 중요한 요소입니다. 기본값을 그대로 사용하면 다른 애플리케이션과 충돌이 발생할 수 있습니다. 따라서 프로젝트에 맞는 고유한 도메인 형식의 식별자를 설정하는 것이 필수입니다.

빌드 명령어 연동 문제

beforeBuildCommand가 npm run build를 호출하도록 설정되어 있을 때 오류가 발생한다면 beforeBuildCommand를 비워보세요. 빌드 프로세스의 중복 실행을 방지하기 위함입니다. 때로는 빌드 명령어가 이중으로 실행되거나 서로 다른 설정이 충돌을 일으킬 수 있습니다. 이런 때에는 불필요한 명령어를 제거하여 빌드 프로세스를 단순화하는 것이 효과적입니다.

프론트엔드 디스트 경로 설정

frontendDist 경로가 웹 에셋이 아닌 프로젝트 전체를 바라보고 있을 때 발생하는 문제입니다. dist 폴더를 만들어 두고 빌드된 결과물을 올바른 위치에서 찾을 수 있도록 바꾸세요. 프론트엔드 빌드 결과물이 저장되는 디렉터리 경로가 정확하지 않으면 애플리케이션이 필요한 파일들을 찾을 수 없습니다. 빌드 초기에 반드시 확인해야 할 설정입니다.

Vite 빌드 구성 최적화

index.html 빌드를 찾지 못해 발생하는 문제는 package.json의 build 스크립트에 dist 경로를 명시하여 해결할 수 있습니다. Vite는 기본적으로 프로젝트 루트의 index.html을 진입점으로 사용합니다. 하지만 타우리와 같은 데스크톱 애플리케이션 환경에서는 빌드 결과물의 위치가 달라질 수 있습니다. 이때는 빌드 스크립트에서 명시적으로 출력 경로를 지정하는 것이 필요합니다.

모듈 시스템 호환성 문제

Vite 빌드 설정에서 〈script〉 태그에 type="module"이 없어서 발생하는 문제는 index.html에 type="module" 속성을 추가하여 해결할 수 있습니다. "현대 웹 개발에서는 ES 모듈 시스템이 표준이 되었습니다. 하지만 일부 환경에서는 여전히 모듈 타입을 명시적으로 지정해야 하는 경우가 있습니다. 이런 설정이 누락되면 모듈 로딩 오류가 발생할 수 있습니다.

찾아보기

기타

.env   121
.gemini   80
.gitignore   114

ㄱ~ㄷ

강화 학습   22
개발 지침   74
개발 환경   40
개발자 도구   247
객체   118
검색   97
경로   35
구글 클라우드 콘솔   48
구글 AI 스튜디오   210
권한 설정   52
깃   109
기능 명세서   235
깃허브   109
깃허브 페이지   167
내장 도구   96
내장 명령어   84
네이티브 애플리케이션   252
노션   188
대화형 설치   254
대화형 인터페이스   46
드라이브   35

ㄹ~ㅂ

라이브러리   50
렌더링   165
루트   35
리포지터리   112
마크다운   75
맥락   66
메모리   73
메모리 사용량   105
명령 프롬프트   33
모델   58
발표 자료   163
배열   118
보고서   155
불린   118
빌드   255

ㅅ

상대 경로   36
샌드박싱   128
생성형 AI   20
설정 파일   116
셸   32
셸 명령어   93
셸 모드   93
셸 스크립트   135
스미더리   138
스크럼   19
스크립트   132

스포트라이트　33
슬라이드　163
슬래시 명령어　85
실행 계획　242

ㅇ

아마존　176
애자일　19
앤트로픽　29
엘리자　20
영문 표기법　123
오픈 소스　31
옵시디언　139
요금제　53
워크스페이스 계정　48
워터폴　19
웹　97
웹 앱　25
윈도우　33
유닉스　32
이미지 생성　210
인증율　45

ㅈ~ㅊ

자동화의　132
작업　65
작업 스케줄러　179
전역 설치　47

절대 경로　35
제미나이 코드 어시스트　53
제미나이 API　55
제미나이 CLI　27
지역 설치　47
체크포인트　124
추론　46

ㅋ~ㅎ

칸반　19
커스텀 도구　130
컨텍스트　73
컨텍스트 윈도우　89
코덱스　29
콰르토　164
클로드　28
클로드 코드　29
클립보드　91
타우리　252
터미널　32
토큰　90
트랜스포머　21
파워셸　33
파일 시스템　101
페르소나　65
프로젝트　49
프로젝트 ID　50
프롬프트　64
한도　46

찾아보기

헤드리스 모드　30
형식　66
확장 기능　148
환각　257
환경 변수　117

A~B

add　114
API　48
API 명세서　239
appimage　256
bash　33

C~D

cd　38
CLI　23
commit　114
Composio　29
crontab　179
CSS　243
deb　256
dmg　256

G~J

GAN　20
GEMINI.md　73
gh　113
Git　33
Git Bash　33
gitingest　191
glob　102
Google Developer Program　48
Google Workspace　48
GPT　28
GUI　23
HTML　243
hwp　187
JavaScript　243
JSON　118

L~N

Latest 버전　44
LLM　21
ls　38
LTS　42
macOS　33
Marp　241
MCP　136
mkdir　39
msi　256
mv　39
Node.js　41
npm　41
npm update　57

O~R

OpenAI 29
PATH 183
PDF 187
PRD 204
push 114
pwd 37
qmd 165
REPL 46
reveal.js 163

S~Z

sh 33
split 178
systeminfo 43
touch 39
UCSD 176
URL 98
uvx 143
VAE 21
Vertex AI 55
vi 180
winget 34
WSL 33
YAML 118
yolo 106
zsh 33

요즘 바이브 코딩
제미나이 CLI 완벽 가이드

인공지능 코딩, AI 네이티브 개발, LLM, 페르소나, 작업, 맥락, GEMINI.md, 컨텍스트 윈도우, 인증 방법, 요금제, 워크플로, 프로젝트 설계, 자동화, 프로젝트 컨텍스트, 대용량 입력 처리, 헤드리스 모드, Git Bash

1판 1쇄 발행 2025년 12월 8일

지은이 김진환
펴낸이 최현우 · **기획** 토인비 · **편집** 아이기스, 김성경, 박우현, 윤신원, 토인비, 최혜민, 임민정
디자인 복희 · **조판** SEMO
마케팅 루카스 · **피플** 최순주

펴낸곳 골든래빗(주)
등록 2020년 7월 7일 제 2020-000183호
주소 서울특별시 마포구 양화로 186 LC타워 4층 449호
전화 0505-398-0505 · **팩스** 0505-537-0505
이메일 ask@goldenrabbit.co.kr
홈페이지 www.goldenrabbit.co.kr
SNS facebook.com/goldenrabbit2020
ISBN 979-11-94383-57-4   93000

* 파본은 구입한 서점에서 바꿔드립니다.

우리는 가치가 성장하는 시간을 만듭니다.

골든래빗은 가치가 성장하는 도서를 함께 만드실 저자님을 찾고 있습니다.
내가 할 수 있을까 망설이는 대신, 용기 내어 골든래빗의 문을 두드려보세요.
apply@goldenrabbit.co.kr

이 책은 대한민국 저작권법의 보호를 받습니다.
일부를 인용 또는 재사용하려면 반드시 저자와 골든래빗(주)의 동의를 구해야 합니다.

골든래빗
바로가기